결정적 순간들

리더십은 역사를 연출한다

결정적 순간들

박보균 지음

중앙books

추천사

이원복 · 『먼나라 이웃나라』 저자
(전 덕성여대 총장)

박보균 중앙일보 대기자는 현장주의자다. 그에게는 운명적인 원칙이 있다. 현장에 가지 않으면 글을 쓰지 않겠다는 다짐이다. 그런 열정과 집념이 책의 경쟁력을 높였다. 식민지 한국의 미래를 결정한 4개의 주요 회담이 있었다. 카이로·테헤란·얄타·포츠담 회담으로 저자는 그 역사 현장을 모두 섭렵했다. 그곳으로 그 시대의 연합국 지도자인 프랭클린 루스벨트·스탈린·처칠·장제스가 모였다. 그 회담들은 지도력의 경쟁과 우열의 경연장이었으며, 전후 세계 질서가 짜였다. 『결정적 순간들』은 그 장면을 드라마를 재현하듯 보여주고 있다. 그 때문에 책을 펼치면 덮을 수 없게 한다.

저자는 리더십 작동의 극적 순간을 추적해 왔다. 책 속에는 저자의 지적 축적과 역사적 감수성, 문제의식이 투사됐다. 그중 지도력과 언어의 관계는 저자가 설정한 리더십 탐구의 프레임이다. 이 책은 정상들의 언어 연금술을 추적하고 살핀다. 저자는 지도자의 무대를 새로운 각도에서 재생해 독자에게 전달한다. "리더십의 말은 시대의 지배적 용어가 된다. 지도자의 말은 시대의 염원을 선언한다." 그 구절은 독자에게 각인되고

||||||||||||||||||||||||||||||||||||||||||||||||||||||||||||||||||||||||||||||||||||||||||||||||||||||||||||||||||||

호기심을 낳는다. 대한민국 현대사에도 그런 말들이 있었다. "할 수 있다. 잘살아 보자"는 산업화 시대 언어였으며 '군정 종식'은 민주화 시대의 구호였다.

저자는 전쟁의 기억을 탐사했다. 디엔비엔푸 전투(1954년)는 공산 베트남(당시 월맹)과 프랑스의 싸움이다. 전력은 프랑스의 압도적인 우위였지만 베트남이 승리한다. 그 때문은 베트남의 승전 노하우는 끊임없는 연구 대상이다. 디엔비엔푸는 변방이다. 저자는 그곳에서 이런 메시지를 독자에게 보낸다. 전쟁의 승패를 결정짓는 핵심 요소는 항전 의지와 공세적 상상력이다. 무기의 과학기술 수준은 그다음이다. 그런 자세는 1960~70년대 미국과의 전쟁에서도 주효했다. 그런 베드님이기에 세계가 두려워하며 중국도 어려워한다. 저자의 현장감 넘치는 이야기는 흥미롭고 의미심장하면서 유익하다.

기억의 장소를 써내려 간 이 책의 독자 흡입력은 탁월하다. 독자들은 리더십이 연출한 역사 무대를 독특하고 신선한 시선을 통해 접할 것이다.

추천사

이국종 · 『골든아워』 저자
(아주대 의대 교수)

박보균 대기자는 자신만의 독특한 문체를 갖고 있다. 그의 글은 선명하면서 강렬하다. 간결하고 짧은 문장이 주저하지 않은 채 끊임없이 이어진다. 단문은 상황의 핵심과 사건의 정수만을 뽑아서 넣는 글이다. 그런 글은 쓸데없는 미사여구를 넣지 않는다. '그러므로, 그러나, 한편' 같은 접두사들도 그의 문장에서 퇴출당한 듯하다. 그의 글은 호흡이 빨라 읽는 재미와 호기심에 빠지게 만든다.

『결정적 순간들』은 긴박하게 전개된다. 저자는 첫 문장을 질러버린다. 단숨에 독자의 시선을 잡으려는 이야기 사냥꾼의 집중과 열정이 느껴진다. 저자의 공간은 중증(重症)외과 의사의 세계와 비슷하다고 생각한다. 수술실에는 삶과 죽음만 존재하고 그곳에 무승부의 중간 지대는 없다. 저자의 글은 모호하지 않고 회색지대에 머무르지 않는다.

『결정적 순간들』은 리더십 승부사들의 극적 장면을 보여준다. 독자들은 20세기 등장인물인 처칠·루스벨트·드골·히틀러·무솔리니·스탈린·레닌·마오쩌둥·호찌민을 새로운 역사의 지평에서 만나게 된다. 이 책은 새롭고 파격적인 접근 방식의 리더십 현장 보고서다.

저자는 마키아벨리의 고향(피렌체)을 찾았다. 그곳에서 권력의 경영학이라는 『군주론』이 탄생한다. 저자는 군주론을 해부하고 한국의 지도자들과 비교한다. "지도자는 경멸을 받지 말아야 한다. 국가 운명은 비르투의 역량과 의지로 결판난다." 그런 구절이 이 책을 만나는 즐거움이다.

저자는 세계 최고 작가를 특유한 방식으로 소환하고 있다. '스페인 내전과 조지 오웰, 피카소의 게르니카' '헤밍웨이와 제1차 세계대전' '무라카미 하루키의 노몬한 전투'는 소설과 현장을 섞어 재구성한 역사 드라마다.

책 속에 이런 부분이 눈길을 잡는다. "스페인 내전은 이념의 광기가 서려 있다. 스페인 내전은 외국과의 전쟁보다 처절하다. 그 후유증은 거칠고 길다. 6·25 한국전쟁이 떠오른다." 그 대목은 분단 극복과 이념 대립해소의 반면교사로 독자들에게 영감을 줄 것이다. 이 책의 차별성과 변별력은 뚜렷하다. 이제 독자들은 『결정적 순간들』과 함께 리더십 탐구의 역사 여정에 나서게 된다.

서문

역사의 결정적 순간 연출한 리더십을 찾아서

리더십은 동력이다. 지도자는 역사의 연출자다. 그들의 무대에는 세상 사의 최고와 최악이 펼쳐진다. 전쟁과 평화, 건설과 파괴, 혁명과 반혁명, 자유와 독재, 인권과 탄압의 모습이다. 그 장면들의 색채와 구도는 대조 적이다. 장엄하면서 추악하게 섞이고 갈린다.

『결정적 순간들』은 그런 풍광을 추적, 압축했다. 그 순간들은 지도력의 폭발 시점이다. 지도력의 구성 요소는 선명하다. 권력의지와 야망, 승부 와 결단, 시대정신과 비전, 역사의 상상력과 대중 장악력, 언어의 생산과 관리다. 지도자는 그것으로 세상을 만들고 뒤집는다.

리더십은 서사적 드라마를 쓴다. 나는 그 서사시의 포착과 채집에 매 달렸다. 나의 기자적 열망은 '좋은 리더십, 유능한 권력' 찾기다. 그런 지 도력은 비교를 요구한다. 나쁘고 무능한 리더십도 함께 발굴했다. 오랫동 안 세계를 누비고 다녔다.

기억의 장소는 나의 감수성을 자극했다. 그곳에서 낚아챈 지도력의 드라마는 독보적이다. 현장의 감흥은 격렬하다. 그 속에 담긴 사연은 살 아 숨 쉰다. 나는 그것들을 지면(중앙일보, 중앙SUNDAY)에 옮겼다. 제목은

[박보균 대기자의 현장을 찾아서… 리더십의 결정적 순간들]이다. 『결정적 순간들』은 그걸 고르고 다듬어 꾸린 책이다.

리더십 탐사는 말·글과의 대면이었다. 지도자의 말은 세상사를 규정한다. 그것이 시대의 지배적 용어로 군림한다. 처칠(전 영국 총리)의 '철(鐵)의 장막(Iron Curtain)'은 미국과 소련의 냉전을 응축했다. 나는 그 역사의 현장에서 리더십 언어의 파괴력을 절감했다.

제2차 세계대전 초기 나치 독일은 파죽지세였다. 총리 처칠은 항전의 지를 전파했다. 20년 뒤 미국 대통령 케네디는 이렇게 평가했다. "영국이 홀로 버티던 어두운 날에 처칠은 언어를 동원해(mobilized) 그것을 전선에 보냈다." 나치 총통 히틀러는 언어로 대중을 휘어잡았다. 히틀러는 언어의 전선에서 돌연 퇴각했다. 전세가 영국 쪽으로 기울 무렵이다.

프랑스 대통령 드골의 말은 묵시론적이다. "위대하지 않은 프랑스는 프랑스가 아니다." 나는 그의 시골 고향(콜롱베 레 되 제글리즈)에 갔다. 그곳의 드골 묘소는 성당 공동묘지 한 구석이다. 비석은 이름과 생몰연도만 적었다. 그는 자신에 대한 찬양을 거부했다. 간결함은 장엄하다. 위대한 지도자는 죽음의 순간을 단순하게 장식한다.

무솔리니는 이탈리아의 파시즘 독재자다. 나는 그의 고향(프레다피오)으로 향했다. 그의 오페라 연설 기법은 독특했다. 선동의 천재 괴벨스(나치 독일)는 무솔리니를 모방했다. 그런 이의의 사실은 현장에서만 얻을 수 있는 소재였다.

중국 마오쩌둥(毛澤東)의 수사학은 신출귀몰이다. 말은 통치술의 핵심 요소다. 그는 말을 비틀었다. 새로운 조어를 만들었다. 인간성은 미묘하다. 말의 파격이 거셀수록 민심은 꿈틀거린다. 그가 내놓은 '양모(陽謀)'는 허를 찌른다. 양모는 음모보다 교활하다.

링컨이 있었다. 그는 리더십 언어의 생산·경영에서 원조다. 링컨의 게티즈버그 연설은 272개의 단어로 구성됐다. 그 짧은 연설(3분)은 자유민주주의 고전이다. 게티즈버그(펜실베이니아주)는 남북전쟁의 참혹한 전쟁터다. 그곳의 링컨 조형물은 선언한다. 링컨의 남북전쟁을 알아야 오늘의 미국을 알 수 있다.

마키아벨리는 나의 장기 탐사 대상이다. 그의 미덕은 기성 질서와 낡은 권위에 대한 도전이다. 그의 저서 『군주론』은 대담한 포고문이다. 이 탈리아의 중북부 피렌체. 그의 시골집이 도시 외곽에 남아 있다. 그 집에서 『군주론』의 글귀를 만났다. 현장은 그런 지적 쾌감을 제공한다. "군주는 경멸받는 것을 피해야 한다. 경멸받는 것은 변덕이 심하고 소심하고 우유부단한 인물로 생각되는 경우다." 지도자의 세계는 결단이다. 『군주론』은 통치자들에게 영감을 주었다.

2017년은 러시아 볼셰비키 혁명 100주년이었다. 상트페테르부르크의 핀란드 역에 레닌의 혁명열차가 남아 있다. 그 증기기관차는 레닌의 언어를 간직했다. "역사는 미적거린 혁명가를 용서하지 않는다." 그곳에서의 감상은 오래갔다. 열차가 꿈틀거리면서 혁명의 굉음(轟音)을 내는 듯했다.

레닌의 후계자는 스탈린이다. 그의 고향은 조지아(캅카스 지역)의 고리시. 그곳은 옛 소련 땅이었다. 거기서 만난 '젊은 스탈린'은 달랐다. 신학교 사제(司祭) 지망생, 낭만 시인이다. 그의 아버지는 난폭한 술주정꾼이었다. 아내와 자식을 마구 때렸다. 그에게 분노조절장애가 주입됐다. 그의 마음속에 세상에 대한 원한과 복수심이 자랐다. 그것이 스탈린 공포독재의 심리적 원천이다. 히틀러의 아버지도 비슷했다. 그들은 20세기 최악의 폭정을 주도했다.

스탈린의 계승자는 흐루쇼프(옛 표기 흐루시초프)다. 1956년 소련공산당 전당대회에서 '흐루쇼프의 비밀연설'이 있었다. 그는 스탈린의 끔찍한 독재를 폭로했다. 나는 모스크바에서 흐루쇼프의 무덤과 기념 동판 앞에 섰다. 그곳에서 파르헤시아(parrhesia)의 진수를 맛보았다. 그 단어는 진실을 말할 수 있는 용기다. 용기는 지도력의 으뜸가는 덕목이다.

전쟁은 리더십의 결전장이다. 2차대전 스탈린그라드 전투는 히틀러 대 스탈린의 격돌이다. 그곳은 러시아 남쪽의 볼고그라드. 그곳은 이렇게 증언한다. 소련과 독일 간의 동부전선은 절멸(絕滅) 전쟁터다. 미·영과 소련 간의 서부전선과는 적개심의 깊이와 참상 규모가 다르다.

마지노선은 프랑스의 국방 결의를 담았다. 알자스 지방의 시골 마을(쉐넨버그)에 마지노 요새가 남아 있다. 그 요새는 난공불락이다. 하지만 나치 독일의 전차부대는 그곳을 우회했다. 벨기에 쪽으로 침공했다. 프랑스군의 낭패는 무엇 때문일까. 안보의 수세적 상상력은 파탄난다.

스페인 내전(1936~39)은 20세기 좌우 이념의 경연장이었다. 이념은 집단의 악마성을 배양한다. 그 시대 지식인·예술가들은 내전의 공간에 뛰어들었다. 화가 피카소('게르니카'), 소설가 조지 오웰(『카탈루냐 찬가』)과 헤밍웨이(『누구를 위하여 종은 울리나』)는 좌파 인민전선에 섰다. 내전의 한쪽은 문화 전쟁이었다. 나는 거장(巨匠)들의 작품 현장을 관찰했다. 바르셀로나의 조지 오웰 광장, 북부 작은 도시 게르니카, 과다라마 산기슭에서 예술적 자취를 해부했다. 스페인 내전은 6·25 한국전쟁과 유사하다. 한국 사회의 이념 갈등 뿌리에 전쟁의 참상이 존재한다. 헤밍웨이는 1차대전에도 참전했다. 『무기여 잘 있거라』는 그의 경험담이다. 나는 줄리안 알프스로 갔다. 지금의 슬로베니아 땅. 그 시절 그곳에서 이탈리아 군대는 붕괴했다. 그 재앙은 리더십의 경직과 무능 때문이었다.

소련(현 러시아)과 일본의 노몬한 전투가 있었다. 지금은 중국 내몽골

(네이밍구)의 변경. 일본 최정예 관동군은 패배했다. 작가 무라카미 하루키는 패전의 실체에 다가갔다. 나는 '하루키의 노몬한 전투'를 찾아 나섰다. 노몬한의 끝없는 초원은 회상한다. 실패는 성공의 어머니다. 실패를 은폐하면 그 이치는 성립하지 않는다.

1945년 8월, 2차대전이 끝났다. 대한민국은 부활했다. 전쟁 동안 식민지 한국의 장래는 연합국 지도자들의 협상 테이블에 올려졌다. 카이로(이집트)·테헤란(이란)·얄타(우크라이나 현재 러시아 점령)·포츠담(독일) 회담이다. 나는 그 4개 회담 장소를 전부 다녔다.

카이로회담(1943년 11월)은 현대사의 전환점이다. 회담은 이렇게 회고된다. "선언문에 한국 독립 문구가 들어간 것은 중국 총통 장제스(蔣介石)의 역할 덕분이다." 그 상식은 어느 정도 맞는 것인가. 현장은 진실의 문을 연다. 한국 조항 삽입의 주연은 프랭클린 루스벨트였다. 장제스는 조연 정도에 그쳤다.

테헤란회담에 스탈린이 등장한다. 스탈린은 속임수의 천재다. 그것은 공산주의 협상 기술의 원형이다. 테헤란회담 장소는 그대로다. 지금의 러시아 대사관 내부다. 그곳은 일반인에게 개방하지 않는다.

『결정적 순간들』은 지피지기(知彼知己)의 여정이다. 일본을 알려면 메이지 유신의 요시다 쇼인을 알아야 한다. 쇼인의 현장은 야마구치현 하기(萩)시. 그곳에 쇼인의 사설 학당 유적이 남아 있다. 그 학당에서 메이지 유신의 주역이 쏟아졌다. 이토 히로부미, 야마가타 아리토모가 대표적 제자다. 쇼인의 후학들은 한반도 점령의 주모자들이다. 아베 총리의 역사 도발에 쇼인의 그림자가 어른거린다.

19세기 고종은 외교에 승부수를 걸었다. 미국 워싱턴 DC에 공관(조선 공사관)을 설치했다. 고종은 미려한 건물을 샀다. 가난한 나라로선 거액의 투자였다. 부국강병이 뒤따르지 않았다. 을사늑약으로 건물은 일본에 빼앗겼다. 그 후 공사관은 장기간 잊혀졌다. 1990년대 말부터 나는 공사관 재매입 운동을 벌였다. 2012년 공사관은 귀환했다. 나는 재매입의 1등 공로자로 인정받았다. 나라에서 '국민훈장(모란장)'을 내게 주었다.

책이 나온다. 많은 분의 격려와 지원 덕분이다. 중앙일보플러스의 조한별 팀장에게 먼저 고마움을 전한다. 그는 프로의 안목과 정성을 쏟아주었다. 중앙일보플러스 이상언 대표의 세심한 배려에 감사드린다. 이정아 단행본 본부장에게도 여러모로 감사를 표한다. 중앙일보의 편집진들과 한규희 어문연구소 이사의 역량과 노고에 경의를 표한다. 책의 미흡한 구석은 나의 책임이고 아쉬움이다. 추후에 보완, 정비할 것이다.

가족들은 내 편이다. 아내 권희재는 나의 현장 취재에 망설이지 않고 힘을 실어주었다. 두 딸 근영, 근아의 박수와 성원이 활력소로 작동했다.

2019년 겨울, 박보균

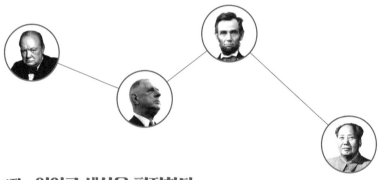

1장 · 언어로 세상을 평정하다

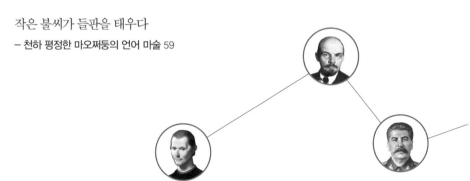

2장 · 리더십은 역사의 결정적 장면을 생산한다

3장 · 지도력의 경연 무대… 전쟁과 평화

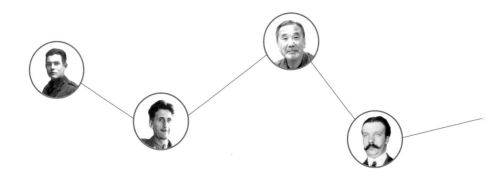

4장 · 망국과 부활의 외교 현장

※책에 게재된 사진은 거의 현장에서 필자가 직접 찍은 것이다.

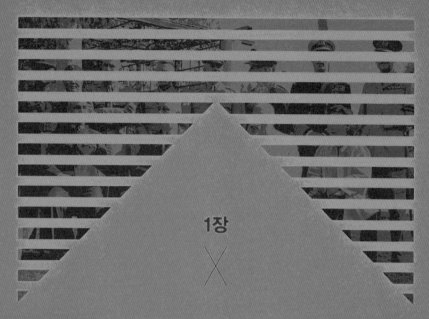

1장

X

언어로 세상을 평정하다

20세기 후반 냉전의 습격을 알린 고발장

촌철살인 언어로 작동하는 처칠의 리더십

말은 세상을 장악한다. '철(鐵)의 장막(Iron Curtain)'-. 그 말은 20세기 후반 국제질서를 상징한다. 언어의 생산자는 윈스턴 처칠(Winston S. Churchill). 처칠은 스탈린의 공산주의 야욕을 폭로했다. '철의 장막' 연설은 냉전(冷戰·Cold War)의 습격을 알렸다. 연설 시점은 1946년 3월 5일, 제2차 세계대전 종전 7개월 뒤다. 장소는 미국 중서부 미주리주 풀턴(Fulton)의 웨스트민스터(Westminster) 대학. 그때 처칠 신분은 전직 영국 총리. 나이 일흔둘. 2016년, 70주년을 기념해 처칠이 리더십과 말의 관계를 추적했다.

나는 미주리주의 대표도시 세인트루이스로 갔다. 공항에서 차를 빌려 고속도로(I-70)를 달렸다. 미국 중서부 풍광은 단순하다. 소설가 어니스트 헤밍웨이의 말이 떠오른다. "뉴욕의 동부에서 중·서부로 갈수록 글과 말은 단순해진다." 두 시간쯤 지나 목적지 풀턴에 도착했다. 인구

처칠 조각상. '철의 장막'을 언급하는 극적인 순간을 묘사했다. 처칠 동상들 중 가장 독특하다. 미국 풀턴의 웨스트민스터 대학 '처칠 박물관' 앞에 있다.

1만2000명의 시골. 그곳 웨스트민스터 대학은 중서부의 명문 리버럴 아트 칼리지다. 연설 현장은 독특한 기억의 현장이다. 1960년대 대학 당국은 그곳을 역사 명소로 꾸몄다. 영국 런던에 있던 교회(St. Mary the Virgin, Aldermanbury)가 웨스트민스터 대학 캠퍼스로 이전됐다. 나치 독일 공습으로 파괴된 유서 깊은 교회다. 부서진 벽돌과 기둥을 옮겨왔다. 1969년 교회는 캠퍼스에 복원됐다. 지하층에 '국립 처칠 박물관'이 생겼다.

박물관 입구에 이렇게 적혀 있다. '말과 인간, 리더십과 처칠의 삶'-. 안내원의 설명은 흥미롭다. "박물관에는 처칠 생애의 결정적인 순간들이 그의 말과 함께 전시돼 있다. 철의 장막이란 20세기 기념비적 표현도 그 속에 있다." 처칠이 왜 이런 시골에 왔을까. 배경이 궁금하다. 안내문은 이렇다. "웨스트민스터 대학 총장은 영국의 전 총리 처칠에게 명예박사를 제안하고 연설을 부탁했다. 트루먼 미국 대통령은 그 행사를 후원했다. 트루먼은 미주리주 출신이다. 처칠은 연설을 국제정세의 급변을 알리는 기회로 삼았다."

유리부스 안에 연단과 의자가 놓여 있다. 박물관의 인기 콘텐트다. 70년 전 강연의 소품들이다. 벽에 작은 스크린이 있다. 나는 비디오 버튼을 눌렀다. 박사학위 차림의 처칠이 스크린에 등장한다.

"발트해의 슈테틴에서 아드리아해의 트리에스테까지 대륙을 가로질러 철의 장막이 쳐졌다(From Stettin in the Baltic to Trieste in the Adriatic, an iron curtain has descended across the Continent)." 슈테틴은 폴란드의 슈체친(Szczecin), 트리에스테 항구는 이탈리아 땅이다. 아이언 커튼(철의 장막) 부분에서 처칠 목소리에 힘이 실린다.

말들은 구체적이다. "그 선(線) 뒤로 중부와 동부 유럽 옛 나라의 수도, 바르샤바·베를린·프라하·빈·부다페스트·베오그라드·부쿠레슈티·소피아가 있다. 이들 유명한 도시와 주민들은 소련의 세력권(Soviet sphere) 속에 있다. 그들 모두는 강력하면서 점증하는 모스크바의 통세 수난에 놓여 있다." 처칠의 목소리는 단조로우면서 단호하다. 연설의 원래 제목은 '평화의 원동력(Sinews of Peace)'. 그 말들은 냉전의 긴박했던 과거로 나를 밀어 넣는다. 냉전은 20세기 후반 미국과 소련(현 러시아)의 공포의 대립이다. 처칠의 발언은 강렬해진다. "공산당과 오열(伍列)이 기독교 문명을 위협한다." 그것은 역사적 고발장이다. 소련 지도자 이오시프 스탈린의 음모는 공산주의 팽창이다. 그는 철의 장막을 쳤다. 소련은 공산주의 종주국이다. 철권 독재자 스탈린의 동유럽 지배의 실상이 감춰졌다. 스탈린 체제는 압제와 폐쇄다. 장막 뒤에선 잔혹한 숙청과 대량 학살이 벌어졌다.

처칠의 삶은 용기와 도전으로 구성됐다

말의 힘은 역사의 틀을 재구성한다. 자유민주주의 대(對) 공산주의, 반공(反共) 대 친공으로 나뉘었다. 전시실 유럽 지도는 흰색과 붉은색이다. 붉은색은 동유럽 공산위성국. 냉전의 판세는 선명하다. "철의 장막은 20세기 후반의 국제질서를 규정한 가장 영향력 있는 언어였다."(미국 역사학자 필립 화이트, 『Our Supreme Task』, 2012년) 처칠은 명예법학박사 학위를 받았다. 그가 입은 붉은색 학위 가운, 모자가 진열돼 있다. 그 옆 사진은 처칠과 트루먼의 큰 웃음이다. 관광객 20여 명이 모였다. 안내자는 풀턴시 역사학회 연구원 럭 프라이스. 나도 함께했다. 프라이스는 말한다. "트루먼과 처칠은 워싱턴~미주리까지 24시간 1600㎞의 열차여행을 했다. 둘은 열차에서 포커를 쳤고 트루먼이 75달러를 땄다. 하지만 진짜 승자는 처칠이다. 적은 돈을 내고 미국 대통령을 조연으로 둔 무대에 섰다." 관광객들이 웃는다. 트루먼의 학력은 고교 졸업. 전임 대통령 프랭클린 루스벨트 같은 정치적 화려함은 없었다. 하지만 트루먼은 성실과 신념, 실천과 투지의 지도자다. 그는 전쟁 때 일본 본토에 원자폭탄 투하를 명령했다. 제2차 세계대전 후엔 스탈린과 대결했다.

처칠 강연은 승부수였다. 웨스트민스터 대학 체육관에 2800여 청중이 모였다. "제2차 세계대전이 끝난 지 고작 7개월 뒤다. 사람들은 전쟁에 지쳤다. 소련은 미·영과 동맹국이었다. 서방에선 친(親)소련 분위기가 존재했다. 처칠은 그 흐름을 깼다. 그것은 도전과 용기의 소산이다."(필립 화이트, 『Our Supreme Task』) 처칠의 삶은 용기로 단련됐다. 그는 용기를 리더십 자질의 으뜸으로 쳤다. 그는 샌드허스트(Sandhurst) 사관학교 졸업 후 식민지 전선에 나갔다. 쿠바, 인도, 보어전쟁(남아프리카)에 참전했다. 보어전쟁 때 종군기자였다. 처칠은 포로가 됐다. 그는 탈출했다. 그 용기로 갈채를 받았다. 연설은 소련의 선제적 공세를 경고했다. 찬반논쟁과 비판이 이어졌다. 루스벨트의 미망인 엘리너는 "남편의 이상과 이념을 훼손했다"고 반발했다. 언론인 월터 리프먼은 "재앙적 실수"라고 했다. 소련 반응은 험악했다. 스탈린은 처칠을 "전쟁광(狂), 음해의 선동가"라고 비난했다. 유럽 다수 지식인들은 공산주의 실상에 둔감했다. 프랑스의 사르트르는 소련 체제의 잔혹한 인간성 말살을 외면했다. 연설 13개월 전인 1945년 2월 얄타(흑해 연안). 루스벨트·처칠·스탈린은 그곳에 모였다. 이들 미·영·소 지도자는 종전 후 세계질서를 짰다. 루스벨트는 처칠을 견제했다. 영국의 식민 제국주의 부활 가능성 때문이다. 회담의 최대 수혜자는 스탈린이었다.

1946년 3월 5일 미국 미주리주 풀턴의 웨스트민스터 대학 체육관에서 45분간 '철의 장막' 연설을 하는 처칠. 왼쪽 앞은 미국 대통령 트루먼.

서사시적 어휘로 냉전 시대의 신화를 확보했다

/

철의 장막은 촌철살인(寸鐵殺人)의 조어다. 크렘린의 이미지는 음모와 폐쇄, 공포로 낙인찍혔다. 나는 프라이스에게 물었다. "철의 장막이란 수사(修辭)는 절묘하다. 누가 작성했나."- 그는 안내문을 근거로 설명한다. "처칠 혼자다. 스피치 라이터 팀은 없었다. 처칠은 노련했다(shrewdly). 그 말(아이언 커튼)을 연설 초고에 넣지 않았다. 현장에서 충격효과를 높이기 위해서다." 전시실에 인상적인 설명문이 있다. "처칠의 문장구사력, 특히 순간적인 경구를 만드는 기량은 전설적이다. 그는 이 능력으로 연설의 요점을 청중에게 각인시키는 데 구사했으며, 상대편의 생각을 멈추게 하는 데 사용했다." 처칠의 말과 글은 선천적 재능만이 아니다. 후천적 연마가 덧붙여졌다. 처칠은 명문가 귀족 출신이다. 아버지는 재무장관까지 지냈다. 처칠은 더듬거림과 혀 짧은 소리를 냈다. 그는 끈질긴 발성 연습으로 약점을 극복했다. 그는 끊임없이 책을 읽었다. 역사 감각을 키웠다.

처칠의 표현은 장엄해진다. "우리 운명은 우리 손에 있고, 우리는 미래를 구할 힘을 갖고 있다." 그 말은 역사 설계자의 선언이다. '철의 장막' 연설은 공산주의에 대한 반격을 예고했다. 미국 대통령 트루먼이 앞장섰다.

With a dramatic gesture, WINSTON CHURCHILL warned the world---
...AN IRON CURTAIN HAS DESCENDED ACROSS THE CONTINENT"
March 5, 1946 Fulton, Missouri

"철의 장막이 대륙을 가로질러 쳐졌다." 처칠 조각상의 받침돌 문구.

1947년 6월 마셜플랜, 서베를린 물자 공수작전, 1949년 북대서양조약기구(나토)가 설립된다. 스탈린의 마수는 동북아로 뻗는다. 스탈린은 북한 김일성의 6·25 남침을 승인한다. 트루먼은 미군을 한반도에 급파했다. 한국은 적화통일의 위기에서 벗어난다.

철의 장막은 지배적 용어다. "처칠은 서사시적 어휘로 문제를 제기했고 냉전 시대에 신화적 의미를 확보했다." 런던대 교수 존 램스덴(1947~2009)의 설명이다(『Man of the Century』, 2002년).

처칠의 연설은 예언적 분위기를 띤다. "지난번(1930년대)에도 나는 그런 사태가 오는 것을 보고 동포와 세계를 향해 외쳤다. 아무도 관심을 기울이지 않았다." 그 '사태'는 나치의 도발이다. 박물관에 나치 총통 히틀러의 저서 『나의 투쟁(Mein Kampf)』(1925년 간행)이 진열돼 있다. 그 책은 독일에선 70년간 금서(禁書)였다. 표지는 누렇게 바랬고 한쪽이 찢겨졌다. 책 속엔 나치의 광기가 남아 있는 듯하다. 유럽 언론은 대부분 그 책을 묵살했다. 처칠은 달랐다. "그 책이 히틀러의 솔직한 의도를 표출한 것으로 믿었다."(폴 존슨, 『처칠』, 2009년) 처칠은 "유럽의 공산화를 막아야 하지만 나치도 안 된다"고 역설했다. 하지만 영국 총리 체임벌린의 유화정책은 기세를 올렸다. 처칠의 '무장(武裝)평화론'은 무시당했다.

"Never Give In(절대 굴복하지 말라)." 제2차 세계대전 때(1941년 10월) 총리 처칠이 자신의 모교 해로(Harrow)스쿨에서 했던 연설.

그 시절 처칠은 정치 주류에서 밀려났다. 그의 삶은 롤러코스터다. 제1차 세계대전 때 그는 해군장관이었다. 하지만 터키의 갈리폴리 작전 실패로 사임했다. 그는 대대장으로 전선에 나갔다. 해군장관에서 참호 속 육군 중령-. 거친 굴곡이다. 그는 '정치 철새'로 비난받았다. 보수당→자유당→보수당 이적. 그의 이미지 한쪽은 이단, 트러블 메이커로 각인됐다. 1939년 9월 독일 히틀러는 전쟁(제2차 세계대전)을 시작했다. 처칠은 총리에 임명됐다. 사흘 후(1940년 5월 13일) 의회 연설이 있었다. "피와 수고와 눈물과 땀 외에 드릴 게 없다." 그의 우선 목표는 비관의 퇴출이다. 히틀러는 이 무렵 대중연설 무대를 떠났다.

언어의 위축은 리더십의 장애 조짐이다. 히틀러의 천부적인 선동은 들리지 않았다. 처칠은 낙관과 불굴의 언어를 생산했다. 그 말은 전염성이 강했다. 1940년 6월 독일은 프랑스 파리를 점령한다. 처칠은 셰익스피어적 어휘를 내놓았다. "대영제국이 천년간 지속된다면 사람들은 말할 것이다. 지금이 그들의 가장 멋진 시간이었다(This was their finest hour)." 그 말은 힘과 매력을 발산했다. 국민적 항전 의지는 굳어졌다. 미국 대통령 존 F. 케네디 시절, 냉전은 격화됐다. 1962년 쿠바 미사일 위기는 핵 공포의 결정판이다. 1963년 케네디는 이렇게 말했다. "(제2차 세계대전 때) 영국이 홀로 버티던 어두운 날과 실의(失意)의 밤에 처칠은 언어를 동원해(mobilized) 그것을 전선에 보냈다." 처칠의 언어는 비밀 병기다.

어두운 시기에 낙관적 언어를 동원해 전선에 보냈다

"처칠은 말의 힘을 이해하고 휘둘렀다. 말은 그의 가장 설득력 있는 무기였다." 처칠의 공식 전기 작가 마틴 길버트(Martin Gilbert·1936~2015)의 평가다.

권력 운영은 말이다. 위대한 지도력은 언어로 작동한다. 말은 대중의 상상력을 장악한다. 역사의 전진에 국민의 동참을 끌어낸다. 처칠의 말은 위기 때 명쾌했다. 처칠은 중립의 기회주의적 말을 싫어했다. 위기 관리는 언어의 회색지대에서 이뤄지지 않는다. 1980년대 미국 대통령 레이건은 소련을 '악의 제국'으로 규정했다. 그 상징적 언어는 냉전의 승리를 낚아챘다.

3김 정치의 위력은 언어다. 김영삼(YS) 전 대통령은 "닭의 목을 비틀어도 새벽은 온다"고 했다. 그 구절은 민주화의 확신을 전파했다. 김대중(DJ) 전 대통령은 "서생(書生)적 문제 인식과 상인적 현실감각"을 말했다. 지도자 덕목은 이상과 현실의 조화다. 김종필(JP) 전 총리는 말로 세상을 바꿨다. 그의 '근대화, 민족중흥'은 산업화의 국가개조를 이끌었다. JP는 1966년 웨스트민스터 대학에서 연설을 했다. 그림(봉산탈춤)도 기증했다. 지금 한국 정치의 말은 어설프다. 격조는 떨어지고 실천은 미흡하다. 경륜의 빈곤과 비전의 결핍은 언어에서 드러난다.

처칠은 2차대전 종전 한 달 전(1945년 7월) 총선에서 패배했다. 노동당

웨스트민스터 캠퍼스 내 또 다른 처칠 동상. 그 뒤는 영국 런던에서 옮겨 복원한 교회 건물.

애틀리에게 정권을 넘겼다. 처칠은 정계 은퇴의 처지에 몰렸다. 하지만 그는 버텼다. "영업시간이 끝날 때까지 술집에 머물러 있는 것이 처칠의 신조다."(존 램스덴, 『Man of the Century』) 풀턴 연설은 재기의 발판이 됐다. 보수당은 1951년 10월 총선에서 승리한다. 처칠은 두 번째 총리(당시 77세)를 맡았다. 처칠의 언어 유산은 계승됐다. '영어사용국의 특별한 관계'는 35년 뒤 작동한다. 레이건과 영국 총리 마거릿 대처는 베를린 장벽 붕괴에 나섰다. 전시실에 두 사람 사진이 있다. 처칠의 글귀도 있다. "비판은 쉽다. 성취는 어렵다(Criticism is easy; achievement is difficult)." 레이건의 군비 경쟁은 비판이 쏟아졌다. 그는 소련을 무너뜨렸다. 대통령 박정희의 산업화는 비판과 냉소를 받았다. 그는 최빈국 대한민국을 바꿨다. 한강의 기적이다.

고르바초프, 처칠의 연설 장소에서 냉전 종식 선언

전시실에 컵과 도자기들이 있다. 시가를 문 불도그 이미지의 처칠을 형상화했다. "위대한 지도자들 가운데 처칠만큼 웃음을 주거나 웃음거리가 된 사람은 없다."(폴 존슨, 『처칠』) 처칠은 유머의 위력을 알았다. 카리스마는 유머로 강력해진다. 나는 박물관 밖으로 나왔다. 입구 한쪽에 '철의 장막' 조각상이 있다. 처칠이 '철의 장막'을 말하는 장면을 형상화했다. 미주리 출신 조각가 위건드(Don Wiegand)의 2011년 작품이다. 처칠 조각상 중 가장 독특하다. 조각가는 '진실의 순간'을 포착했다. 처칠 동상은 박물관 위쪽 캠퍼스에도 있다(1964년 건립). 오른손에 지팡이, 왼손에 모자를 움켜쥐었다. 처칠의 전형적인 모습이다. 동상에 처칠 어록이 새겨져 있다. "In war=Resolution, In Defeat=Defiance, In Victory=Magnanimity, In peace=Good Will(전쟁에는 결단, 패배에는 투혼, 승리에는 관용, 평화에는 선의)." 결단과 투혼은 제2차 세계대전 승리의 바탕이다. 그 옆에 베를린 장벽의 잔해 여덟 개가 서 있다. 처칠의 외손녀인 미술가 샌디스(Celia Sandys)의 설치작품이다. 제목은 'Breakthrough'(돌파구, 높이 3.5m, 길이 9.8m). 원색의 그라피티(낙서)가 눈길을 끈다. 'unwahr(거짓)'. 그 독일어는 공산 통치의 어둠을 압축한다. 소련 붕괴 다섯 달 뒤인 1992년 5월. 마지막 대통령 고르바초프가 이곳에 왔다. "우리는 냉전 드라마를 전달하는 상상력과 환상의 조각 앞에 서 있다"고 했다. 그는 냉전 종식을 선언했다. "우리가 스스로를 몰아넣었던 악순환을 분쇄한 것이다."

1946년 냉전의 개막을 알린 '철의 장막' 선언, 46년 뒤 같은 장소에서 냉전의 종식 발언-. 나는 극적 장면을 정리했다. "베를린 장벽은 철의 장막의 실체다. 그 구조물의 잔해들이 역사 예술로 장식됐다. 그 잔해들은 냉전의 와해를 상징한다. 언어가 연출한 역사다." 처칠의 언어는 승리했다. 그는 말의 거장(巨匠)이다. 그는 단언했다. "이 세상에서 영원히 지속하는 유일한 것은 말(Words)이다."

— 풀턴(미국), 중앙일보 2016년 3월 19일

전쟁을 말로 바꿔
언어로 돈을 버는 재주

1953년 영국 총리 처칠은 노벨 문학상을 받았다. 노벨 평화상이 아니다. 그해 문학상 유력 후보는 헤밍웨이였다. 그만큼 의외였다. 수상작은 처칠의 회고록 『제2차 세계대전』이다. 스웨덴 한림원의 선정 이유는 이렇다. "역사적이고 전기(傳記)적인 글에서 보인 탁월한 묘사와, 고양된 인간의 가치를 옹호하는 빼어난 웅변술 덕분이다 (for his mastery of historical and biographical description as well as for brilliant oratory in defending exalted human values)."

처칠과 문학상의 조합은 어색하지 않다. 그는 전업 작가보다 많은 글을 썼고 책을 냈다. 처칠은 43종(72권)의 책을 출판했다. 신문과 잡지에 1000여 개의 글을 기고했다. 『제2차 세계대전』은 205만 단어가 넘는다. 그는 20대 초반 쿠바와 인도의 전쟁터에 있었다. 신문에 전쟁 기사를 썼다. 그는 보어전쟁 현장에 갔다. 그때는 종군기자였다. 그는 참전 경험을 책으로 냈다. 베스트셀러가 됐고 큰돈을 벌었다. 영국의 저널리스트 겸 역사학자인 폴 존슨은 "처칠의 능력은 전쟁을 언어로 바꾸고 언어를 돈으로 바꾸는 것"이라고 했다.

처칠은 말의 힘을 일찍 터득했다. "인간에게 주어진 재능 중에서 연설 재능이 최고다. 연설을 즐기는 사람은 위대한 왕보다 오래 권력을 행사한다."(『수사학의 발판(The Scaffolding of Rhetoric)』, 1897년) 그는 훌륭한 연설과 연설가의 공통점을 이렇게 집약했다. "눈에 띄는 존재감, 정확한 어휘 사용, 운율, 논쟁의 축적, 비유의 적절한 구사." 처칠은 언어의 조련사다. '정상외교(summit)'란 말은 처칠이 만들었다. 그는 경쾌한 유머를 내놓았다. 처칠이 의사당에 지각했을 때다. 의원들 비판에 그는 "여러분도 나처럼 예쁜 아내와 살면 아침 일찍 일어나기가 힘들 것"이라고 넘겼다. 처칠은 많은 명언을 제조했다. 그 말 속엔 통찰과 지혜가 넘친다.

풀턴의 '처칠 박물관'에는 그의 어록이 널려 있다.

• 위대함의 대가는 책임감이다(The price of greatness is responsibility).
• 과거를 잊은 민족은 미래가 없다(A nation that forgets its past has no future).
• 절대 굴복하지 말라-위대한 일이든 사소한 일이든, 크고 작든 명예 와 선의를 제외하고는 어느 것에도 굴복하지 말라(Never give in! in nothing great and small, large and petty, never give in except to convictions of honour and good sense).
• 광신자는 자신의 생각을 바꿀 수도 없고 화제를 바꾸지 않는다 (A fanatic is one who can't change his mind and won't change the subject).
• 협상은 언제나 전쟁보다 낫다(To jaw-jaw is always better than war-war).
• 간결한 말이 으뜸이며, 그중 친근한 단어가 최고다(Broadly speaking, the short words are the best, and the old words are best of all).

처칠은 다재다능했다. 그는 평생 500여 점의 그림을 그렸다. 그의 작품 '차트웰의 금붕어 연못'은 2014년 소더비 경매에서 280만 달러에 팔렸다. 그의 사저였던 차트웰은 관광명소다.

>>> '철의 장막' 나치 괴벨스도 썼지만 주목 받지 못했다.

'철의 장막'은 처칠 연설 전에도 존재했다. 그 말은 극장에서 방화용 안전장치를 뜻했다. 1918년 러시아 작가 바실리 로자노프(Vasily Rozanov)는 "러시아 역사에 철의 장막이 드리워지고 있다"고 했다.

영국 여성인권운동가 스노든(Ethel Snowden)은 그 용어를 정교하게 다듬었다. 공산주의 러시아를 '뚫을 수 없는 장벽'이라고 했다(1920년). 제2차 세계대전 동안 나치 독일의 선전장관 괴벨스는 '소련, 철의 장막 뒤쪽에'란 글(1943년 5월)을 썼다. 하지만 그의 글귀는 주목을 끌지 못했다. 그 용어의 제조자는 처칠이 아니다. 하지만 말의 파괴력은 때와 장소, 인물의 삼박자가 맞아야 생긴다. 처칠은 결정적인 상황에서 결정타를 날렸다. 공산주의는 장막 너머의 어둠과 동일시됐다. 처칠의 철의 장막은 역사 언어의 전당에 올랐다. 그 용어는 파생됐다. 냉전 시대에 중국은 '죽(竹)의 장막'으로 불렸다.

프랑스는 핵무장을 단행할
용기와 집념을 가져야 한다

드골의 핵전략은 프랑스 영광의 복원

샤를 드골은 장엄하다. 그의 언어는 묵시(默示)론적 색채로 드러난다. "위대(grandeur)하지 않은 프랑스는 프랑스가 아니다." 그 구절은 소명의식을 주입한다. 그는 역사 앞으로 돌진했다. 20세기 프랑스에 시련이 닥쳤다. 1940년 6월 나치 독일은 파리를 점령했다. 드골(50세)은 기갑부대 지휘관·국방차관이었다. 1954년 프랑스는 베트남(디엔비엔푸 참패)에서 치욕을 당했다.

프랑스는 패배에 익숙해졌다. 1958년 드골은 권력을 장악했다. 그는 '프랑스 영광'의 복원에 나섰다. 5공화국 대통령 드골에게 '신의 한 수'가 있었다. 그것은 독자적인 핵무장이다. 핵무기는 프랑스의 국가 위상을 높였다. 사회의 침체 분위기를 몰아냈다. 드골은 정치적 상상력과 영감을 전파했다. 1970년대 박정희 정권은 드골의 전략에 주목했다. 핵무기는 자주국방의 도구다. 박정희의 핵 개발은 미국의 제동으로 좌절됐다. 그

40년 뒤 북한의 핵 야욕은 성취됐다.

드골의 격렬한 삶과 만나는 의식 '라 마르세예즈'

나는 드골을 장기간 추적했다. 콜롱베 레 되 제글리즈(Colombey-les-Deux-Eglises). 그 작은 시골에 드골의 집과 묘소, 기념관이 있다. 북한의 6차 핵실험은 콜롱베의 기억을 떠올린다. 그곳은 파리에서 남동쪽으로 270여㎞ 떨어져 있다.

고속도로(A5)를 타고 3시간쯤 달렸다. 오트마른(샹파뉴-아르덴 지방) 쪽이다. 낮은 언덕 위로 거대한 십자가가 보인다. 목적지에 다가갔다. '로렌의 십자가(Croix de Lorraine)'. 그 조형물은 저항과 수호의 상징이다. 십자

드골 동상(파리 상젤리제-클레망소 지하철역 앞)과 로렌의 십자가. /왼쪽, 오른쪽 위
드골과 케네디 부부. /오른쪽 아래

가(높이 44.3m, 1972년 세움) 아래에서 노년의 프랑스 관광객 다섯이 국가를 부른다. '라 마르세예즈'는 호전적인 선동을 쏟아낸다. "무장하라 시민들이여 대오를 갖추자. 전진! 전진! 저들의 불결한 피로 우리의 들판을 적시자." 그 장면은 드골의 격렬한 생애와 만나는 의식일 것이다. 드골 기념관은 직사각형의 단순미를 뽐낸다. 그 건물은 십자가의 긴 세로 막대와 어울린다. 기념관 주제는 '인간 흔적, 프랑스 역사'. 전시실(1800㎡)은 사진(1000장), 지도, 비주얼 그래픽, 유품으로 꾸몄다. 프랑스의 예술적 감성은 생동감을 불어넣는다. 하지만 전시실에서 드골의 개인 소품은 찾기 힘들다. 그것은 인간의 본능적 과시욕에 대한 드골식 거부다. 그런 방식은 리더십의 신비주의를 강화한다.

독일에 패전한 뒤 드골은 영국 런던으로 갔다. 그는 망명 조직 '자유 프랑스'를 이끌었다. 그는 BBC방송 마이크 앞에 섰다. "우리는 전투(bataille)에서 패배했다! 하지만 전쟁(guerre)에서 패배하지 않았다!" 드골은 항전의 투지를 펴

드골 기념관에 전시된 시트로앵 자동차. /왼쪽
콜롱베의 드골 기념관 조각상. 지팡이를 든 노년의 드골. 집념과 피로가 얽힌 표정에 그의 큰 키(196cm) 높이다. /오른쪽

뜨렸다. 영국 총리 처칠은 그를 지원했다. 그는 프랑스 해방(1944년 8월)의 영웅이었다. 그는 정부(내각수반)를 잠시 맡았다. 하지만 권력에서의 낙담과 은퇴가 이어졌다.

1950년대 후반 소용돌이가 일었다. 식민지 알제리(북아프카) 독립문제 때문이었다. 4공화국 정부는 드골의 권력 복귀를 요청했다. 1958년 6월, 나이 68세 때다. 다음 전시 문구는 '나는 당신들 뜻을 이해했다(Je-vous ai compris)'. 알제리의 독립을 인정하겠다는 시사다. 군부는 반발했다. 군사 반란이 있었다. 드골은 권위로 반발과 혼란을 평정했다. 대통령 책임제의 5공화국이 출발했다.

그때는 미국·소련의 냉전 대결 시대였다. 그 무대에서 프랑스는 2류 조연급이었다. 드골은 '신의 한 수'를 다듬었다. 그의 권력 귀환 전인 1957년 10월, 소련은 스푸트니크(Спутник) 위성을 쏘았다. 인류 최초의 인공위성이다. 그것은 대륙간탄도미사일(ICBM)의 등장을 예고했다. 스푸트니크 충격은 미국의 핵우산에 대한 불신을 낳았다. "미국이 소련의 핵 보복을 감수하면서까지 다른 나라를 위해 핵 공격을 할 수 있을까." 그런 의심은 대안 모색으로 이어졌다. 그것은 프랑스의 독자적인 핵 억제력 구축이다. 전시실의 핵무장 부분은 결단의 역정 속에 존재한다.

'force de frappe(타격능력)'라는 어휘가 눈길을 끈다. 핵무장 논리다. 나는 들고 있던 드골의 연설 책자를 펼쳤다. "프랑스 방어는 프랑스인의 손에 있어야 한다. 우리 프랑스는 국익을 위해 어디에서나 즉각 동원할 수 있는 '타격능력'이 필요하다. … 군사력의 기본은 핵무장이다. 우리는 핵무장을 단행할 수 있는 용기와 의지를 가져야 한다." 그것은 리더십의 결정적 순간이다. 그는 장교 시절 기갑부대의 공세적 전략을 역설했다. 전시실에 탱크 지휘관 차림의 드골(생시르 육사 졸업) 사진이 있다. 하지만 군 지휘부는 방어적 전략을 채택했다. 그것은 마지노 지하 요새의 구축이다. 2차대전 초기 독일군은 요새를 우회했다. 벨기에 쪽으로 전격전의 목표를 바꿨다. 마지노의 수비적 개념은 허무하게 무너졌다.

핵무기 없는 나라는 진정한 독립국이 아니다

핵무기는 공세적 상상력을 제공한다. 그 심리는 상황의 주도권을 생산한다. 드골은 "군사력은 주권국가의 조건이다. 핵무장이 군사력의 선봉(fer de lance)"이라고 했다. 1960년 2월 알제리 남부 사하라 사막. 프랑스의 1차 핵실험은 성공했다. 그는 확언했다. "프랑스는 더욱 강해지고 더욱 자랑스러워졌다." 프랑스는 핵무기 클럽에 진입했다. 드골의 야망은 실현됐다.

미국은 드골을 견제·비판했다. 그는 아이젠하워에 이어 존 F. 케네디(1961년 5월 파리 방문)를 만났다. 케네디 부인 재클린의 우아한 모습이 전시실을 환하게 만든다. 미국 대통령들은 독자적 핵전략의 포기를 요구했다. 드골은 거부했다. 그는 미국의 핵 지원 약속에 의문을 표시했다. 드골의 거부와 의문은 언론 문법으로 이렇게 정리됐다. "(소련의 핵 협박을 무릅쓰고도) 미국은 파리를 지키기 위해 뉴욕을 포기할 수 있는가." 그 의문은 2017년 가을 한국에 그대로 적용된다. "(북한의 핵 협박을 무릅쓰고도) 미국은 서울을 지키기 위해 LA를 포기할 수 있는가." 드골은 끊임없이 단언한다. "핵무기 없는 나라는 진실로 독립되었다고 할 수 없다." 드골은 핵무기를 마법의 정책수단으로 다듬었다.

핵은 국제정치의 판도를 바꿨다. 드골은 독자 외교의 기반을 확장했다. 북대서양조약기구(나토) 탈퇴, 제3세계 국가들에 대한 영향력 강화가 이어졌다. 핵은 첨단산업의 자극제였다. 초음속 여객기 콩코드, 원전 건설이다. 프랑스 군부는 결연했다. "당면 문제는 핵무기냐, 재래식 무기냐의 선택이 아니다. 핵무기를 보유하든지, 아니면 안보 자체를 포기하느냐의 양자택일이다." 드골의 통찰력은 선명하다. "칼 없는 정의는 조롱당한다." 그 같은 자세도 지금의 한국 상황에 유효하다. 북한 핵 위협의 대응방식은 두 가지다. 어떤 형태든 핵으로 맞서든지, 아니면 김정은의 자선에 의존하는 것이다. 대항이냐 순종이냐의 선택이다. 협상해결론의 공간은 옹색하다. 핵의 세계는 회색지대를 인정하지 않는다. 드골의 핵 프로그램은 확장됐다.

1966년 9월 수소폭탄 실험에 성공했다. 실험 장소는 태평양의 폴리네시아 산호섬. 드골 대통령은 순양함 '드 그라스'에서 지켜보았다. 1969년 드골은 퇴장했다. 드골은 독보적인 역사를 썼다. 그 서사시에서 핵무기는 매력적인 요소였다.

— 파리 · 콜롱베(프랑스), 중앙일보 2017년 9월 23일

조촐한 무덤, 이름뿐인 묘비명
'내가 곧 역사'라는 자부심 완성

'Charles de Gaulle, 1890~1970' 'Yvonne de Gaulle 1900~1979' -. 샤를 드골 부부의 묘비명이다. 프랑스 시골 마을 콜롱베 성당 공동 묘지에 있는 무덤이다. 조촐한 흰 대리석 위에 수식어가 없다. 이름 과 생몰(生歿)연대만 적혀 있다. 드골의 언어 구성은 그렇게 단순과 직설이다. 그는 정치에서 말과 글의 힘을 알았다. 그는 자신만의 문 체를 갖고 있었다.

리더십의 말은 절제의 미학을 추구한다. 드골은 말의 압축미를 터득했다. 드골의 본격적인 정치 데뷔는 말로 시작했다. 1940년 6월 프랑스는 독일의 전격전에 몰락했다. 6주 만에 항복했다. 그것은 프랑스의 치욕이다. 기갑부대 지휘자 장군 드골은 영국으로 망명했 다. 망명정부 '자유 프랑스(La France Libre)'를 조직했다. '자유'라는 낱말은 나치의 전체주의 용어와 대결했다.

1944년 8월 나치 독일군은 점령지 프랑스를 떠났다. 프랑스는 해방됐다. 드골은 파리로 귀환했다. 그는 개선문에서 샹젤리제 거

프랑스 시골 마을 콜롱베 성당의 공동묘지에 있는 드골의 흰 대리석 무덤과 수식어 없는 비석. 파리에서 270㎞ 떨어져 있다.

리를 행진했다. 그는 승리 연설을 했다. 드골은 언어의 조련사다. 그의 개선 언어는 감성적인 간결함이다. "Paris! Paris outragé, Paris brisé, Paris martyrisé, mais Paris libéré(파리! 모욕당한 파리, 쇠락한 파리, 학대받은 파리, 그러나 해방된(자유로운) 파리)." 그 연설은 자유 회복의 극적 순간을 연출한다. 드골은 '자유'라는 단어로 대중의 열망을 장악했다. 해방은 자유다. 드골과 군중은 함께 역사 속으로 진입한다. 그 단문에는 드골의 지적 연마가 스며 있다.

그 말들은 드골 동상의 받침대에 적혀 있다. 동상은 파리의 샹젤리제-클레망소 지하철역 광장에 세워졌다(2000년). 그의 행진 모습을 형상화했다. 동상 건립은 쉽지 않았다. 그의 사후 30년 만이다. 드골은 생전에 자신을 기리는 어떤 조형물도 거부했다. 동상은 그 유언의 우아한 위반이다.

드골은 대통령 시절 프랑스의 영광을 외쳤다. 1969년 4월 그는 5공화국의 권좌에서 물러난다(집권 11년). 그의 익숙한 승부수가 먹히지 않았다. 국민투표(지방제도와 상원의 개혁 문제)에서 패배한 것이다. 그 직후 드골은 말했다. "나는 공화국 대통령의 권한 행사를 중단한다. 이 결정은 오늘 정오부터 효력을 발생한다." 그는 상황을 압축했다. 그의 선언적 어투는 역사의 전환기를 상징한다. 하야 선언에는 아쉬움과 유감이 담기지 않았다. 그는 다음 단계로 대중의 상상력을 이동시켰다.

드골은 파리에서 콜롱베로 떠났다. 콜롱베는 인구 700명의 시골. 그곳에 그의 사저, 라 브아서리(La Boisserie)가 있다. 숲과 정원 속 2층집(방 12개). 1층 서재에 케네디와 닉슨의 사진 액자가 보인다. 1958년 9월 드골(68세)은 그 집으로 아데나워(72세) 독일 총리를 초청했다. 드골은 이렇게 기억했다. "늙은 프랑스인과 더 늙은 독일인의 역사적 만남을 위해선 궁전의 장식보다 가족적인 분위기가 좋았다." 적대에서 화해로-. 드골의 집은 프랑스와 독일 역사의 새 시대 출발지로 기록됐다. 둘의 만남 50년 뒤(2008년)에 드골 기념관은 개관했다. 개관식에 사르코지 프랑스 대통령과 메르켈 독일 총리가 참석했다. 그들은 "프랑스와 독일의 공통적인 기억의 장소"라고 의미를 부여했다

　권력 하야 뒤 드골의 일상은 글쓰기(『희망의 회고록』)였다. 그의 저서는 13권. 1970년 11월 9일 그는 집필 중 탁자 위로 쓰러졌다. 심장마비(80세)였다. 그 탁자가 전시돼 있다. 그는 유언을 오래전(1952년)에 써놓았다. "국장(國葬)을 거부한다. 무덤은 콜롱베 성당의 공동묘지, 딸(다운증후군으로 숨짐) 옆에 묻힌다. 언젠가 나를 따를 아내와 함께 묻힐 곳이다. 묘비명은 샤를 드골 1890~0000(사망연도), 나의 직책을 기록하지 말고 생몰연도만 적어라. 간소한 의식으로 치르고 프랑스 육군을 제외한 고위 인사의 참석을 거절한다." 드골은 파리의 국가유공자 묘역인 팡테옹을 외면했다.

　드골의 장례는 그렇게 진행됐다. 묘지는 유언에 충실하다. 흰 대리석과 십자가(1.5m)로 장식됐다. 성당 묘지들은 평범하고 비슷한 크기다. 드골은 역사다. 그는 자신을 그렇게 설정했다. 묘비명에 미사여구의 존재이유는 없다. 그는 "내가 곧 역사"라는 자존심과 오기를 거기에 투사했다.

　콜롱베는 프랑스 현대사의 순례지다. 그곳에 모인 10여 명의 관광객들은 숙연하다. 나는 에피타프(Epitaph·묘비명)를 뚫어지게 쳐다보았다. 극단적인 간결함-. 그것은 드골의 언어다운 절제의 정점이다. 그것은 자신의 잔해(殘骸)마저 역사에 남기지 않겠다는 뜻일 것이다. 그것으로 드골의 완벽주의 신화는 완성된다.

>>> '자칼의 날'과 시트로앵 DS

'시련에 지친 늙은이.' 드골은 노년에 그렇게 자신을 빗댔다. 시련에는 군부 반란과 여러 차례 암살 위기도 있었다. 배경은 식민지 알제리에 대한 독립 허용이다. 군 일부가 거세게 반항했다. 그들은 비밀결사대(OAS)를 조직했다. 목표는 군의 대선배 저격. 1962년 8월 22일 저녁 대통령의 모터케이드가 파리 외곽 오를리 공항으로 가고 있었다. 시속 110㎞. 검은색 리무진(시트로앵 DS19)에 드골은 부인(이본)과 타고 있었다. 극우파 OAS 대원 12명이 거리에서 기습했다. 자동소총 140발을 발사했다. 차의 뒷유리창이 깨졌다. 타이어는 터졌다. 차는 위험지대를 벗어났다(타이어가 펑크나도 달릴 수 있게 개조). 드골 부부는 무사했다.

그는 여유를 보였다. "(저격범들이) 돼지처럼 쏘아댔다." 그 사건은 프레더릭 포사이스의 소설 『자칼의 날』의 소재. 드골은 시트로앵 DS의 행운에 애착을 가졌다. DS 외모는 이름(여신 Deesse) 대로 고혹적이다. 그 차는 드골 기념관에 전시돼 있다. 사건 후에도 드골은 DS 천장 위로 큰 키를 드러냈다. 군중의 환호에 답례했다.

파리

콜롱베 레 되 제글리즈

프랑스

'정의로운 평화'로 미국을 재통일했다

냉혹과 관용 사이의 링컨 드라마

에이브러햄 링컨은 격렬한 서사시다. 그의 삶은 파란만장하다. 링컨의 초상(肖像)은 선명하지만 복합적이다. 그 속에 좌절과 성취, 시련과 환희가 교차한다. 그의 초기 정치 역정은 좌절이다. 하지만 대통령 도전 때 짜릿한 역전승을 한다.

링컨은 포용이다. 그는 겸손한 권력의 진수를 보여 줬다. 반면에 어느 순간의 야심은 속물적이다. 그는 내면의 마키아벨리 근성도 차출한다. 그는 전쟁 대통령이다. 미국의 내전(Civil War)인 남북전쟁(1861년 4월~1865년 5월)은 참혹했다. 그 전쟁은 남·북 주(州) 사이의 싸움이다. 아메리카 대륙은 피로 넘쳤다. 링컨은 냉혹하다. 유혈의 상황은 휴전의 타협을 요구했다. 하지만 그는 '협상 방식의 평화론'을 거부했다. 그는 '정의롭고 항구적인 평화'를 추구했다.

링컨은 파란과 곡절이다. 1865년 4월 9일 남부가 항복했다. 그는 닷새

게티즈버그의 링컨 동상이 대포 너머로 보인다.

뒤에 암살당한다(1809~1865). 성공의 절정에서 비극적 최후다. 그 시대의
미국 분단→내전(남북전쟁)→재통일(연방 복원)은 역사적 감수성을 자극
한다. 그 기억의 현장은 끊임없이 나를 끌어들인다.

링컨은 국가 위기 때 권력을 잡았다. 대통령 취임(1861년 3월) 직전에
나라가 쪼개졌다. 분열의 경계는 수도 워싱턴DC. 남부는 주 정부의 권
한을 중시했다. 북부는 연방정부의 권한을 앞세웠다. '주(州)가 우선이냐'
'연방이 먼저냐'의 이념 논쟁이다. 노예제 옹호(남부)와 폐지(북부)를 내
건 대립도 험악했다. 그 시절 미국의 주는 33개(현재 50개). 당시 인구는
3000만 명이다.

링컨은 노예제를 반대했다. 그는 극단적 폐지론자는 아니었다. 그럼에
도 남부는 링컨의 백악관 입성을 거부했다. 사우스캐롤라이나를 시작으
로 그해 6월까지 남부 11개 주가 연방에서 탈퇴했다. 남쪽의 주 정부들은
나라를 새로 세웠다(남부연합). 정식 명칭은 아메리카연합(The Confederate

States of America). 미시시피주의 상원 의원 제퍼슨 데이비스를 남부 대통령으로 뽑았다. 미국 연방(The United States of America·아메리카합중국)은 둘(북부 19개 주)로 갈라졌다. 미국의 독립(1776년) 85년 만이다.

링컨은 남부의 이탈을 '반역(rebel)'으로 규정했다. 북부 연방은 인구(1900만 대 900만)·경제력에서 압도했다. 남부 연합은 역사적 상징성에서 우세했다. 링컨 이전의 대통령 15명 중 7명이 남부의 버지니아주(워싱턴DC 바로 밑) 출신이다. 조지 워싱턴(초대)·토머스 제퍼슨·제임스 매디슨·제임스 먼로·윌리엄 해리슨·존 타일러·재커리 테일러다. 그것은 남부의 정체성과 자부심을 강화했다.

남북전쟁 알아야 21세기 미국을 알 수 있다

링컨은 준비된 대통령이 아니었다. 그는 변방(켄터키주 하젠빌)의 통나무집에서 태어났다. 자수성가한 변호사 출신이다. 링컨이 내세울 만한 정치 경력은 연방 하원의원(2년)이다. 하지만 연방 상원 선거에서 두 번 떨어졌고, 부통령 선거도 실패했다. 그의 정치적 고향은 스프링필드(일리노이주)다. 그 시절 의사당 건물이 사적지로 남아 있다. 그곳에서 링컨은 '분열된 집(house divided speech)' 연설을 했다. 연방 상원 선거에 재도전하면서 "절반은 노예, 절반은 자유인으로 분열된 집은 지속될 수 없다"고 역설했다. 통합의 그 메시지는 그의 브랜드가 됐다. 그는 그것을 정치 상품으로 내걸었다. 그는 정적(스티븐 더글러스)과 노예제 찬반 논쟁을 벌였다. 그는 전국적 인물로 성장했다. 새로운 정치적 도전에 나설 수 있었다. 그리고 대통령에 당선된다. 정치적 감수성과 불굴의 투지는 극적 드라마를 만든다.

전임 대통령 제임스 뷰캐넌은 달랐다. 그는 준비된 대통령이었다. 연방 하원·상원의원, 영국 대사, 국무장관을 지냈다. 하지만 위기관리 능력은 미흡했다. 그는 "남부 주들은 연방 탈퇴의 권한이 없다. 그러나 연방 정부도 그런 행동을 막을 권한이 없다"고 말했다. 대책 없는 우유부단이었다. 용기 없는 경력은 의미가 없다. 결단력 없는 경험은 연륜에 불과하다. 용기는 링컨의 리더십을 성숙시켰다. 그의 지도력은 진화했다. 연방을 재통합했다. 노예제의 야만적 난제를 해결했다. 그리고 혁명적으로 세상을 바꿨다.

미국 중부의 일리노이주 스프링필드에 링컨 박물관이 있다. 디즈니랜드 스타일의 대형 대통령 전시관이다. 링컨은 그때까지 최연소(52세) 대통령이었다. 전시물에는 비판적 취임 기사를 실은 신문이 있다. "한때 장작을 쪼개더니 이제 나라를 쪼갤 것인가"-. 장작 패기는 가난한 유년기부터 그의 이미지다. 링컨의 역량은 검증되지 않았다. 그는 불확실한 지도자로 출발했다. 그는 거대한 반전을 준비했다. 그는 집권 공화당 내의 소수파였다. 선택은 탕평내각(도리스 굿윈, 『Team of Rivals』)이다. 대선 예비선거 경쟁자들(윌리엄 슈어드 국무, 새먼 체이스 재무장관)과 민주당 출신(에드윈 스탠턴 전쟁장관)을 기용했다. 그 박물관은 링컨과 장관들을 밀랍인형으로 만들었다. 장관들은 링컨을 "촌놈, 멍청이"로 경멸했다. 실제 인물 같은 인형의 표정에는 오만과 고집이 드러난다. 링컨은 자부심 강한 장관들을 상호 견제와 균형으로 통솔했다. 링컨은 자신을 낮췄다. 그것으로 이들의 역량과 충성을 이끌어냈다. 역사학자 굿윈은 포용의 용인술을 링컨의 성공 요소로 평가한다. 통합내각은 국정 성취의 조건이다. 슈어드는 나중에 "용기와 실천력을 가진 드문 인물"로 링컨을 재평가한다.

링컨의 취임 한 달쯤 뒤 남북전쟁이 시작된다. 그리고 그가 피살당한 직후 끝난다. 그는 국정 우선순위를 짰다. 첫 과제는 연방의 재통합이다. 그의 노예제 해법은 현실주의를 따랐다. 연방 보존 목표에 맞춰 단계적으로 접근했다. 그는 "전쟁 목표는 연방 분열을 막는 데 있다. 노예제를 없애거나 유지하는 데 있지 않다"고 단언했다. 노예제 폐지를 앞세우면 연방 보존이 어려웠다. 그것은 그의 전략적 판단이었다.

워싱턴의 링컨 공원에 기념 동상이 있다. 쇠사슬에 묶인 흑인 노예를 풀어 주는 링컨의 형상이다. 메시아 같은 이미지다. 하지만 동상은 역사적 진실과 차이가 있다. '노예해방 선언(Emancipation Proclamation)'은 조건을 달았다. 그 자체로 노예를 자유인으로 만들지 못했다. 그 내용은 "1863년 1월 1일을 기해 연방에 반란한 주의 노예는 영원히 자유의 몸이 되었음을 선언한다"다. 반란 주는 '남부연합'이다. 링컨의 통치력이 미치지 않는 곳이다. '북부 연방'의 일부 노예주(메릴랜드·미주리)는 선언에 해당하지 않았다. 따라서 실질적으로 해방된 노예는 없었다. "링컨의 노예제 폐지는 임시방편(tentative)에 가까웠다."(버락 오바마 대통령) 해방

밀랍인형으로 전시된 링컨 가족. /왼쪽
링컨을 암살한 존 윌크스 부스의 밀랍인형(스프링
필드 링컨박물관). /오른쪽

선언문은 장엄한 인권선언이 아니다. 계엄령 문서처럼 구성됐다. 하지만 그 선언으로 링컨은 전쟁의 대의(大義)를 장악했다. 노예해방은 역사의 필연으로 전환됐다. 전쟁은 선과 악의 대결이 됐다. 그 때문에 유럽의 영국·프랑스는 신대륙의 반란국가 '남부연합'을 국가로 승인할 수 없었다. 링컨 외교의 승리다. 전쟁 승리가 굳어진 1865년 1월 수정헌법 제13조가 의회를 통과했다. 그것은 모든 지역의 노예제 종식을 규정했다. 하지만 노예제 퇴출이 흑백평등을 보장하지는 못했다. 흑백평등(민권법 제정) 문제는 다시 100년을 기다려야 했다.

대량 죽음으로 정치 위기 몰렸지만 '타협 방식 평화' 거부

남북전쟁은 거대한 재앙이다. 전쟁 4년여간 62만 명이 숨졌다. 그 숫자는 20세기 큰 전쟁(1차대전+2차대전+한국전+베트남전쟁)에서 미군의 전사자 전체를 합한 것보다 많다. 내전은 외적과의 싸움보다 참혹하다. 전쟁 시작 때 링컨은 오판했다. 전쟁을 6개월의 단기전으로 생각했다. 전쟁은 4년여간 계속됐다. 그는 연방이 헌법(1789년)보다 먼저 성립했다고 강조했다. 그 때문에 어떤 주도 연방을 탈퇴할 권한이 없다고 단정했다. 그 원칙은 타협하지 않았다.

1863년 7월 게티즈버그 전투는 죽음의 혈투였다. 게티즈버그(펜실베이니아 주)는 워싱턴에서 북쪽으로 3시간 자동차 거리다. 그 전투의 양쪽 사상자는 5만여 명. 남부 사령관 로버트 리의 방식은 정공법이다. 동양의 병법과 달랐다. 손자병법은 "싸우지 않고 승리하는 게 최상"이다. 싸움터는 넓은 벌판. 남군 병사들은 밀착 횡대로 전진했다. 목책에서 북군은 기다렸다. 가까이 오자 포화(砲火)가 작렬했다. 그것은 무모한 돌격, 허무한 희생 아닌가. 게티즈버그 보존위의 자문요원 대니얼 크럼(62)은 이렇게 설명한다. "장교들은 청교도적 용기, 기사도 정신에 충실했다. 매복·우회 전술을 낯설어했다." 북군이 승리했다. 그곳에 적힌 글귀는 웅변적이다. "남북전쟁을 알아야 21세기 미국을 알 수 있다."

링컨은 언어로 세상을 다스렸다. 게티즈버그 국립묘지에 평풍 형태의 링컨 기념상이 있다. 그의 게티즈버그 연설문이 거기에 새겨져 있다. 핵심은 "이 나라는 새로운 자유(a new birth of freedom)를 탄생시켜야 한다. 국민의, 국민에 의한, 국민을 위한 정부는…"이다. 272개 단어로 구성됐다. 읽는 데 3분이다. 짧지만 불후의 명연설이다. 링컨은 전쟁 의미를 농축했다. 연설은 민주주의 이념을 간결하게 표출했다. 새로운 자유의 탄생은 만인 평등이다. 전쟁 목적은 연방 보존에다 흑백 평등까지 진전한다. 버락 오바마는 대통령 시절 "링컨의 위대함은 말과 의지로 미국을 통합하고 세상을 바꾼 것"이라고 했다. 링컨은 유머의 달인이다. 지도자의 위트와 낙관적 사고는 전염된다. 링컨의 유머는 국난 극복의 긍정적 에너지를 제공했다. 지도자는 언어로 상황의 주도권을 잡는다. 말의 파괴력은 축약으로 커진다.

1864년 링컨은 율리시스 그랜트를 북군 사령관으로 발탁했다. 그랜트 전술은 직격의 소모전이다. 그해 5월 그는 버지니아주의 와일더네스

북군의 최고지휘부 회동 장면을 묘사한 그림(Peacemakers, 1868년 조지 힐리 작품) 속 링컨과 그랜트, 셔먼 장군(오른쪽부터). 그림은 백악관에도 걸려 있다. /왼쪽
항복 조인식에서 악수하는 남군의 리(오른쪽)와 북군의 그랜트. /오른쪽

막내아들과 함께한 링컨의 모습을 묘사한 동상.

(Wilderness)에서 남부 사령관 로버트 리에게 참패했다. 대량 희생(사상자 1만8000명)이었다. 그랜트의 지휘는 '무자비한 도살장으로의 초대'였다. 전쟁의 장래는 암울했다. 가정마다 공포와 분노가 퍼졌다. 전쟁 회피와 평화 여론이 확산됐다.

대통령 선거가 다가왔다. 야당은 타협 평화론(compromise peace)으로 기선을 잡았다. 링컨의 위기다. 그의 재선 가능성은 불확실했다. 그에 대한 불신과 비판도 커졌다. '독재자, 폭군, 무능한 링컨.' 링컨도 낙선의 불안감에 시달렸다. 하지만 그는 신념과 의지를 단련했다. "가치 있는 목적(worthy object)을 달성할 때까지 전쟁이 끝나지 않아야"(도리스 굿윈, 『Team of Rivals』). 링컨은 전시 긴급조치를 발동했다. 반역과 배신자를 영장 없이 투옥했다. 대통령의 비상대권은 독재 논쟁을 일으켰다. 그는 비난을 일축했다. 그의 권력의지는 전쟁 승리와 연방 재통합에 집중됐다.

협상평화론은 링컨에겐 악몽이었다. 역사가 셸비 푸트는 "협상으로 전쟁을 중단하면 노예제 폐지는 휴지로 바뀌고, … 그런 평화는 다시 깨질 수 있다는 게 링컨의 확신"(『남북전쟁』)이라고 했다. 링컨은 평화 지상주의를 경멸했다. 그것은 "나쁜 평화라도 전쟁보다 낫다"는 주장이다. 링컨은 그것을 '비굴한 위선'으로 파악했다. 그는 완전한 승리를 추구했다. 그의 신념은 선명했다. 완벽한 승리가 정의로운 평화를 보장한다.

링컨의 통찰은 21세기 한국에 역사적 지혜와 상상력을 준다. 한반도 평화는 협정문으로 얻을 수 없다. 평화는 북한 핵무장의 해체로 확보된다. 링컨은 원칙의 리더십이다. 일관성은 기적을 생산한다. 9월 초 승전보가 날아왔다. 북군의 윌리엄 셔먼 장군이 조지아주의 애틀랜타를 점령했다. 그곳은 남부의 심장부다. 링컨의 인기는 다시 올라갔다. 유권자들은 남부연합의 항복 가능성을 기대했다.

셔먼의 승리는 잔인했다. 영화 '바람과 함께 사라지다'의 후반은 불타는 애틀랜타. 주인공 스칼렛 오하라(비비언 리)의 표정은 절규다. 셔먼의 전략은 초토화다. 그것은 민간인을 겨냥한다. 민간인들이 전쟁에 몸서리치게 하는 것이다. 그런 절망과 낭패가 전쟁을 끝나게 한다. 그것은 링컨의 냉혹한 종전 철학이기도 하다. 그해 12월 링컨은 대통령에 재선됐다.

적의 항복 순간 링컨은 포용과 화해로 거대한 전환

나는 와일더네스 전투의 재현행사 현장에 갔다. 그곳 선시관에 작은 사진이 있다. 그림을 찍은 것이다. 1865년 3월 말 링컨은 그랜트의 사령부(버지니아주 시티 포인트)를 찾았다. 거기에 셔먼, 해군 제독 데이비드 포터도 합석했다. 그림은 북군 최고통수권자와 지휘부의 전략 논의 광경이다. '피스메이커스(The Peacemakers)'-. 그림의 제목이다. 그들의 평화제조 요소는 타협 방식을 제외한다. 평화는 적을 굴복시켜 만든다. 링컨은

'완전한 승리, 완벽한 평화'에 몰두했다. 그 그림은 백악관, 펜타곤(국방부)에 걸려 있다.

1865년 4월 3일 남부연합의 수도 리치먼드(버지니아주)가 함락됐다. 남부 대통령 제퍼슨 데이비스는 도망쳤다. 그곳의 전적지 공원에 조촐한 링컨 동상이 있다. 동상은 당시 막내아들과 함께 리치먼드를 찾았던 링컨을 묘사했다. 동상 뒤쪽 돌담에 '나라의 상처를 꿰매자(to bind up the nation's wounds)'는 글귀가 새겨져 있다. 그의 재선 취임 연설문("어느 누구에게도 원한을 품지 말고 … 정의의 이름으로 나라의 상처를 꿰매자")에서 따왔다.

그의 냉철한 전쟁 철학은 이처럼 반전한다. 관용과 통합을 전쟁 후 시대정신으로 제시했다. 다음 말은 그의 평화 철학을 집약한다. "정의롭고 영원한 평화(just and lasting peace)를 이룩하고 소중히 간직…." 정의로운 평화만이 지속 가능하다.

남부가 항복했다. 미국은 재통일됐다. 연방의 복원이다. 그 순간 링컨의 드라마는 요동친다. 남북전쟁은 유혈의 재난이다. 반역·배신에 대한 응징·처벌은 경험과 관례다. 하지만 링컨은 과거와 결별했다. 용서하고 사면했다. '전범(戰犯) 없는 전쟁'으로 마무리했다. 링컨의 서사시는 장엄한 화해로 마감한다.

— 게티즈버그 · 리치먼드 · 애퍼매톡스(미국), 중앙SUNDAY 2019년 5월 12일

애퍼매톡스에서 남북전쟁이 끝났다
격정을 누르는 절제는 위대한 드라마를 만든다

전쟁 종결 장소의 이미지는 거창하다. 동상을 세우고 영웅을 기린다. 미국의 남북전쟁은 그런 기억을 깬다. 버지니아주 애퍼매톡스(Appomattox) 코트하우스-. 워싱턴에서 남쪽으로 자동차 3시간 거리다. 1865년 4월 그곳에서 전쟁이 끝났다. 항복 조인식이 열렸다. 양쪽의 간판 장군들이 나왔다. 승자는 북군의 율리시스 그랜트, 패장은 남군의 로버트 리다.

그곳은 역설과 파격이다. 어떤 기념비도 없다. 누구를 기리는 동상도 없다. 추모비와 동상, 전적비로 넘치는 게티즈버그와 다르다. 입구부터 조용하다. 평범한 안내판과 국기게양대뿐이다. 전쟁 시절의 목책, 건물들이 유적지를 지킨다. 안내판 설명문이 시선을 잡는다. "이곳에서 리와 그랜트 그리고 그들의 지친 군대는 미국 역사에서 위대한 드라마(Great drama)를 연출했다." 글 속에 승자의 환희, 패자의 절망이 없다. 그것은 격정을 누르는 숨 막히는 절제다. 그것은 링컨의 종전 정신이다. 화려한 웅변이나 감동적 회고보다 가슴을 찌른다.

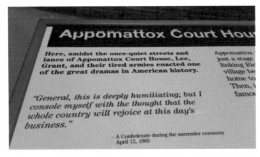

애퍼매톡스 정신은 역사 기록의 금욕주의. 동상은 없고 조촐한 기념판뿐이다.

그곳 전적지 안내자는 "같은 국민 간 내전은 외국과의 전쟁보다 잔인하다. 교훈과 반성 등 어떤 의미의 기념비, 동상도 전쟁의 반목과 갈등을 재생시킬 수 있기 때문에 이곳은 간결하다"고 했다. 내전의 후유증은 깊다. 증오와 원한의 상흔은 오래간다. 그 때문에 지금도 남부의 주에선 링컨의 기념상은 찾기 힘들다.

애퍼매톡스의 풍광은 관대한 항복 조건을 상기시킨다. 남부의 체제 반역은 재앙적 희생을 낳았다. 하지만 누구도 체포돼 처벌받지 않았다. 남부의 총지휘관 리 장군은 고향으로 갔다. 그는 대학총장으로 제2의 인생을 살았다. 애퍼매톡스의 절제는 역사의 경외감을 생산한다. 한반도 화해를 위한 전략적인 영감을 준다.

〉〉〉 '스필버그의 정치 9단 링컨'

링컨은 정치 천재다. 그의 정치적 삶은 다층(多層)적이다. 관대함과 잔인함, 소박함과 위대함, 순교자적 고결과 마키아벨리적 노회(老獪)―. 링컨의 지도력은 그 대칭적 경계를 넘나들며 작동했다.

스티븐 스필버그 감독의 '링컨(Lincoln)'은 그 리더십을 추적한다. 영화는 수정헌법 13조(노예제 폐지)의 하원 통과 과정을 다룬다. 그것은 미국 역사상 가장 극적인 정치게임이다.

무대는 1865년 1월 워싱턴 정가. 전쟁은 링컨의 북군 승리로 기울었다. 링컨은 재선 대통령이다. 링컨의 여당(공화당)은 다수당이다. 하지만 여당 전원이 찬성해도 헌법 수정 정족수(3분의 2)에 미달이다. 20표가 부족했다(전체 182명). 야당인 민주당은 남부 정부와의 평화협상을 앞세운

'전쟁 회의(Council of War)'― 조각상(62㎝*48㎝) 제목이다. 링컨 대통령이 그랜트 사령관(왼쪽), 스탠턴 전쟁장관과 함께 전투계획서를 검토하고 있다. 1868년 존 로거스 작품이다.

다. 당 차원의 타협·양보는 불가능하다. 여당은 강온파로 갈려 있었다.

영화 도입부는 처참한 전선이다. 링컨 집권 동안 미국은 내전(Civil War)에 시달렸다. 남북전쟁의 내전 전사자는 4년간 62만 명. 피의 도살이었다.

전선에 나간 링컨(대니얼 데이 루이스), 게티즈버그 연설문을 외우는 사병들 모습이 이어진다. 연설은 짧다. 272개 단어다. 링컨의 그 연설은 대통령 언어의 정수다. 권력언어는 대중 동원의 유효한 수단이다.

링컨은 임기 중반에 노예해방선언문을 내놓았다. 그것은 대통령의 전시 대권에 의한 임시방편이다. 종전 후 법의 재해석을 받을 수 있다. 링컨은 결심한다. 전쟁 종료 전에 헌법적 보호장치를 완성하기로 했다.

링컨의 의회 전략은 다양하다. 설득과 회유, 소통과 압박이 함께 전개된다. 우선 공략 대상은 야당의 레임덕(lame duck) 의원들. 그들은 선거에서 떨어졌지만 임기가 두 달쯤 남아 있다. 그들을 당 노선에서 이탈시켜야 한다. 정치 변절의 대가는 낙하산 임명직이다. 그것은 밀실 정치다. 국무장관 슈어드(William H. Seward)가 막후 해결사를 관리한다. 슈어드는 링컨의 정적이었다. 이제는 세련된 충성파다.

링컨은 설득의 정공법에도 주력한다. 그는 밤늦게 야당 의원 집을 찾아간다. 어둠 속 문 앞. 링컨의 소통 리더십은 강렬하게 펼쳐진다.

그는 당내 온건파도 만족시켜야 했다. 온건파 보스는 블레어(Francis P. Blair)다. 블레어는 남부와의 종전 협상을 자원했다. 링컨은 어쩔 수 없이 수용했다. 도박이었다. 협상이 알려지면 그동안의 노력은 헝클어진다. 야당의 반격을 받게 된다. 선택의 기로다. '평화냐, 노예제 폐지냐'―.

링컨은 상호 모순되는 카드들을 올려놓는다. 판은 커진다. 거기에 완급·경중을 매긴다. 그리고 역설과 반전으로 돌파한다. 그것은 링컨의 승부 방식이다. 스필버그의 감수성은 폭발한다.

링컨은 강경파도 무마한다. 스티븐스(Thaddeus Stevens, 토미 리 존스)는 급진 노예 폐지론자다. 그의 완승 자세는 민주당의 경계심을 키운다.

대통령의 설득언어는 매력적이다. "나침반은 정북의 방향을 가리켜 준다. 그 길에 있는 늪, 사막과 협곡을 알려주지 않는다." 스티븐스는 흑백의 무조건적 평등에서 후퇴한다. '법 앞의 평등'으로 완화한다.

스필버그의 상상력은 투표 순간의 긴박감을 높인다. 평화협상이 장애물로 등장했다. 야당은 협상의 진위를 물었다. 링컨은 "(남부 정부) 대표단이 워싱턴 안에 있지 않다"고 해명했다. 하지만 워싱턴 근처의 북부에 들어와 있었다. 교묘하게 거짓을 피했다. 그 순발력은 마키아벨리의 '좋은 거짓말'을 연상시킨다.

법안은 통과된다. 2표 차다. 스티븐스는 이렇게 묘사한다. "19세기 가장 위대한 법안은 부패로 통과되었다. 미국에서 가장 순수한 사람의 교사(教唆)와 방조(aided and abetted)로." 부패, 꼬드김의 어두운 어휘―. 그 장면은 스필버그가 포착한 정치 9단 링컨의 또 다른 진실이다. 고귀함을 실천하는 링컨 정치의 이중성이다.

정치는 진흙탕이다. 위대한 역사는 진흙탕에서 만들어진다. 링컨 정치는 정공법과 변칙의 혼합이다. 용기와 단호함, 일관성은 추동력이다. 세련된 악역의 참모도 있다. '링컨'에서 사병들과 격의 없는 인생 대화, '세 귀로 듣는다'는 장면은 인상적이다. 그것은 링컨 정치의 노회한 면모를 상쇄한다.

버락 오바마 미국 대통령은 링컨 전문가다. "영화는 대통령으로서 어떻게 살아갈지를 가르쳐 주었다"고 했다. 그는 링컨 신화를 영리하게 활용해 왔다. '링컨'은 박근혜 정치를 떠올리게 한다. 정부조직법 개정안의 국회 통과 전략은 허술하다. 새누리당과 청와대는 치열하지 않다. 참모 역량도 부족하다. '링컨'은 우리 정치에 메시지를 던진다.

작은 불씨가 들판을 태우다

천하 평정한 마오쩌둥의 언어 마술

마오쩌둥(毛澤東·모택동·1893~1976)은 마법사다. 그는 천하를 평정했다. 그는 신중국(중화인민공화국)의 건설자다. 그 '타천하(打天下)'의 비법은 무엇인가. "정권은 총대(槍杆子·창간자)에서 나온다."– 총대는 총구다. 1927년 그가 간파한 권력 이치다. 34세 때다. 그 무렵 그의 부대는 장제스(蔣介石·장개석)의 국민당 군대에 참패했다. 말은 경험의 소산이다. 하지만 천하 질서는 미묘하다. 총으로만 휘어잡지 못한다. 장악의 다른 요소는 말과 글, 붓대(筆杆子·필간자)다. 마오는 무(武)와 문(文)을 절묘히 엮었다. 그것은 총대와 붓대의 전략적 어울림이다. 그 조합으로 '타천하'가 완성된다.

마오는 언어의 마법사다. 그는 말 속에 혼을 넣었다. 중국 전문가 김명호 박사는 이렇게 정리한다. "마오는 말의 힘을 터득한 언어전략과 선전선동의 대가다. 장제스가 국공내전에서 마오에게 패배한 것은 선전선동에 미숙했기 때문이다." 중국의 언어학자 후쑹타오(胡松濤·호송도)는 그 세계를 해부했다(『모택동영향중국적 88개관건사』·毛澤東影響中國的 88個關鍵詞). 마오의 언어는 신출귀몰(神出鬼沒)이다. 나는 그 말과 글을 찾아 중국으로 떠났다. 징강산(井岡山·정강산)→샤오산(韶山·소산) → 옌안(延安·연안)이다. 지난 7월 서울에서 후난(湖南·호남)성의 창사(長沙·장사)로 날아갔다. 창사 → 장시(江西·강서)성의 난창(南昌·남창)은 고속철(1시간 35분) 이동이다. 다음 날 중국인 지인 저우쉐핑이 운전하는 차에 올랐다. 그는 중국 고대사의 향토 사학자다. 생업은 자동차 딜러다. 난창~징강산은 4시간쯤(340km) 걸렸다.

총과 붓을 결합해 대륙을 휘어잡았다

／

산세는 아늑한 초록이다. 어느 순간 붉고 험악하다(평균 높이 1000m 이상). 안내판은 붉은색. '징강산 투쟁, 홍색(紅色)혁명 요람.' 마오는 도시에서 실패했다(추수봉기). 1927년 10월 그는 징강산으로 들어갔다. 그곳은 『수호전』의 양산박 분위기였다. 그는 전술을 바꿨다. 농촌에서 도시 포위하기다. 그는 산적·농민들을 합류시켰다.

1928년 4월 주더(朱德·주덕)의 군대가 산에 들어왔다. 난창봉기 패잔병들이다. 주더는 장제스의 군대에 쫓기는 신세였다. 주더와 마오의 군대는 합쳤다. 공산당 군사조직인 홍군(紅軍)은 재편됐다. '홍군 제4군(朱·毛軍, 주·모군)'의 탄생이다. 우리는 먼저 '징강산 혁명 박물관'으로 갔다. 전시실의 글귀가 시선을 잡는다. '적진아퇴 적주아요 적피아타 적퇴아추(敵進我退 敵駐我擾 敵疲我打 敵退我追)'-. 마오 유격전술의 상징 16자다. "적이 전진하면 아군은 후퇴, 머무르면 교란, 지치면 공격, 후퇴하면 추격한다." 그 바탕은 『손자병법』이다. 원리는 '지피지기 백전불태(知彼知己 百戰不殆 ·적을 알고 나를 알면 백번 싸워도 위태롭지 않다)'다.

한국 학계의 마오 연구 고전은 고(故) 김상협 고려대 총장의 『모택동 사상』이다. 그 책은 '마오 전법'을 분석한다. "16자 용병의 절묘함은 전진과 후퇴, 집결과 분산의 융통성에다 신속한 상호 전환을 하는 데 있다." 유격 전법은 군대와 민심을 묶으면서 정밀해진다. '어수불능분리(魚水不能分離: 홍군과 인민은 고기와 물, 나눌 수 없다)' '위인민복무(爲人民服務: 인민을 위해 일하라)'. 그 구절은 민폐를 끼치지 말라는 엄격한 규율을 낳았다. 전시실에 창·칼·화승총도 있다. 산적 수준이다. 그런 부대에 장제스 군대가 당했다. 그것은 16자 전술의 위력이다. 마오의 시가 걸려 있다. 제목은 '서강월 징강산(西江月)'. 1928년 8월 징강산의 험준한 황양계(黃洋界)전투를 묘사했다. '산 아래 깃발이 보이고, 산머리에 북소리 들려온다(山下旌旗在望 山頭鼓角相聞·산하정기재망 산두고각상문)'. 그곳에서 열세의 홍군은 대승했다. 징강산 유적지에 그 시와 어울리는 거대한 조형물들이 서있다. 홍기조소(紅旗雕塑, 붉은 깃발 조각상, 높이 19.3m×폭 27m)에는 '천하 제일산(天下第一山)'이란 글씨가 적혀 있다. '승리적 호각(勝利的 號角, 승리의 나팔소리)' 조각상의 나팔과 붉은색 리본은 강렬하다. 전시실 입구 조형물은 올림픽 성화대 같다 거기에 적힌 구절은 '성성지화 가이료원(星星之火 可以燎原: 작은 불씨가 들판을 태우다)'-. 그 말은 민담이다. 마오는 그 말을 낚아챘다. 그런 말은 도전과 투지로 전염된다. 그 구절은 성경을 떠올린다. "시작은 미약하나 끝은 창대하리라." 징강산 투쟁은 마오 신화의 출발점이다.

나는 남산(해발 860m)공원으로 갔다. 꼭대기는 엄청난(높이 34m) 홍색의 횃불 조형물이다. 두 손으로 꽉 쥔 형상은 강인하다. 거기에 적힌 '성화상전(星火相傳)' 글씨는 압도적이다. 친구 저우가 안내문을 읽어 준다. "작은 불씨로 시작한 징강산 혁명 정신이 대대로 전해지기 위해 2017년 10월 세웠다."

　장제스의 공격은 집요했다. 1933년 8월 5차 소공(掃共·공산당 소탕)은 50만 대군의 포위망이다. 마오 전술도 한계에 부닥쳤다. 1934년 10월 홍군의 주력은 대륙 서쪽으로 탈출했다. 대장정(大長征)의 시작이다. 출발지는 징강산 아래 위두(于都·우도). 중화소비에트 임시정부 거점인 루이진

징강산 시내 쪽 남산(해발 860m)공원 정상에 서 있는 거대한 횃불(높이 34m) 조각상.
아래 글씨 '성화상전(星火相傳)'은 마오쩌둥 홍색 혁명정신의 계승을 다짐한다.

(瑞金·서금) 옆이다. 전시문은 강렬하다. "장정은 11개 성(18개 산맥 + 24개 강)을 돌파, 1년여간 1만 2500㎞를 행군한 역사의 기적이다."

다음 장소는 마오의 고향. 우리는 난창으로 돌아갔다. 창사를 거쳐 상탄(湘潭·상담)의 작은 도시 샤오산으로 갔다(차량 2시간). '마오 기념원'은 방대한 공원이다. 마오의 옛집은 중농 집안 규모다. '구학지로(求學之路·배움의 길)' 편액이 걸려 있다. 거기에 10대 시절 마오가 읽은 고전·기서(奇書, 삼국지·수호전·홍루몽·서유기)들 표지와 해설문이 전시돼 있다. "마오는 일생 학습을 매우 좋아했다(酷愛·혹애)." 마오의 아버지는 지독한 수전노였다. 그는 일 안 하는 자식을 혼내고 때렸다. 마오는 아버지에게 대들었다. 그 불화는 세상에 대한 저항·투쟁으로 발전했다. 친구 저우가 4자 성어를 응시한다. 하늘·땅·사람과 맞서는 '분투(奮鬪)'의 즐거움이다. 저우는 "마오의 혁명적 인생과 어울리는 표현"이라고 했다. 마오는 반항의 아들, 기성질서에 거역하는 지도자, 세상을 뒤집는 혁명가다.

마오 기념원 입구에 덩샤오핑(鄧小平·등소평)의 글이 크게 눈에 들어온다. "모택동 사상은 우리 전체 당·군·인민의 가장 귀중한 정신 재산이다(最寶貴的精神財富)." 샤오산 광장 중심은 마오의 거대한 동상이다. '홍색 관광단'이 몰려 있다. 그들은 혁명 유적지를 순회한다. 우리는 '마오쩌둥 기념관'으로 들어갔다. '동방홍' 노래 가사가 적혀 있다. 마오쩌둥 찬양이다. "동방홍 태양승 중국출료개모택동(東方紅 太陽升 中國出了個毛澤東· 동녘이 붉어지며 태양이 떠오른다 중국에 마오쩌둥이 나타났다)." 전시실에 익숙한 글귀가 있다. '항미원조 보가위국(抗美援朝 保家衛國)'-. 마오의 6·25 참전 구호다. "미국에 대항, 조선(북한)을 지원하고 집과 나라를 지키자"는 것이다. 그 말은 인민 동원의 수단이다. 그는 미국을 '종이 호랑이(紙老虎·지노호)'로 불렀다. 중국군의 한반도 진입으로 자유통일은 좌절됐다. 마오는 한국 역사의 반역이다.

마오의 언어는 소통이다. 대중과 친밀한 격언·속담을 인용한다. "동풍이 서풍을 압도한다."– 동풍은 상서롭다. 서풍은 혼탁하다. 서쪽 바람은 미국 제국주의, 소련의 수정주의 바람이다. 그 문구는 중국 독자 노선의 자신감을 과시한다. 언어학자 후쑹타오는 "말의 설복력은 논리에서 오지 않고 교묘·영활(靈活·융통성) 덕분"이라고 했다.

나는 창사에서 비행기를 탔다. 목적지는 산시성(陝西·섬서)의 옌안. 84년 전(1935년) 대장정의 종착지다. 그 시절 벽촌 오지다. '장정'은 언어 분장술이다. 홍군은 장제스 군대의 추격을 물리쳤다. 하지만 실제는 참담한 패주다. 출발 인원(8만 명)은 10분의 1(8000명)로 줄었다. '옌안 혁명 기념관'에 마오의 시가 걸려 있다. "홍군은 원정의 고난을 겁내지 않고(不怕·불파) 수많은 강과 산도 대수롭지 않게 여겼네(等閑·등한)." 그것으로 장정은 장엄한 드라마로 바뀌었다. 2019년 미·중 무역전쟁은 '장정'을 소환했다. 지난 5월 시진핑 국가주석은 장정 출발지(위두)에서 헌화했다. 화환에 마오의 글귀가 적혀 있다. '장정 정신은 영원히 빛난다(永放光芒·영방광망)' 그것은 미국의 압박에 굴복하지 않겠다는 의지다.

마오쩌둥 고향 샤오산 광장에 있는 마오 동상.

'혁명기념관'은 대장정 지휘부의 조각상으로 펼쳐진다. 마오쩌둥·주더·류사오치(劉少奇·유소기)·저우언라이(周恩來·주은래)의 인물상은 실감난다. 고난을 이긴 장정복장 차림이다. 그 시절(옌안 1935~1948) 마오 이론은 정교해졌다. '지구전(持久戰)' 단어에 항일 전략 해설이 붙어 있다. '16자 전법'의 확장이다. 그의 권력 장악력은 교묘해졌다. 1942년 2월

옌안 혁명기념관의 대장정 지휘부 조각상. (왼쪽부터) 류사오치 · 마오쩌둥 · 주더 · 저우언라이. /왼쪽
징강산 박물관의 마오쩌둥 시(서강월)와 산 주변의 기념 조형물 '승리의 나팔소리'. /오른쪽

그의 깃발은 '정풍(整風)'이다. 다른 문구도 있다. '백화제방(百花齊放)'-. 백
가지 꽃은 다양한 사상·예술 활동의 장려다. 두 개의 은유는 밝지만 어둡
다. 말의 작동은 교활하다. 이렇게 전개됐다. 지식·예술인의 자유 비평을
유도→마오 사상에 대한 비판으로 확산→그 순간 반전(정풍)이다. 반체
제 우파 색출·숙청이다. 그것은 마오의 '양모(陽謀)'다. 음모(陰謀)는 몰래
꾸민 모략이다. '양모'라는 말은 기발하다. 양모는 공개적 계략이다. 백화
제방의 양모에 지식·사상·예술 세계의 비판적 사람들이 걸려든 것이다.

문화대혁명 '조반유리' 반항의 어휘로 홍위병 무장시켜

마오는 말을 비튼다. 파격과 역설로 기존 언어 질서를 흔든다. 지나치
면 언어의 디락, 혹세무민이다. 마오가 내놓은 어휘는 2000만 개(우쑹타오
집계). 붉은 표지의 '마오쩌둥 어록'이 진열돼 있다.

1959년은 대약진운동의 실패다. 재앙이 닥쳤다. 수천만 명이 굶주려
죽었다. 마오는 권력 2선으로 후퇴했다. 국가주석에 류사오치가 올랐다.
그와 덩샤오핑의 노선은 실용이다. 마오는 권력 탈환에 나섰다. 1966년
문화대혁명(문혁)이다. 방식은 대란대치(大亂大治)의 대중 징발. 대란의 형

세를 만들어서 천하를 다스리는 구도다. 마오의 선동적인 구호는 파괴적이다. '조반유리(造反有理: 반란에는 이유가 있다)'-. 그 구절은 10대 홍위병을 격발시켰다. 마오쩌둥은 죽기 전에 자신의 삶을 이렇게 정리했다. "평생 두 가지 큰일을 했다. 하나는 장제스와 일본 군대를 몰아내 나라를 세웠고, 다른 하나는 문화대혁명을 일으킨 것이다." 마오는 『서유기』의 손오공을 등장시켰다. 그는 "손오공처럼 천궁을 크게 흔들라"고 했다. '대료천궁(大鬧天宮)'이다. 손오공은 재주와 반항이다. 마오는 직설도 쏟았다. '사령부를 포격하라(炮打司令部·포타사령부)'-. 천궁과 사령부는 주자파(走資派·자본주의 노선파) 본부. 말들은 격렬하게 전파됐다. 류사오치는 홍위병의 집단 저주로 몰락했다(1969년 11월 사망). 마오는 언어로 상황을 주도했다.

정치는 언어의 경쟁이다. 2019년 한국도 마찬가지다. 그것으로 민심을 잡는다. 한국의 진보좌파는 말·글의 생산·유통에 익숙하다. 보수우파는 거기에 단련돼 있지 않다. 문혁은 언어의 광란이다. 하지만 그 글씨들은 박물관에 전시되지 않는다. 문혁 10년(1966~1976)은 역사의 후퇴로 규정됐기 때문이다('마오의 극좌적 오류'). 문혁의 실물 어휘는 헌책방·골동품점에 섞여 있다. 마오의 통치술은 종횡무진이다. 그의 수사학은 권력 경영의 핵심 요소였다. 그것으로 대륙의 상상력을 장악했다. 2019년은 신중국 건국 70주년(10월 1일)이다. 나는 마오의 언어 15개를 추렸다. 선택 잣대는 영향력과 짜임새, 묘미다. 리더십은 자신만의 언어를 생산·보유해야 한다. 그것은 권력의 상징자산이다.

— 징강산 · 샤오산 · 옌안(중국), 중앙SUNDAY 2019년 9월 21일

[마오쩌둥 어록 15선]

조반유리
造反有理

반란에는 이유가 있다
문화대혁명 홍위병 이념무장

위인민복무
爲人民服務

인민을 위해 일하라
민심과 군대의 관계 정립

양모
陽謀

음모가 아닌 공개적인 책략
정풍의 교활한 방식

손오공 대료천궁
孫悟空 大鬧天宮

손오공이 천궁을 크게 시끄럽게 하다
조반파, 류사오치+덩샤오핑 타도

성성지화 가이료원
星星之火 可以燎原

작은 불씨가 들판을 태우다
속담/ 열세의 홍군에 투혼과 낙관 주입

항미원조 보가위국
抗美援朝 保家衛國

미국에 대항, 조선(북한)을 지원하고
집과 나라를 지킨다
6·25 참전 민중동원 구호

장정시선언서 선전대 파종기
長征是宣言書 宣傳隊 播種機

장정은 선언서, 선전대이며 혁명의 파종기다
대장정에 서사적 문학성 가미

여천분투 여지분투 여인분투 기낙무궁
與天奮鬪 與地奮鬪 與人奮鬪 其樂無窮

하늘과 싸우니, 땅과 싸우니, 사람과 싸우니
즐거움이 끝이 없다
반항의 아들, 혁명의 지도자

적진아퇴 적주아요 적피아타 적퇴아추
敵進我退 敵駐我擾 敵疲我打 敵退我追

적이 진격하면 아군 후퇴, 적이 머무르면
교란, 적이 지치면 공격, 적이 후퇴하면 추격
16자 유격전술

견지지구전 최후승리필연시중국적
堅持持久戰 最後勝利必然是中國的

지구전을 견지하면 최후 승리는 필연코
중국의 것
항일 전략, 2019년 미·중 무역전쟁에 적용

정풍, 정돈당적작풍
整風, 整頓黨的作風

학풍(주관주의 반대)+당풍(종파주의 반대 +
문풍(당 팔고, 형식주의 반대)
지식, 예술인 우파 숙청

백화제방 추진출신
百花齊放 推陳出新

백 가지 꽃(학술 예술) 피우되 낡은 것을
버리고 새것을 내놓아라
백화제방, 백가쟁명

실사구시 역계공담
實事求是 力戒空談

사실에 근거해 진리를 구하고 헛된 담론을
크게 경계하라
1980년대 덩샤오핑이 실천

창간자 이면출정권
槍杆子 裏面出政權

정권은 총대에서 나온다
권력과 군의 관계 간파

동풍압도서풍
東風壓倒西風

동풍(중국 독자노선)이
서풍(미국 제국주의)을 누른다

2장

X

리더십은
역사의 결정적 장면을 생산한다

　　마키아벨리는 파격과 도전이다. 그는 사상의 질서를 깼다. 정치를 도덕과 종교에서 분리했다. 『군주론(Il Principe, 영어 The Prince)』의 주제는 대담하다. 언어는 강렬하다. 그 책은 권력의 본질과 인간 본성을 추적한다. 권력과 인간관계의 유형을 제시한다. 『군주론』은 권모술수, 악의 교서라고 비난받았다. 그 500년은 애증(愛憎)의 극단적 대비다. 그 책은 니콜로 마키아벨리(Niccolò Machiavelli·1469~1527)를 상징한다. 집필 500년-. 자극의 단어다. 나는 마키아벨리의 도시로 떠났다 이탈리아의 중북부 피렌체(Firenze, 영어 Florence)다. 그가 태어났고 활약했던 곳이다. 4월 초 로마에서 고속철에 올랐다. 피렌체까지 북쪽으로 1시간30분. 피렌체는 르네상스 천재들의 도시다. 그 시대 그림·건축·조각·인문학으로 넘친다. 마키아벨리의 시골집이 시 외곽에 남아 있다. 피렌체에서 남쪽 11㎞. 그곳으로 향했다. 그의 시대로 그를 찾아간다.

피렌체의 시골집 유배 동안 권력의 고전을 쓰다

　1512년 가을 그에게 비운이 찾아왔다. 피렌체 공화국은 무너졌다. 스페인 군대의 침공 때문이다. 행정 수반 소데리니(Pier Soderini) 정권은 몰락했다. 그는 소데리니 정권과 운명을 같이했다. 1498년 정권 출범 때 그는 행정청의 제2서기장(Segretario della Seconda Cancelleria)을 맡았다(당시 29세). 14년간 그는 피렌체 정치의 중심에 있었다. 소데리니의 퇴장과 함께 마키아벨리는 공직에서 추방됐다. 메디치 가문(Famiglia de' Medici)이 18년 만에 권력에 복귀했다. 그는 반(反)메디치 음모에 연루됐다. 체포됐고 고문까지 받았다. 사면으로 풀렸다. 1513년 봄 시골집으로 쫓겨났다. 나이 44세. 유배의 가택연금 신세가 됐다. 자동차는 시에나 쪽으로 20분쯤 달렸다. 산 카시아노(San Casciano) 지명 표지판에서 오른쪽 좁

마키아벨리의 흉상. 죽음의 얼굴상(추정)이다. 베키오 궁전 백합홀 집무실에 초상화와 함께 전시돼 있다. 얼굴(데스마스크)에 치장용 벽토(stucco)를 발라 본뜬 것으로 추정한다. 거기에 검은색, 붉은색 등 여러 색을 칠했다. 기록대로 '마르고 작은 얼굴'이다. 상반신의 옷 형태와 색깔은 초상화와 같다. 작가 미상이다.

마키아벨리의 대표적인 초상화. 궁정복 차림이다. 1575년(사후 48년) 산티 디 티토의 작품. 얇은 입술에서 야릇한 미소가 풍긴다. /왼쪽　체사레 보르자. /가운데　사보나롤라. /오른쪽

은 2차로 도로에 들어섰다. 완만한 포도밭 언덕, 올리브, 사이프러스 나무들이 무리를 지어 솟는다. 이탈리아 운전기사가 "토스카나(Toscana, 영어 Tuscany) 지방의 전형적인 전원 풍경"이라고 한다. 토스카나의 주도(州都)가 피렌체(인구 36만 명)다. 5분쯤 뒤 산탄드레아 인 페르쿠시나(Sant'Andrea in Percussina) 마을에 도착했다. 경치는 고풍의 수채화다. 여러 채의 돌집이 나를 맞는다. 잔잔하고 한적했다. 마을은 르네상스 시대 풍경 그대로라고 한다.

　알베르가치오(Albergaccio)-. 그의 소박한 3층 벽돌집이다. 그의 삶은 가난 속에 있었다. 그의 아버지는 평범한 법률가였다. 돌 벽 중간에 걸린 석판이 시선을 잡는다. "국가 통치와 자기 나라 군대로 방어하는 기술에 관한 불멸의 작품을 쓰면서 이탈리아의 해방을 모색하고 주창했던 마키아벨리(che qui meditò e propugnò la liberazione d'Italia scrivendo le sue opere immortali sull'arte di reggere e difendere con armi proprie gli stati)." 그의 탄생 400주년(1869년) 기념 석판이다.

그 시대 이탈리아는 외세의 각축장이었다. 이탈리아 도시국가들의 성공 신화는 퇴색했다. 두 강대국, 프랑스와 스페인은 경쟁적으로 이탈리아를 침략했다. '국가 통치술, 자주국방, 이탈리아의 통일'-.『군주론』의 핵심 주제다. 마키아벨리의 고뇌와 열정을 압축한다. 나는 책의 마지막 장을 떠올렸다. '야만인들의 지배에서 이탈리아 해방을 위한 호소'(26장)다. 동판은 19세기 이탈리아의 열망을 반영한다. 마치니(Mazzini) 등 통일 운동가들은 그 대목에서 영감을 받았다. 마키아벨리는 외국 지원군과 용병을 불신했다. "자신의 무력에 근거하지 않는 나라는 위기 때 자기 방어를 할 역량이 없기 때문에 전적으로 운명에 의존한다"(13장)-. 자주국방은 국가 지도력의 핵심이다. 그 명제는 시대를 뛰어넘는 진리다. 21세기 한국에서 북한 핵무기 위협의 방파제이기도 하다. 관광객 다섯이 차에서 내린다. '피렌체시 군주론 500주년(V centenario)' 홍보 로고가 차에 붙어 있다. 인솔자 조르조 키엘리니(46)는 토스카나의 르네상스연구소 연구원이다. 그가 이 지역 신문(Il Gazzettino del Chianti)을 보여준다. '추방자 마키아벨리, 500주년 재현 행사' 기사다. 재현 행사는 피렌체 중심, 시뇨리

마키아벨리의 정치 유배지. 500년 전 그대로인 시골집의 돌벽에 붙은 탄생 400주년 기념 석판.

아 광장(Piazza della Signoria)에서 있었다. 관광객이 몰렸다. 16세기 옷차림의 관원이 말을 탄 채 마키아벨리 체포령을 발표한다. 그의 시골집 추방은 1513년 2월 19일 그렇게 시작됐다.

지도자는 경멸받는 것을 절대 피해야 한다

나는 집 안에 들어갔다. 2층에 그의 책상이 남아 있다. 장식도 크기도 조촐하다. 거기서 책을 썼다. 등불과 깃촉 펜이 보인다. 벽에 그의 작은 초상화가 걸려 있다. 『군주론』의 목차를 넣은 액자도 있다. 1532년 첫 인쇄본이다. 그의 죽음 5년 뒤다. 책상 뒤 창문 틈으로 꽃향기가 스며든다. 그때도 피렌체는 꽃의 도시였다. 그 방에 추방자의 삶이 배어 있다. 베토리(Francesco Vettori, 로마 주재 피렌체 대사)에게 보낸 그의 편지(1513년 12월 10일)가 진열돼 있다. 일본 작가 시오노 나나미는 그 편지를 "이탈리아 문학 사상 가장 아름다운 문체"(『나의 친구 마키아벨리』)라고 감탄했다.

"저녁에는 집에 돌아와 서재에 들어간다. 문턱에서 나는 진흙과 먼지 묻은 평상복을 벗고 품위 있는 궁정복으로 갈아입는다. 이런 옷차림으로 나는 고대인들의 궁전으로 들어간다. 그들은 나를 반긴다. … 나는 주저하지 않고, 궁금한 행적이 있으면 그 이유를 캐묻는다. 그들은 정중하게 답변한다. … 단테(Dante)는 읽은 것을 기록하지 않으면 지식이 되지 않는다고 했다. 그들과의 대화를 통해 얻는 성과를 기록해서 '군주에 관한 작은 책자(opuscolo De Principatibus)'를 썼다."

집필 방식은 역사와의 대화다. 궁정복은 타임머신이다. 그는 고대 로마의 영웅, 철학자들과 토론한다. 1513년 여름부터 정력적으로 썼다. 편지를 보낼 무렵 『군주론』(헌정사+26장) 초고가 완성됐다. 그 표현대로 '국가통치술(arte dello stato)'에 대한 연구'다. 그는 권력 복귀의 열정을 글에

쏟았다. 유배지에서 불후의 명작이 탄생한다. 나는 동네를 살폈다. 집 건너편 작은 레스토랑의 외관은 500년 전 그대로라고 한다. 마키아벨리는 거기서 돈을 걸고 카드 게임(tric-trac)을 했다. 그의 사후, 집주인은 세리스토리(Serristori) 가문이었다. 최근에 와인 회사 소유로 바뀌었다. 이곳은 키안티 클라시코 와인 생산지다. 마키아벨리 상표 와인도 있다. 라벨에 옆 얼굴 초상화가 붙어 있다. 집 지하에 와인 저장고가 있다. 체사레 보르자(Cesare Borgia)의 초상화가 눈에 띈다. 마키아벨리는 체사레(발렌티노 공작)의 냉혹한 권력의지에 심취했다. 체사레는 이탈리아 반도의 신예 강자(군주)였다. "권력을 잡기 위해서는 타인의 무력이나 호의에 의존해선 안 된다." 체사레의 권력 평판은 잔인함의 외경(畏敬)이다. 숭실대 가치와윤리연구소 곽준혁 소장은 "평판(reputazione)은 정치적 권위의 핵심 요소이며 영향력의 실질적 근거다. 그것은 마키아벨리의 고유 해석"이라고 설명한다. 체사레의 아버지는 교황 알렉산데르 6세다. 아버지는 일찍 죽는다. 후임 교황은 율리우스 2세다. 체사레는 그의 선출을 막지 않았다. 그것은 '체사레의 유일한 실수지만 파멸의 원인'이었다.

　"지난날 원한이 새로운 은혜를 베풂으로써 씻어진다고 믿는 것은 잘못이다. 그것은 자기기만에 빠지는 것"(7장)이기 때문이다. 체사레 집안은 과거에 율리우스 2세와 껄끄러운 관계였다. 율리우스 2세는 체사레의 지지 덕분에 교황 자리에 오른다. 그는 체사레 못지않은 비정한 지배욕구를 지녔다. 그는 배신한다. 체사레를 반역 혐의로 체포한다. 은혜와 원한ㅡ. 인간성 양면에 대한 마키아벨리의 통찰은 전율과 충격으로 다가온다. 그 연구원에게 물었다. "『군주론』의 어느 대목이 와닿느냐." 그는 주저 없이 말한다. "군주는 경멸받는 것을 피해야 한다. 경멸받는 것은 변덕이 심하고 경박하고 유약하고 소심, 우유부단한 인물로 생각되는 경우다."(19장) 그는 "유럽 위기는 경제적 측면보다 결단과 용기의 정치 리더십 문제"라고 했다. 이명박(MB) 정권의 2008년 봄이 생각난다. 광우병 촛불시위 때다. 그는 청와대 뒷산에서 시위대의 '아침이슬' 합창을 들었다고 했다. 그 고백은 성난 시위대를 향한 간절함의 표출이었다. 그 방식의 효험도 있었다. 부작용은 치명적이었다. 반(反)MB의 좌파 세력에게 MB는 얕잡아 보였다. 지지층도 대통령의 나약함에 실망했다. MB 정권은 권위와 존경을 크게 잃었다. 나는 피렌체 시내로 돌아갔다. 떠나는 순간, 두오모(Duomo, Santa Maria del Fiore) 성당의 주황색 쿠폴라(cupola·둥근 지붕, 높이 106m)가 아련히 보인다. 피렌체 두오모는 건축 사상 가장 화려하다. 나는 아르노 강변 베키오 다리 부근에서 내렸다. 다리 옆 거리에도 마키아벨리의 집이 있었다. 제2차 세계대전 때 독일군의 대형 지뢰 폭발로 파괴됐다. 집터는 도자기 가게로 바뀌었다.

나는 시뇨리아 광장으로 10분쯤 걸어갔다. 그곳 베키오 궁전(Palazzo Vecchio)은 지금도 시청 청사다. 광장 바닥에 동판이 있다. 사보나롤라(Girolamo Savonarola)의 비극을 기억하게 한다. 프랑스 샤를 8세의 침공으로 메디치 권력은 무너진다(1494년). 수도사(修道士) 사보나롤라가 권좌에 올랐다. 그의 4년 통치는 급진개혁의 신정정치였다. 그것은 포퓰리즘적 혼돈을 낳았다. 대중 지지가 추락했다. 그는 화형을 당한다. 마키아벨리는 사보나롤라의 극적 몰락을 분석했다. "신질서(nuovi ordini)를 만드는 것은 어렵고 성공하기 힘들다. 왜냐하면 구질서의 이득을 본 사람들은 개혁자에게 적대적이다. 반면에 신질서로부터 이익을 누릴 사람들의 시지는 미온적이다. 인간 속성은 확고한 결과를 직접 보기 전에는 개혁을 신뢰하지 않는다."(6장)

대통령 퇴임 후 김영삼은 "개혁은 혁명보다 힘들다"고 실토했다. 500년 전 책은 개혁과 대중심리의 관계를 꿰뚫었다. 사보나롤라는 '무장하지 않은 예언자'의 비극이다. "무장한 예언자는 획득했고, 말뿐인 예언자

피렌체 정치와 행정의 중심인 베키오 궁전. 궁전 2층의 화려한 백합홀에 마키아벨리의 집무실이 있다.

는 실패한다. 대중은 변덕스럽다. 대중은 설득하기 쉬우나 설득한 상태를 유지하기는 어렵다."(6장) 노무현 정권은 독특한 바람으로 집권했다. 집권 후 불안정한 정치 행태는 국민 다수의 반발을 샀다. 나는 베키오 궁전에 들어갔다. 2층 백합홀(sala dei Gigli)로 갔다. 현란한 벽화에다 사자 조각상, 붉은색 백합이 그려져 있다. 피렌체의 상징물이다. 500년 전 르네상스 시대의 화려함이 보존돼 있다. 백합홀 왼쪽에 마키아벨리 집무실이 그대로 있다. 10평 정도다. 입구와 끝 양쪽에 그의 초상화와 흉상(胸像)이 있다. 얼굴상(작가 미상)은 초췌하다. 그의 죽은 얼굴을 흙으로 본떠 색칠한 것으로 추정한다. 흉상은 피곤한 말년의 삶을 드러내는 듯하다. 초상화는 산티 디 티토(Santi di Tito)의 작품(1575년)이다. 화가는 '편지 속 궁정복'의 마키아벨리를 상상했다. 얼굴상과 그림은 그의 외모를 기록한 것과 비슷하다. "마르고 보통 키, 작은 얼굴, 매부리코, 검은 머리, 빛나는 검은 눈. 다물어진 얇은 입술, 냉소하는 듯하다."

정치 세계의 불확실성을 깨는 '비르투'의 결단

그의 제2서기국은 외교와 대외 전략을 담당했다. 그는 외교사절 (mandatario)로 여러 곳에 파견되었다. 그는 귀족 출신이 아니다. 그 때문에 최고위급 대사(oratore)직은 맡지 못했다. 그는 외교관으로서 이웃 통치자들을 만났다. 그들을 관찰하고 협상도 했다. 프랑스 루이 12세, 체사레 보르자, 막시밀리안 황제(신성로마제국), 교황 율리우스 2세-. 관찰의 초점은 통치자의 성향과 리더십 자질, 군사력, 권력 운용, 대중의 지지 여부였다. 그는 수많은 보고서를 보낸다. 직관과 통찰, 상상력과 분석력은 탁월했다. 안내문에 '비르투(virtù)'와 '포르투나(fortuna)'가 적혀 있다. 『군주론』의 핵심 용어다(25장). 마키아벨리는 중세시대의 소극적 운명론을 거부했다. 정치의 속성은 불확실과 변동이다. 하지만 정치의 안정은 포르투나의 운명적 소산이 아니다. 그것은 지도자의 역량과 창조적 의지력, 결단과 용기로 바뀐다. 그것이 비르투다. 나는 스티븐 스필버그의 영화 '링컨'을 기억했다. 영화는 수정헌법(노예해방)의 하원 통과 과정을 다룬다. 19세기 미국은 내전(남북전쟁)과 노예제의 어두운 운명 속에 있었다. 링컨은 비르투의 정치력으로 국가 운명을 역전

> **[마키아벨리 생애]**
> - 1469년 5월 피렌체에서 출생
> - 1494년 프랑스 샤를 8세 침공, 메디치 가문(군주제) 권력 퇴장, 사보나롤라의 등장과 신정 통치
> - 1498년(29세) 사보나롤라 화형, 소데리니 공화정 출범. 마키아벨리, 행정부 제2서기장과 10인 군사위 서기 맡음
> - 1501년 결혼(자녀 여섯 둠)
> - 1503~1511년 외교관으로 활약. 체사레 보르자, 루이 12세, 율리우스 2세, 막시밀리안 황제의 궁전 파견
> - 1512년 9월 피렌체 공화국, 스페인 군대에 항복, 소데리니 정권 몰락, 메디치 가문 권좌 복귀 11월 마키아벨리 공직 퇴출
> - 1513년 2월 반메디치 음모 가담 혐의로 체포, 고문 4월 사면 뒤 산탄드레아 시골집에 은둔(44세)
> - 1513년 여름~12월 군주론 초고 완성
> - 1515~1520년 로마사 강론, 전술론, 희곡 『만드라골라』 집필
> - 1525년 피렌체사, 교황 클레멘스 7세에 기증
> - 1515년 가을, 군주론 헌정(로렌초 데 메디치)
> - 1527년 6월(58세) 죽음, 산타 크로체 성당에 안장
> - 1532년 『군주론』 첫 출판

시킨다. 비르투는 리더십의 매력을 발산한다. 정치는 가능성의 미학이다. 링컨은 버락 오바마 미국 대통령의 롤 모델이다. 그것은 한국 정치 리더십을 위한 충고와 암시다. 그림 속 마키아벨리 미소는 야릇하다. 쾌감과 의연, 냉소와 반감이 교차한다. 『군주론』을 둘러싼 찬사와 적대에 대한 반응인 듯하다. '군주론 500년'은 다양한 해석, 끊임없는 논란의 세월이다. 책에 대한 오해와 비판은 두텁다. 속임수와 기만의 정치 참고서라는 부정적 언어들이 넘친다. 1559년 로마 교황청은 마키아벨리의 책들을 금서(禁書)로 판정한다. 옹호와 감탄은 더욱 두껍다. 18세기 장 자크 루소의 반격은 자주 인용된다. 루소는 "(마키아벨리는) 피상적인 독서에 희생되었다"고 했다.

어떤 찬사도 이런 위대한 이름에 적합하지 않다

『군주론』은 권력의 야만성을 조명했다. 인간성의 어두운 본성을 파헤쳤다. 그 진실은 불편하고 역겹다. 그것은 윤리와 종교에 대한 도전이었다. 그의 천재적 작업은 생각의 세상을 바꾸었다. 피렌체시 '군주론 500주년 기념 조직위원회'의 발도 스피니(Valdo Spini) 위원장은 진전된 관점을 내놓는다. 그는 "마키아벨리는 군주의 권력을 방어하는 인식의 도구를 시민들에게 제공했다"고 말한다. 피렌체시는 12월까지 군주론의 학술회의, 재현 행사, 기념 사업을 한다.

그 책의 언어는 직설과 대비다. "군주는 대중에게 사랑(amore)보다 두려움(timore)을 느끼게 하는 것이 훨씬 안전하다."(17장) 하지만 미움(odio)은 피해야 한다. 두려움은 적절한 통치 수단이다. 미움은 군주에게 치명적이다. 그런 대비법은 강렬하게 꽂힌다. 『군주론』은 '현실주의 정치(realpolitik)' 교본이다. 초점은 국가 위기 상황에서 통치의 딜레마를 푸는 데 있다. 그 책은 살아 숨 쉬는 지도력 연구서, 권력 운영의 참고서다. 권력은 낭비되지 말아야 한다. 『군주론』은 기만과 비열함을 정당화하지 않는다. 정치 행위의 판단 기준은 좋은 결과와 효용, 공익이다. 고려대 최장집 명예교수는 그것을 "좋은 가치보다 좋은 결과의 기능주의"로 해석한다.

프린스턴대 비롤리(Maurizio Viroli) 교수는 "마키아벨리의 삶은 역설과 불확실성, 비극적 드라마로 차 있다(저서 『Niccolo's Smile』)"고 했다. 비롤리의 포착은 실감 난다. 마키아벨리는 역설이다. 『군주론』의 이미지는 능숙한 처세다. 하지만 그의 생애는 그렇지 못했다. 1515년 가을 그는 로렌초 데 메디치(Lorenzo di Piero de' Medici)에게 『군주론』을 바쳤다. 책은 '헌정사(獻呈辭·Dedica)'로 시작한다. "전하께 드리는 선물은 장신구가 아닌 지식입니다." 그것을 통해 자신이 갖고 있는 책사(策士)의 역량과 충

우피치 미술관(베키오 궁전 옆) 바깥쪽 회랑에 서 있는 마키아벨리 동상. /왼쪽
산타 크로체 성당의 마키아벨리 묘비명. '어떤 찬사도 이처럼 그 위대한 이름에 적합하지 않다'. /오른쪽

성을 인정받으려 했다. 그만의 권력 복귀 방식이었다. 그러나 젊은 메디치 군주는 그 책을 외면했다. 그의 정치 재기 꿈도 사라졌다. 불우함은 반전(反轉)을 낳는다. 그는 저술로 삶을 집중했다. 『리비우스의 로마사 강론(Discorsi)』 『전술론(Dell'Arte della Guerra)』 『피렌체사』도 썼다. 희곡 『만드라골라(Mandragola)』는 문학적 재능을 보여준다. 그 삶은 그를 근대 정치사상의 선구자로 만들었다. 스피니 조직위원장은 그 반전과 역설을 '역사의 복수(la vendetta della storia)'라고 했다. 시인 단테의 『신곡』은 망명의 산물이다. 사마천의 『사기』, 다산 정약용의 『목민심서』도 비슷하다. 『군주론』의 영향력은 독보적이다. 정치와 리더십 담론은 그 책을 통과해야 한다. 정치인, 학자는 그것을 우회할 수 없다. 격찬과 비판과는 상관없다. 베키오 궁전에서 나왔다. 그 옆은 우피치(Uffizi) 미술관이다. 레오나르도 다빈치의 '수태고지(受胎告知)', 산드로 보티첼리의 '비너스의 탄생' 등 거장의 걸작들이 쏟아지는 곳이다. 미술관 밖 회랑에서 마키아벨리를 조각상으로 만났다. 과장된 근엄함은 로마공화정의 원로원 귀족 같다.

그는 좌절과 낭패 속에서 병으로 숨졌다. 1527년 6월, 58세. 묘소는 산타 크로체(Santa Croce) 성당에 있다. 시신이 없는 묘비(cenotafio)다. 베키오 궁전에서 걸어서 10분 거리다. 성당 안에는 단테와 갈릴레오, 미켈란젤로, 레오나르도 다빈치의 묘비도 있다. 피렌체 출신의 위대한 고유명사들이다. 마키아벨리의 라틴어 묘비명(1787년 작품)은 이렇게 적혀 있다. "어떤 찬사도 이처럼 위대한 이름에 적합하지 않다." 탄토 노미니 눌룸 파르 엘로지움(Tanto nomini nvllvm par elogium)-.

— 피렌체(이탈리아), 중앙일보 2013년 4월 27일

최장집 교수의 『군주론』
한국 정치, 왜 마키아벨리인가

최장집 고려대 명예교수는 요즘도 '왜 마키아벨리를 공부하나'라는 제목으로 강의한다. 최 교수는 "우리 정치에서 카를 마르크스보다 니콜로 마키아벨리가 필요하다"고 주장했다.

- 그 주장은 유효한가.

"그렇다. 한국 정치는 도덕적·이상주의적이다. 한국 현실에서 요구되는 '정치적 현실주의'에 대한 전통이 약하다. 마르크스 이론에는 정치의 역할이 없다. 규범과 이상만 강요한다. 그것이 이 시점에서 '왜 마키아벨리인가'다."

- 민주주의와 마키아벨리의 관계는.

"민주주의도 통치체제의 하나다. 통치행위는 권력을 통하지 않고서는 불가능하다. 우리 민주주의는 추상화, 물신(物神)화, 도덕적으로 정의된다. 그것은 현실에서 민주주의를 발전시키는 데 제약으로 작용한다. 이런 문제의 해독(解毒)제로서 마키아벨리의 유용성이 있다. 지금 필요한 것은 저항의 민주주의가 아닌 통치체제로서의 민주주의다."

- 마키아벨리는 누구인가.

"솔직하고 대담무쌍한 정치철학자다. 도덕·종교적 담론은 인간의 권력의지를 베일에 덮어씌운다. 마키아벨리는 그 위선적 가면을 벗겨 보인 위에서 정치현상을 설명했다."

– 우리 사회에 반(反)정치의 분위기가 퍼져 있다.

"정치 배제의 반정치는 무책임의 정치를 낳는다. 현실적으로 실현 가능성을 찾는 게 정치다. 좋은 정치를 이끌 실력이 필요하다. 마키아벨리의 정치와 통치술에 익숙해야 한다."

– '좋은 정치'란.

"우리 사회에 해결해야 할 많은 과제가 놓여 있다. 좋은 정당으로 뒷받침받는 좋은 리더십이 해결 과제를 사려 깊게 실천하는 게 중요하다."

[군주론의 권력과 인간관계 비교]

내용	사례와 분석
자신의 무력에 근거하지 않는 나라는 위기 때 자신을 방어할 역량이 없기 때문에 운명에 의존한다	자주국방은 지도력의 핵심
권력을 잡기 위해선 타인의 무력, 호의에 의존해선 안 된다	정치에서 독자적 역량 중요
군주는 암초를 피하듯 경멸받는 것을 피해야 한다. 경멸은 변덕이 심하고 유약하며 소심·우유부단한 인물로 생각될 경우다	이명박 정권, 청와대 뒷산 '아침이슬'로 권위 상실
개혁의 신질서를 만드는 것은 어렵고 성공하기 힘들다	김영삼 "개혁은 혁명보다 어렵다"
대중은 변덕스럽다. 설득하기는 쉬우나 설득 상태를 유지하기는 어렵다	노무현 정권, 정치 불확실성으로 대중 지지 하락
군주는 사람들에게 사랑을 느끼게 하는 것보다 두려움을 느끼게 하는 게 안전하다	대중의 외경 심리는 권력 유지 요소
신중한 것보다 대담한 것이 낫다. 운명의 여신은 과단성 있는 사람에게 매력을 느낀다	링컨 리더십의 용기와 결단력, 위기 돌파
인간은 아버지의 죽음보다 자기 재산을 빼앗아간 사람을 좀처럼 잊지 못한다	세금·주택정책 실패는 민심이반 초래
은혜를 베풂으로써 지난날의 원한이 씻어진다고 믿는 것은 자기기만이다	인간성의 기묘한 작동
군주는 여우의 기만과 사자의 용기가 필요하다. 이 조언은 인간이 선하다면 온당치 못하다. 그러나 인간성은 사악하다	위기와 변혁기에서 불가피한 지혜

레닌의 혁명열차
1917년 망명지에서 귀환하다

역사는 미적거린 혁명가를 용서하지 않는다

블라디미르 레닌은 혁명이다. 레닌은 세상을 뒤집어엎었다. 그것은 1917년 10월 러시아 볼셰비키혁명이다. 그 사건은 20세기 역사를 저격한 거대한 드라마다. 그 속에 격렬함과 은밀함, 음모와 시위, 피와 혼(魂)이 혼재한다. 드라마의 극적인 장면은 레닌의 혁명열차다. 그해 4월 망명지에서의 귀국이다. 봉인(封印)열차도 등장한다. 그의 여정은 8일간 3200㎞의 오디세이다. 나는 레닌의 열차 귀환을 나눠서 추적했다.

1917년 4월 9일(당시 러시아 율리시스력 3월 28일). 스위스의 취리히 중앙역은 긴장감이 흘렀다. 레닌과 망명자들의 집단 출현 때문이다. 그의 일행 32명은 열차에 올랐다. 그중에 레닌의 부인과 연인, 보좌관 그리고리 지노비예프, 폴란드 사회주의자 칼 라데크가 있었다. 나머지 다수도 볼셰비키 사람들이었다. 여행비용은 각자 부담이다. 오후 3시 붉은 혁명으로 가는 열차가 출발했다. 그 전야는 이렇게 전개됐다.

러시아 상트페테르부르크의 핀란드역에 있는
293호 기관차. 1917년 세 차례 '혁명열차'로
움직였다.

　전쟁은 혁명을 예비한다. 1917년, 제1차 세계대전의 공방은 계속됐다.
제정(帝政) 러시아는 독일제국과 전쟁을 벌였다. 전세는 러시아에 불리해
졌다. 러시아군은 장비와 물자 부족에 허덕였다. 전선의 사기는 떨어졌
다. 니콜라이 2세의 차르(황제)체제는 허약해졌다. 1916년 12월 권력 실
세 라스푸틴이 암살당했다. 식량 부족으로 경제도 엉망이었다. 수도 페
트로그라드(지금은 상트페테르부르크)의 노동자 파업과 거리 시위는 격변을
예고했다. 대규모 군중 봉기(蜂起)가 결정타였다. 2월 혁명이 터졌다. 이
어 3월 2일, 니콜라이 2세의 퇴위다. 300여 년의 로마노프 왕조는 붕괴
했다. 러시아에 공화정의 임시정부가 들어섰다.

　스위스 취리히의 슈피겔가세 14번지. 레닌이 살았던 아파트에 이런 기
념판이 붙어 있다. "레닌은 1916년 2월 21일~1917년 4월 2일까지 살
았다." 그곳에도 2월 혁명의 소식이 전해졌다. 그것은 과격한 반전(反轉)
이다. 그해 1월 레닌은 이렇게 낙심했다. "살아서 다가올 혁명의 결정적

인 전투를 보지 못할 것 같다." 그의 나이 47세 (1870~1924). 그 무렵은 망명생활 10년째. 1907년 이후 그는 유럽 땅을 옮겨다녔다. 한 달 뒤 사태가 극적으로 바뀐 것이다. 그의 체제 전복의 투지가 되살아났다. "무엇을 할 것인가."- 그것은 망명 생활 청산과 러시아로의 귀국이다. 그는 귀환 방식에 골몰했다. 첫 번째 구상은 '터키로 통과, 비행기 탑승, 중립국 스웨덴 여권 위조'다. 하지만 복잡하고 마땅치 않았다.

핀란드역 광장의 레닌 동상.

8일간 3200㎞ 볼셰비키 여정의 봉인열차

혁명가는 모험과 역설로 승부한다. 레닌은 정면 돌파를 선택했다. 적대국 독일을 거치는 코스다. 레닌은 스위스 사회주의자 프리츠 플라텐에게 도움을 요청했다. 플라텐은 독일영사와 접촉했다. 레닌은 로드맵을 짰다. 스위스→독일→스웨덴→핀란드를 거치는 대장정이다.

독일의 군부와 외무부는 레닌을 주목했다. 레닌은 전쟁을 '부르주아의 음모'라고 비판했다. 독일은 그를 활용키로 했다. 독일의 계산법은 명확했다. "전쟁반대론자 레닌의 귀국으로 러시아 임시정부 혼란 가중, 그것으로 러시아군의 동부전선 이탈 촉진, 독일은 서부전선(영국·프랑스와 전쟁)에 집중한다." 독일은 레닌의 안전 통과를 보장했다. 치외법권 적용과 급행열차 제공이다. 레닌은 적국의 친절을 역이용했다. "레닌은 끝없는 논쟁(endless polemics)을 벌였지만… 이론에 사로잡히기보다 지금의 실제 사건에 집중했다."(에드먼드 윌슨,『핀란드역으로』) 레닌은 결정적인 순간에 실리의 현실주의자다.

혁명으로 가는 열차가 출발했다. 영국 BBC '마이클 포틸로의 유럽기차여행'은 이렇게 표현했다. "레닌의 여행은 열차의 역사상 가장 중대하고 긴박했다." 일행은 독일 땅에 들어갔다. 망명객들은 신경을 곤두세웠다. 전쟁으로 인한 서로의 적개심이 깊을 때였다. 접경지 고트마딩겐역에서 열차를 바꿔 탔다. 레닌의 본명은 블라디미르 일리치 울리야노프. 그는 익숙한 가명인 레닌을 썼다. 독일은 '봉인열차(sealed train)'를 제공했다. 그 정체는 무엇인가. "그린 색 객차 한 량, 2등석 세 칸, 3등석 다섯 칸, 화장실 두 개. 출입문 4개 중 3개를 잠금… 독일군 장교가 통로에 흰색 분필로 선을 그었다. 객차 간 영토 표시다."(캐서린 메리데일, 『열차 위 레닌』, 2016년) 봉인의 이미지는 숨을 막히게 한다. 하지만 그 실상은 간략하고 선언적이었다. 내 머릿속의 과장된 선입관은 허물어졌다.

레닌은 독일 첩자라는 의심을 받았다. 처칠의 표현은 러시아로 침투하는 '병원균(bacillus)'이다. 봉인의 표현은 레닌의 의도와 맞았다. 그는 그런 의심에서 벗어나려 했다. 열차 역에선 풍광이 달라졌다. 볼셰비키 망명객들은 맥주와 신문을 사오기도 했다. 레닌은 긴장을 풀지 못했다. 체포의 불안감 때문이다. 베를린 역에서 20시간 머물렀다. 레닌과 독일 관리의 접촉설이 돌았다.

4월 12일 독일의 북쪽 자스니츠역에 도착했다. 적대국을 종단한 봉인열차는 정지했다. 그곳은 발트해의 항구다. 나는 봉인 객차의 실물이 궁금했다. 역사의 기묘한 소품이기 때문이다. 그곳 출신 친구인 한스 실러가 아쉬움을 표한다. "동독 시절인 1977년, 러시아 혁명 60주년 때 이곳에 레닌 기념관이 세워졌고 봉인 객차도 전시됐다. 독일 통일 뒤 객차는 다른 데로 옮겨졌다." 이젠 여객선이다. 스웨덴 트렐레보리 항구까지 4시간 뱃길. 볼셰비키 망명객 거의가 배멀미를 했다. 레닌은 달랐다. 고참 혁명가 파벨 악셀로트는 이렇게 말했다. "레닌은 하루 24시간 혁명에 몰두하고… 잠잘 때도 혁명을 꿈꾼다.”(버트램 울프, 『혁명을 만든 세 사람』) 그 집념 속으로 배멀미는 침입하지 못한다.

중립국 스웨덴의 분위기는 편안했다. 항구에서 말뫼로 이동했다. 말뫼에는 유럽 최대의 조선소가 있었다. 그곳의 사보이호텔에 스웨덴식 뷔페가 차려졌다. 일행은 걸신들린 듯 음식을 해치웠다. 다음 여정은 스웨덴 수도 스톡홀름이다. 시장과 좌파 사회주의 정당 대표들이 영접을 나왔다. 레닌은 백화점에서 옷과 구두를 샀다. 이어서 그들은 17시간 북행 열차를 탔다. 레닌은 자신의 권력 의지를 점검했다. 순교자의 여정이 아니다. 혁명의 방아쇠를 당기는 여정이다. 그는 “역사는 오늘 승리할 수 있을 때 미적거리는 혁명가를 용서하지 않을 것”이라고 했다. 그것은 마키아벨리 방식의 ‘비르투(virtu)’ 작동 순간이다. 그 용어는 마키아벨리 정치철학의 핵심이다. 세상은 지도자의 역량과 의지력, 결단과 용기로 바뀐다. 레닌은 비르투의 정치력으로 운명을 역전시킨다.

열차 안에서 레닌은 혁명 의지를 단련했다. “차르 체제의 퇴진으로 변혁이 완성되는 것이 아니다. 진짜 혁명은 지금부터다.” 2월 혁명 이후 러시아는 이중 권력체제였다. 한쪽은 임시정부(두마의원 중심), 다른 쪽은 노동자·병사들의 소비에트(평의회)다. 소용돌이는 이어졌다. 레닌은 혁명의 전략 문서를 다듬었다. 그는 간략하고 선명한 어휘를 골랐다. 거기에 분노와 감성의 단어도 넣었다. 그것이 ‘4월 테제(апрельские тезисы)’다.

열차는 스웨덴 북쪽 하파란다에서 멈췄다. 일행은 마차 썰매를 탔다. 쌍둥이 마을인 핀란드의 토르니오역으로 이동했다. 그 시절 핀란드는 러시아 자치령이다. 레닌 일행은 이번엔 남행 열차에 올랐다.

나는 그 열차를 찾아갔다. 상트페테르부르크(옛 페트로그라드)의 핀란드 역. 러시아의 역 이름은 종착역을 기준으로 한다. 출발지로 표시하지 않는다. ‘핀란드 역’은 핀란드(종착지) 나라로 향하는 역이다. 역무원은 친절했다. 기관차는 개찰구를 지나 플랫폼에 있다. 대형 유리관 안에서 늠름하게 버티고 있다. 동행한 무역상 이고르 예프세프(58)는 '혁명 100주년의 타임머신'이라고 했다. 그는 "293호 기관차는 1917년 세 차례 혁명열차로 작동했다. 레닌은 8월에 체포령을 피해 핀란드로 도피하고 10월 잠입 때도 이 열차를 탔다. 4월 귀국 때 탔던 기관차도 이것과 같은 기종"이라고 했다. 기억의 명판이 붙어 있다. "1957년 핀란드 정부가 레닌의 여정을 기억하면서 기증한 선물이다."

'불뱀'처럼 다가온 구질서 타도의 적색 저주

지금부터 100년 전 4월 16일 밤 11시. 열차는 페트로그라드의 핀란드역에 도착했다. 기적소리가 울렸다. 붉은 혁명을 알리는 굉음(轟音)이다. "열차의 희미한 불빛이 어둠 속에서 힐긋 보였다. 기관차는 불뱀(fiery snake)처럼 구불구불하게 다가섰다. 역을 향해 뱀의 머리가 드러났다. … 10년 해외 생활 뒤 레닌은 열차에서 러시아 땅 위로 내려왔다."(로버트 서비스, 『레닌』) '불뱀'은 묵시(黙示)론적 존재다. 구질서는 저주받고 파괴될 운명이다.

플랫폼은 군인, 노동자, 군중들로 차 있었다. 볼셰비키 의장대가 도열했다. 그들의 함성은 '레닌!'이다. 대다수 군중은 레닌의 얼굴을 본 적이 없다. 붉은 깃발이 펄럭였다. 군악대가 '라 마르세예즈'를 연주했다. 한쪽에서 '인터내셔널' 노래도 불렀다. "우리의 새로운 세상을 건설하리라."-노랫말은 군중의 정서를 표출했다. 역 앞 장갑차에 레닌이 올랐다. 그의 외침은 거침없다. "사랑하는 동지·병사·노동자 여러분! 여러분은 전 세계 프롤레타리아 군대의 전위(前衛)다. 약탈적인 제국주의 전쟁(1차대전)은 전 유럽 내전의 시작이다. 머지않아 유럽 자본주의는 송두리째 무너진다. 러시아 혁명은 그 시작이다. 전 세계적인 사회주의 혁명 만세!" 장 갑차가 이동했다. 깃발과 횃불이 뒤따랐다. 나는 핀란드역 앞 광장으로 갔다. 거대한 레닌 동상이 서 있다. 장갑차 포탑에서 포효하는 장면을 형 상화했다. 레닌의 외침은 그곳에 잔해로 남아 있는 듯하다. 2017년 10월, 그 장갑차는 기억의 관광 상품이다. 혁명 100주년을 기념해 상트페테르 부르크 에르미타주 미술관 광장에 전시됐다.

레닌은 볼셰비키 본부(크세신스카야 저택)로 옮겼다. 크세신스카야는 마 린스키 발레단의 수석무용수다. 거기서 '4월 테제'를 내놓았다. 내용은 급진적인 변혁이다. "부르주아적 영향력(멘셰비키) 제거, 임시정부 타도, 프롤레타리아 혁명의 즉각 결행"이다. 레닌의 준비된 말이 작렬했다. '모 든 권력을 소비에트로!(Вся власть советам! 브샤 블라스찌 소베탐)'– 그것이 4월 테제의 핵심이다. 권력 구성은 단순화해야 한다. 러시아의 이중권력 을 해소해야 한다.

혁명의 과정은 직선이 아니다. 곡선의 격랑이 계속됐다. 레닌의 볼셰 비키 도전은 거칠었다. 임시정부의 반격도 거셌다. 레닌은 이웃 핀란드로 도주했다. 그는 수염을 잘랐다. 가발을 쓰고 변장을 했다. 7월 정세 이후 케렌스키의 임시정부는 내분에 시달렸다. 그것은 레닌에게 행운의 기회 다. 그는 그것을 놓치지 않았다. 10월 25일(당시 러시아 달력, 11월 7일) 혁명 이 완성됐다. "레닌이 역사 무대의 위대한 배우가 된 것은 역사가 제공한 예상 밖의 기회를 잡는 신속성과 정력(quickness & energy) 덕분이다."(폴 존슨, 『모던 타임스』)

러시아는 공산주의 소련(소비에트 사회주의연방공화국)으로 바꿨다. 그것 은 붉은 혁명의 산물이다. 혁명은 타락한다. 거사의 수혜자는 극소수다. 대중은 탄압받는다. 레닌주의는 증오와 선동, 공포와 음모의 정치학이다. 레닌의 후계자 스탈린은 그것을 악성 변질시켰다. 스탈린은 혁명열차에

탔던 지노비예프와 라데크를 숙청했다. 볼셰비즘은 '역사의 신(神)'에 대
한 대담한 도전이었다. 역사는 앙갚음을 한다. 10월 혁명 74년 뒤인 1991
년 12월, 소련은 붕괴됐다.

— 상트페테르부르크(러시아), 자스니츠(독일), 스톡홀름(스웨덴). 중앙일보 2017년 11월 11일

혁명과 사랑,
레닌 열차에 동승한 부인과 연인

레닌의 열차는 '혁명과 사랑'을 압축한다. 탑승자 중에 레닌의 부인과 연인이 있었다. 나데즈다 크룹스카야(1869~1939)와 이네사 아르망(1874~1920). 두 사람 모두 레닌의 혁명 동지. 레닌과 크룹스카야는 마르크스 노동운동을 함께했다. 둘의 1895년 결혼(레닌이 한 살 적음) 장소는 레닌의 시베리아(슈셴스코) 유형지.

그해 크룹스카야도 다른 곳으로 유배형을 받았다. 하지만 레닌을 찾아간 것이다. 그는 평생 남편을 뒷받침했다. 이네사는 프랑스의 부르주아 출신이다. 결혼 생활은 순탄하지 않았다.

부인(왼쪽)과 연인.

그 후 이네사는 러시아에서 마르크스주의를 배웠다. 1910년에 망명객 레닌을 파리에서 만났다.

이네사는 외국어에 능숙했다. 레닌의 저서 번역과 통역, 밀사를 맡았다. 레닌은 이네사를 사랑했다. 크룹스카야도 이 관계를 인정했다. 그것은 미묘한 삼각관계였다. 혁명열차의 도착 뒤 삼각관계는 대충 정리됐다.

다음 해 연인 이네사는 콜레라로 숨졌다. 레닌의 상심은 컸다. 레닌 부부는 장례식에 참석했다.

>>> 1917년 레닌의 오디세이, 8일간 3200㎞ 대장정

핀란드역에서 내리는 레닌을 볼셰비키 의장대가 도열해 환영하고 있다.

스위스(중립국)

4월 9일 오후 출발
- **취리히** : 레닌 포함 32명 승차(부인, 지노비예프, 라데크, 이네사, 볼셰비키 대부분)
- **샤프하우젠** : 스위스 세관검사

독일(러시아와 교전국)

10일 이른 아침

10일 저녁

11일

12일
- **고트마딩겐** : 독일 제공 봉인열차(객차 1량＝치외법권＋옆 객차와 차단) 승차
- **프랑크푸르트** : 맥주 · 신문 구입(봉인 일시해제) 동료들, 독일 군인과 대화
- **베를린** : 독일 외무부 관리 접촉설, 비밀 자금 수령설
- **자스니츠(여객선)** : 발트해 항구, 봉인열차 종료, 스웨덴까지 4시간 뱃길

스웨덴(중립국)

12일 저녁～밤

13일 아침～저녁

14일 오후
- **트렐레보리 → 말뫼** : 말뫼에서 북행열차
- **스톡홀름** : 시장과 사회주의자들 환영. 레닌, 주위 권유로 옷 · 신발 구입
- **하파란다(마차썰매)** : 최북단, 토르니오와 쌍둥이 국경마을

핀란드(러시아 자치령)

15일
- **토르니오** : '293호 기관차' 남행 출발. 레닌 '4월 테제' 집필 완료

러시아

16일 오전

4월 16일 밤 11시 도착
(러시아 4월 3일)
- **벨루스트로프** : 접경지, 카메네프 마중. 레닌, 도착 후 체포 불안감
- **페트로그라드의 핀란드역(당시 수도)** : 10년 망명 후 성공적 귀환. 노동자, 군인, 볼셰비키들 '레닌!' 외치며 환호

※1917년은 제1차 세계대전 중, 날짜는 그레고리우스력. 당시 러시아 달력, 율리우스구력(舊曆)보다 13일 늦음. 4월 8일은 당시 러시아 달력 3월 28일, 혁명일 11월 7일은 러시아 달력 10월 25일.
※'페트로그라드'는 '레닌그라드'로 바꿨다가 소련 해체 뒤 '상트페테르부르크'로 환원.

섬뜩한 독재의 유혹
'젊은 스탈린'의 고향을 찾아서

성직자 꿈꾼 낭만시인은 왜 잔혹한 통치자가 됐나

스탈린(러시아어 Сталин)은 공포다. 그의 시대는 잔혹하다. 학살과 숙청, 폭정과 독재, 수용소와 고문. 희생자 숫자는 나치 독일 히틀러의 만행을 추월한다. 그의 삶은 파란과 음모의 드라마다. 그는 시인이었다. 기독교 정교(正敎) 성직자는 그의 꿈이었다. 그것은 청소년 시절 자화상이다. 20대 초반 그는 볼세비키 혁명가로 나선다. 그의 내면은 급격하게 재구성된다. 그의 지적 열기는 왕성했다. 공산당 기관지 프라브다(Правда·

23세 청년 스탈린 초상화 '타오르는 눈빛을 지닌 젊은이'(스탈린 박물관 전시).

진실)의 창간 편집인은 그의 특별한 경력이다. 그는 거대국가 소련(소비에트사회주의 연방공화국)을 완성했다. 냉전시대 세계의 절반을 지배했다. 그는 러시아 출신이 아니다. 고향은 옛 소련의 남쪽 변방 그루지야(조지아)다. 스탈린은 미스터리다. 그는 자신의 내면을 감췄다. 공포 통치는 어떻게 작동했나. 그 진실은 무엇인가. 낭만의 시인에서 섬뜩한 통치자로의 변신은 무엇인가. 광기(狂氣)의 카리스마는 어떻게 배양되었는가.

스탈린의 음산한 그림자는 한반도에 드리워졌다. 그 속에 분단과 전쟁이 있다. 그는 북한에 위성국가를 만들었다. 6·25 남침을 지원했다. 그 그림자는 한국 사회에도 스며들었다. 거짓 선동, 계층·세대 간 갈등 조장, 진실 뒤틀기의 뿌리에 스탈린의 흔적이 있다.

나는 스탈린을 찾아 나섰다. 2014년 늦은 봄에 조지아에 갔다. 캅카스(Кавказ, 영어 코카서스Caucasus) 산맥 남쪽이다. 북은 러시아와 국경, 옆은 흑해다. 남쪽 이스탄불(터키)에서 수도 트빌리시(Tbilisi)까지 비행거리 2시간15분. 트빌리시(옛 티플리스)는 젊은 시절 스탈린의 무대다. 조지아는 오래된 기독교 국가다. 문화 전통은 강렬하다. 트빌리시 풍광은 매력적이다. 장구한 역사를 담은 므츠바리(쿠라) 강과 작은 산, 시인 푸시킨이 찾은 유황온천, 그루지야 정교 교회당, 거대한 동상, 성곽, 그림과 발레. 조지아 문자는 독창적이다.

나는 옛 시가지 화랑에 들어갔다. 40대 주인은 "조지아 문화가 담겼다"며 그림 몇 개를 내놓는다. 알렉산드르 카즈베기(Казбеги) 초상화가 있다. 카즈베기는 19세기 그 나라 대표 문학가다. 그의 소설 『부친 살해』의 주인공 '코바(Коба)'는 의적(義賊)이다. 훔친 재물을 가난한 사람에게 나눠준다. 캅카

스 산맥의 임꺽정. 코바의 보복은 소름 끼친다. 10대 스탈린은 코바의 세계에 열광했다. 스탈린은 친구들에게 부탁했다. "나를 코바라고 불러 달라." 코바는 평생 애칭이다. 50대 관광 가이드 오스파슈빌리는 말한다. "코바는 스탈린의 진실을 캐는 단서"라고 했다. 니코 피로스마니의 '마르가리타' 복제품도 있다. '백만 송이 장미' 사연이 담겼다. 심수봉 노래가 떠오른다. "진실한 사랑을 할 때 피어나는 장미"-. 피로스마니는 트빌리시 화가다. 그는 여배우 마르가리타를 사모했다. 그는 재산을 팔았다. 장미 백만 송이를 샀다. 그걸 선물했다. 가난한 화가의 절실한 사랑 고백. 화랑 주인은 "극한 상황에서 극단의 미를 찾는 정서"라고 했다. 스탈린의 심성은 극단의 악마적 변형인가.

나는 코바를 추적했다. 스탈린의 고향으로 떠났다. 고리-. 트빌리시에서 자동차로 70분, 북서쪽 80㎞쯤 떨어졌다. 고리 중심가에 스탈린 박물관이 있다. 고딕 양식의 탑이 있는 웅장한 2층 건물. '젊은 스탈린'을 만나는 유일한 곳이다. 스탈린의 본명은 이오시프 비사리오노비치 주가시빌리(Иосиф Виссарионович Джугашвили)다. 그는 1879년 12월 21일(박물관 공식 기록, 실제는 1878년 12월 6일) 태어났다. 그때 조지아는 제정(帝政) 러시아 땅이었다. 부모는 원래 농노였다. 아버지 비사리온 주가시빌리(1850~1909)는 작은 구둣방을 열었다. 스탈린은 유일한 혈육. 먼저 난 두 아들은 어릴 때 숨졌다. 박물관 앞에 스탈린이 태어난 집이 있다. 나무와 흙벽돌로 지은 두 칸짜리(15평) 오두막이다. 그리스 신전풍의 대리석 파빌리온이 지붕부터 집을 감싸고 있다. 공산주의 시절 숭배의 전당이었다. 어머니 예카테리나 케테반(애칭, 케케Кеке·1858~1937)은 아들을 교회 성직자로 키우려 했다. 아버지는 구둣방을 자식에게 넘기려 했다. 아버지는 심한 술주정에다 난폭했다. 그는 아내와 아들을 마구 때렸다. 어머니는 헌신적이었다. 스탈린과 히틀러의 유년은 비슷하다. 그런 체험은 분노조절 장애, 복수욕을 낳는다. 김학준 박사(『러시아혁명사』)는 "아버지의 폭행으로 세상은 폭력으로 가득 찼다고 어린 스탈린은 믿게 됐다"고 했다.

"나는 코바다" 복수심의 의적 소설에 매료됐다

/

박물관은 10여 개 스탈린상(像), 초상화 등 그림 30여 점, 사진, 자료, 신문기사를 무더기로 펼친다. 전시실 입구부터 스탈린 조각상이다. 위압적이고 시위하는 표정이다. 그 시대의 영광만을 기억하라는 명령 같다. 어린 스탈린, 주가시빌리는 소셀로(Coceʌo), 소소(Coco)로 불렸다. 그는 고리의 교회학교에 들어갔다. 박물관 영어 안내원이 설명한다. "소소는 영리했고, 공부를 잘했다. 찬송가도 잘 불렀다." 학교 밖에선 심술궂고, 싸움에선 집요했다. 전시실에 소년 스탈린 동상이 있다. 옆 진열대에 소설가 카즈베기의 사진이 붙어 있다. '코바'가 스탈린의 감수성을 자극하는 듯하다. 그는 장학생으로 뽑혔다. 트빌리시 신학교에 들어갔다(15세). 기숙사 생활의 엘리트 교육을 받았다. 그는 첫해에 전체 과목에서 거의 최고 점수를 받았다. 어머니의 소원은 이루어지는 듯했다. 그는 문학과 역사에 심취했다. 그가 신학교 재학 때 그루지야어로 쓴 시가 전시돼 있다. 설명문은 이렇다. "소셀로의 시 '아침', 교과서에 실림"-. 유럽 단체 관광객들이 궁금해한다. 안내원이 '아침'을 영어로 바꿔 읽는다. 도널드 레이필드(Donald Rayfield) 런던대학 교수의 번역이다.

"분홍 꽃봉오리 피더니/ 연한 푸른 빛 제비꽃이 되네/ 부드러운 산들바람에/ 계곡의 백합 풀 위에 눕고/ 짙푸른 하늘에서 종달새 노래하며/ 하늘 높이 날고/ 목청 좋은 나이팅게일새/ 덤불에서 아이들에게 노래하네/ 꽃이여 아! 나의 그루지야여/ 평화가 내 나라에 퍼지게 하라/ 친구여 노력하

[스탈린 공포통치 어떻게 형성됐나]

삶의 족적과 경험	행태와 영향	평가와 분석
어린 시절 아버지의 가정 폭력	폭력에 익숙한 의식 형성	히틀러 유년과 유사, 분노조절장애
소설 주인공 '코바'에 열광	명예+보복의 캐릭터에 심취, 적에 대한 증오와 복수심	코바, 가명 중 가장 애착
신학교 과도한 학생 처벌	세상을 배산과 술수로 관찰	졸업 앞두고 신학교 퇴학
다윈, 빅토르 위고, 도스토옙스키, 체르니솁스키 열독	『종의 기원』 신의 존재에 의문, 저항의 상상력 제공	낭만적 시인 세계 결별, 지식과 지혜를 선별하고 섭취
카를 마르크스 혁명이론	차르 체제 타도 열정 주입	볼셰비키 혁명가
두 번 결혼 실패의 충격	비인간성 심화, 누구도 믿지 않음	의심과 복수의 내면 단련, 친인척도 투옥, 처형
7차례 투옥, 6차례 탈출	혹한의 시베리아 썰매 탈출, 혁명투사의 집념 고조	진정한 강철의 탄생
이반 뇌제에 심취	공포와 억압의 효율성 주목, 공산주의 폭력혁명론에 접목	공포는 존경심으로 전이, '붉은 차르'로 등극
마키아벨리 『군주론』	권력과 인간관계 교본에 몰두	노회한 권력게임

자/ 나라를 빛내자"-. 트빌리시 문단은 시를 호평했다. "자연과 조국에 대한 순수한 감성."

신학교 교사들은 바깥세상을 불온하게 여겼다. 제정 러시아 체제 비판 소설, 시, 사회주의 이론서는 거부됐다. 교사들은 소지품을 검사했다. 학생들 사이의 감시와 밀고를 조장했다-. "학생들은 금서들을 학교에 몰래 들여왔다. 스탈린은 빅토르 위고의 『93년』을 읽었다. 도스토옙스키의 『악령』, 체르니솁스키의 『무엇을 할 것인가』도 읽었다. 스탈린은 이미 신에 대한 의문을 가졌다. 다윈의 『종의 기원』의 영향이다."(『Young Stalin』, 시몬 세백 몬테피오레, 2008)

카를 마르크스의 『공산당 선언』은 그의 사고를 자극했다. 유년과 10대의 기억은 마르크스 폭력혁명론에 빠지게 했다. 그는 졸업을 앞두고 사제(司祭)의 길에서 이탈했다. 청년 스탈린, 코바의 초상화가 눈길을 끈다. 목을 감싼 스카프와 검은색 재킷. "타오르는 눈빛을 가진 젊은이"다. 러시아 군주 체제에 저항하는 눈빛이다. 강렬하다. 그 눈빛은 세상을 뒤엎으려는 열망을 내게 쏟아낸다. 그는 거친 볼셰비키였다. 낭만적 시심(詩心)을 마음에서 제거했다.

강철의 볼셰비키, 시베리아 유형지에서 여섯 번 탈출

전시실에 비밀경찰 오흐라나(Охрана)의 스탈린 수배전단이 붙어 있다. 안내문은 "일곱 살에 걸린 천연두 자국이 얼굴에 남아 있고, 왼팔은 오른팔보다 짧다"고 돼 있다. 그는 마차에 치였다(12세). 그 사고로 왼쪽 팔이 짧아졌다. 제1차 세계대전 때 그는 징집 면제를 받았다. 그는 한 손을 코트 안에 밀거나 뒷주머니에 넣는다. 안내원은 "사고로 인한 습관일 것"으로 추정했다. 그는 집념과 의지의 혁명가였다. 1902년부터 11년간 일곱 번 체포됐다. 그리고 시베리아 유형지에서 여섯 번 탈출했다. 전시실에 지도가 있다. 초록색(시베리아 유형)과 보라색(탈출 표시) 화살표가 어지럽게 섞여 있다. 혹한의 시베리아에서 그는 썰매를 타고 도망쳤다. 그의 내면은 단련된다. 1912년 그는 당 중앙위원이 됐다. 그 무렵 이름을 스탈(Сталь·강철)에서 따온다. 혁명투사 스탈린이 등장한다. 그는 레닌의 신임을 받았다. 전시실 한쪽은 스탈린 가족 코너다. 그는 두 번 결혼했다. 첫 부인 케테반 스바니제(Сванидзе·1885~1907)는 신학교 친구의 여동생이다. 상냥한 미인으로 양장점 재봉사였다. 첫아들을 얻었다. 결혼 1년여 뒤 부인은 결핵으로 숨졌다. 스탈린은 충격에 빠졌다. "내 마음속에 사람에 대한 마지막 온정도 사라졌다─. 신학교 친구는 단언했다. 스탈린은 앞

박물관 앞의 스탈린 석상은 건재하다. 뒤쪽 대리석 파빌리온 속에 스탈린 생가가 있다. /위
희귀한 스탈린 가족사진(1935년 촬영). 어머니 케케, 큰아들 야코프, 작은아들 바실리(왼쪽), 앞은 막내딸 스베틀라나. 모두 비운의 삶을 살았다. /아래 왼쪽
첫 부인(스바니제), 결핵으로 숨졌다. 두 번째 부인(알릴루예바), 자살했다. /아래 오른쪽

으로 도덕적 속박(moral restraint)에서 벗어나 야망과 복수의 지시만 받을 것이다."(로버트 서비스, 『스탈린』, 2005년) 두 번째 결혼은 1919년. 부인 나데즈다 알릴루예바(Аллилуева)는 18세였다. 둘은 1남1녀를 낳는다. 알릴루예바는 자존심이 강하면서 주변을 배려했다. 스탈린은 어린 아내를 자주 무시했다. 1932년 혁명 기념 파티에서 부부싸움을 했다. 그날 밤 아내는 의문의 권총 자살을 한다(31세). 사건에 대한 외동딸 스베틀라나(Светлана·1926~2011)의 기억이다(영어회고록 『Twenty Letters to a Friend』, 1967). "아버지는 어머니의 자살을 자신의 등 뒤에서 가해진 배신으로 받아들였다. 사람에 대한 신뢰는 뿌리째 쓸려내려갔다." 스탈린의 냉혈한 적 면모는 강화된다. 보복과 지배욕은 공산주의 국가폭력으로 실천된다.

스탈린이 그의 어머니 케케와 다정하게 있는 그림도 있다. 케케는 자식의 10대 시절을 그리워했다. 케케는 트빌리시에 살았다. 철권통치자 스탈린은 어머니를 찾았다. "나는 네가 성직자가 되길 바랐다."- 어머니의 말에 스탈린은 반쯤 웃었다. 스탈린의 세 자녀 모두 비운의 삶을 살았다. 첫아들 야코프(Яков)는 독·소전쟁에 참전, 포로가 된다. "항복과 포로는 반역이다."- 스탈린은 독일군의 포로교환 제의를 거부했다. 1943년 야코프는 수용소에서 숨진다(36세). 둘째 아들 바실리(Василий)는 젊은 공군 장군이었다. 알코올중독자로 생을 마감한다(41세). 스탈린은 스베틀라나를 귀여워했다. 딸에게 보낸 편지들, 안고 있는 사진이 눈길을 잡는다. 편지의 끝은 "뽀뽀한다, 아빠"로 돼 있다. 스탈린의 극단적 비정함은 여기선 사라진다. 스베틀라나는 미국 망명, 귀국, 영국 거주. 마지막에 미국에서 숨졌다.

이반 뇌제에 심취한 냉혈의 무자비한 '붉은 차르'

/

스탈린은 평생 독서광이다. 그는 레닌(Ленин·1870~1924)을 배우려 했다. 레닌은 그의 롤 모델이었다. 둘 사이의 친밀함을 드러내려는 그림, 사진이 많다. 니콜로 마키아벨리의 『군주론』은 애독서였다. 『군주론』은 인간과 권력 관계의 불편한 진실을 담았다. 그 책은 권력 운영에서 술책과 용기, 대중 관리에서 공포와 사랑을 비교 분석한다. 스탈린은 이반 뇌제(雷帝)의 공포 통치를 주목했다. 그 통치술은 마르크스 폭력혁명론에 접목된다. 스탈린은 '붉은 차르(Царь)'가 된다. 대숙청(1934년 12월 ~ 1938년)은 공산주의 폭정의 상징이다. "아버지가 상대방을 인민의 적(敵)으로 판단하면 어떤 인연이든 소멸한다. 파멸의 운명이 된다."(스베틀라나 회고록) 혁명 동지들은 무참히 숨져갔다. 친인척들도 투옥, 처형됐다.

스탈린은 근원을 제거한다. "사람이 없으면 문제가 없다(нет Человек,нет Проблема, 네트 칠로베카 네트 프라블렘)." 히틀러의 유대인 학살의 추정 규모는 600만 명. 스탈린 시절 희생자 숫자는 두 배 이상이다. 우크라이나 기근 때 700만~1000만 명, 대숙청은 800만 명쯤이다. 전시실은 대숙청 기록을 생략한다. 그것은 스탈린 박물관의 결정적 약점이다. 스탈린에 대한 찬양만 고조된다. 피의 도살자인 야고다·예조프·베리야의 사진은 없다. 베리야는 스탈린과 같은 조지아 출신이다. 숙청당한 지노비예프·카메네프·부하린 사진도 없다. 레온 트로츠키의 작은 사진만이 눈에 띈다. 그는 레닌 사후의 권력 승계 투쟁에서 패배한다. 1940년 망명지 멕시코에서 암살당한다. 스탈린은 프락티크(Практик)다. 실용과 실천을 중시한다. 트로츠키는 혁명의 장엄한 미래를 말했다. 1922년 4월 4일자 당 기관지 프라브다 1면이 붙어 있다. 스탈린의 공산당 서기장 등장 기사다. 서기장은 권력 장악의 발판이었다. 그 자리의 잠재력을 아는 사람은 처음엔 없었다. 박물관 밖에 아담한 석상이 있다. 외부에 존재하는 전 세계 거의 유일한 스탈린 조각상이다. 스탈린 유적은 고향에서도 불안하다. 2010년 고리 중앙광장에서 6m 높이의 스탈린 동상이 철거됐다. 친미 노선의 미하일 사카슈빌리 정권 시절이다. 2013년 친러시아 정권이 들어섰다. 스탈린 박물관은 살아남았다. 박물관은 1957년 문을 열었다(스탈린 사망 4년 뒤).

조지아 사람들의 스탈린 평가는 엇갈린다. 존경과 향수, 증오와 비판이다. 긍정적 시각은 자부심이다. "2차대전 승리. 소련을 초강대국으로 만든 고리의 사나이"라는 것이다. 반대쪽에선 '배신자'라고 한다. "스탈린은 조지아 출신의 약점을 덮기 위해 고향 사람들을 더욱 가혹하게 다뤘다"는 비판이다. 나는 트빌리시로 돌아갔다. 옛 시가지 쪽 식당에 갔다. 관광가이드 오스파슈빌리가 사페라비(Saperavi) 와인을 시켰다. 상표에 대원수 군복의 스탈린 사진이 붙어 있다. 조지아는 와인 발상지다. 그는 "음식과 어울리는 와인을 선별하는 게 스탈린의 취미였다"고 했다. 우리는 젊은 스탈린에 대한 추적을 정리했다. 영어가 능숙한 오스파슈빌리는 전직 교사다. 여러 연구 서적도 참고했다. 스탈린 공포는 어떻게 생산되었는가. 폭정의 요소는 무엇인가. 어린 시절 가정폭력 체험, 습관적인 의심과 생존본능, 캅카스 산맥의 복수 문화, 신학교 시절의 억압, 지적 학습능력, 결혼 실패 충격, 공산주의 폭력혁명 심취, 교활한 지배욕구, 대국 소련 발전의 사명감-. 스탈린 공포통치는 최악이다. 권력 독점과 대중 장악의 그 진실은 복잡하다. 시대 상황, 증오의 공산주의 이념, 냉혹한 천성이 섞여 배합됐다. 그것이 악성 변종(變種)했다.

— 트빌리시 · 고리(조지아), 중앙일보 2014년 7월 19일

혁명 자금을 마련하라
은행을 털어라

은행강도는 젊은 스탈린의 이력이다. 혁명 자금 조달 수단이다. 1907년 6월 '트빌리시 은행강도 사건'-. 25세 행동대장의 별명은 카모(Камо). 전설적 볼셰비키다. 그는 아르메니아 사람이다. 태어난 곳은 스탈린 고향인 고리. 스탈린과 감옥 동기였다. 범행 장소는 에리반 광장. 지금은 '자유광장'이다. 2003년 장미혁명 현장이다.

　카모는 대원 열 명을 농부로 위장시켰다. 광장 주변에 배치했다. 카모는 기병대 장교 차림. 돈을 실은 역마차가 다가왔다. 범인들은 수류탄을 던지고 총을 쏘았다. 아우성 속 카모의 동작은 전광석화였다. 돈자루를 훔쳐 마차에 싣고 달아났다. 자루 속 돈은 34만 루블(340만 달러 추산). 초대형 사건이었다. 배후에 스탈린이 있었다. 스탈린은 의적 코바의 심정으로 연출했다. 그 돈은 레닌에게 전달됐다. 1922년 카모는 교통사고로 숨졌다. 묘비가 광장 앞(지금은 푸시킨공원)에 있었다. 스탈린은 권력 장악 후 묘비를 없앴다. 그는 과거 정체를 숨겼다. 그의 진실을 아는 사람은 숙청됐다.

스탈린이 사주한 '트빌리시 은행강도' 현장인 에리반 광장의 지금 모습(자유광장). 자유 기념탑(세인트 조지 동상)이 서 있다.

스탈린 만찬은 풍성했다. 조지아(옛 그루지야) 식이다. 술, 노래, 담배가 곁들여졌다. 그는 성가대 출신이다. 야비한 습관이 가끔 작동됐다. 상대방 약점을 잡으려 했다. 보드카 건배는 유용했다. 그는 자기 잔엔 화이트 와인을 몰래 채웠다. 상대방의 '취중 진담'을 주목했다.

〉〉〉 조선인 강제 이주, 분단, 6·25··· 한반도에 드리운 스탈린의 그림자

스탈린은 한반도의 비극을 설계했다. 조선인의 중앙아시아 강제이주는 그의 첫 연출이다. 분단, 공산 위성국 북한 수립, 한국전쟁에도 스탈린의 기획과 음모가 들어 있다. 전시 홀은 7개다. 전시품은 800여 점(4만7000여 점 보유). 진열장 속에 한글이 보인다. '이·쓰딸린 저작집 1'―. '이'는 이오시프. 스탈린 전집의 번역책이다. 북한 관련 전시품은 그것 하나다. 제2차 세계대전 이후 전시품은 드물다.

스탈린은 제2차 세계대전 승자다. 그는 히틀러를 궤멸시켰다. '대조국수호전쟁' 홀은 승전 신화로 장식된다. 크렘린 붉은광장 승리 퍼레이드 사진, 수훈갑 주코프 원수가 기증한 T-34 탱크 전기 스탠드, 대원수 스탈린의 득의의 미소―. 옆 전시실에 스탈린 데스 마스크가 있다. 박물관은 스탈린 성지(聖地)가 된다(전시공간 규모는 1550㎡). 얄타회담 사진들도 붙어 있다. 1945년 2월 흑해 휴양지 얄타에서 빅3(프랭클린 루스벨트 미국 대통령, 스탈린, 영국 처칠 총리)는 외교 게임을 했다. 나는 2010년에 가봤던 얄타회담 장소인 리바디아궁을 떠올렸다. 루스벨트의 병색은 박

스탈린 전용 방탄 객차.

물관 사진에서 뚜렷하다(두 달 뒤 사망). 얄타회담은 한반도 분단의 뿌리다. 그의 야심은 동북아에서 영향력 확장이었다. 루스벨트는 그를 제대로 견제하지 못했다.

박물관 밖에 열차 객실이 전시돼 있다. 스탈린이 얄타, 테헤란 회담장에 갈 때 탔던 전용객실이다. 초록색 객차 번호는 ФД 3878. 소련 국가 휘장이 붙어 있다. 무게 83t의 방탄객차. 집무실, 서재, 화장실, 부엌이 있다. 움직이는 크렘린이다. 객차에 스탈린 체취가 남은 듯하다. 그 체취에 우리 민족의 고통과 절망이 담겨 있다. 그 순간 스탈린 유품은 심하게 거슬린다. 김일성과 김정일의 해외 열차 방문은 스탈린 벤치마킹이었다.

1949년 12월 스탈린 70회(실제 71세) 생일 기념행사가 모스크바에서 있었다. 중국 주석 마오쩌둥(毛澤東)도 참석했다. 중국(인민해방군 제20야전군)에서 보낸 축하 휘호가 선물 전시실을 장식한다. '만수무강 경하 사대림동지칠십수진(萬壽無疆 慶賀 斯大林同志七十壽辰)'-. 사대림은 스탈린. 제20야전군 정치위원은 덩샤오핑(鄧小平)이었다. 스탈린과 마오가 함께 있는 자수 그림은 흥미롭다. 마오는 중·소 우호조약 체결에 매달렸다. 그림은 서열을 드러낸다. 안내원은 "스탈린은 냉전시대 공산세계 대부였다"고 했다. 스탈린은 김일성의 6·25 남침 계획을 수락했다. 마오는 중국 군대를 한반도에 진입시켰다. 스탈린은 미국과 중국의 싸움을 부추겼다. 그 사이 그는 동유럽의 지배권을 강화한다. 그가 숨진 4개월여 뒤 한국전쟁은 종료됐다. 그의 그림자는 한반도에 질기게 남아 있다.

북한체제의 강압과 공포는 스탈린 방식이다. 대회장에 끝없는 박수 소리는 그 잔재다. 한국의 남남갈등 속 극렬좌파 행태에 그 잔영이 있다. 계층 가르기, 증오심 키우기, 거짓 선동, 진실 왜곡은 볼셰비키 투쟁 전략이다. 박물관에서 나는 25년 전 현장 취재를 떠올렸다. 1989년 6월 소련 붕괴 2년 전. 야당 총재 김영삼은 모스크바를 방문했다. 타슈켄트(현 우즈베키스탄)에도 갔다. 동포(고려인)들을 만났다. 그 장면은 신기한 감동이었다. 1930년대 소련 땅 연해주에 조선인 집단 마을이 있었다. 스탈린은 일본군 침공을 경계했다. 조선인이 일본을 도울 것으로 생각했다. 1937년 그는 조선인을 강제 이주시켰다. 6000㎞ 떨어진 중앙아시아로 17만 명의 열차 집단 이동과 죽음(2만5000명 사망 추정). 그는 의심의 뿌리를 제거한다.

로마 영광의 신화 끌어낸
무솔리니의 대중 장악 기술

나치의 괴벨스는 무솔리니를 모방했다

베니토 무솔리니는 박사다. 학위 논문 주제는 마키아벨리의 『군주론』
이다. 그는 언론인이다. 메이저 신문의 편집국장, 논객이다. 무솔리니는
웅변가다. 연설로 대중을 장악했다. 그는 이탈리아의 절대독재자다. 그의
파시즘 체제는 공포와 억압이다. 그는 장기 집권(21년, 1922~1943)을 했
다. 무솔리니는 독일 히틀러를 무시했다. 지적 우월감 때문이다. 히틀러
는 대학입시에 실패했다. 히틀러의 나치즘은 파시즘을 모방했다. 1930년
대 후반에 양상은 역전된다. 그는 히틀러의 꼭두각시로 전락한다. 2015
년은 연합국(미국·영국·러시아)의 제2차 세계대전 승전 70주년이다. 독일
패망, 히틀러와 무솔리니의 죽음 70년. 무솔리니에게 다가서야 파쇼와
나치를 안다. 그의 삶은 극적 흥미를 갖고 있다. 나는 지난 몇 년 무솔리
니를 추적했다. 70년 시점에서 작업을 정리했다.

나의 행로는 이탈리아 피렌체에서 시작했다. 북동쪽 에밀리아-로마냐로 가는 67번 고속도로를 탔다. 목표는 무솔리니의 고향 생가(生家), 프레다피오(Predappio)다. 그곳은 포를리 지방의 조그마한 도시(인구 6000여 명). 1시간30분쯤(100여㎞)을 달렸다. 프레다피오는 '두체(Il Duce, 수령)'의 마을이다. 지난해 6월 나의 친구 마티아 데 로시가 전화했다. 그는 밀라노의 사립 박물관 전직 큐레이터다. "파시즘은 기피다. 그곳은 네오 파시스트의 순례지다. 조심하라"고 했다. 프레다피오 도로판이 나온다. 내 마음에 긴장감이 감돈다. 첫인상은 단출한 도시다. 잠시 후 좁은 4차로 길에 표식이 나온다. '무솔리니가 태어난 집(Casa Natale Mussolini)'. 나는 옛 사진과 비교했다. 외관은 같다. 돌로 외벽을 바른 3층 건물. 2층으로 돌계단이 나 있다. 역사의 감흥을 일으킬 장식은 없다. 안내문은 간략하다. "1883년, 2층에서 베니토가 태어났다. 아버지는 대장장이, 1층

무솔리니 흰 대리석 얼굴상. 생전에 부릅뜬 눈, 꾹 다문 입술을 형상화했다. 그의 고향인 이탈리아 북부 작은 마을 프레다피오에 있는 지하 납골당 돌무덤 앞에 놓여 있다. 파시스트 정권 상징물인 파스케스(fasces)가 얼굴상 양쪽에서 지키고 있다.

은 철공소"-. 무솔리니 회고록 『나
의 흥망』(리처드 램)이 생각난다. "어
린 시절 돌계단에서 놀았다, 돌 틈새
에 이끼가 끼었다." 이끼와 돌계단
도 그대로다. 그의 가정은 화목했다.
어머니(로사)는 가톨릭 신자로 초등
학교 교사였다. 아버지(알레산드로)는
독학의 사회주의자였다. 그는 장남
이름에 자기 신념을 넣었다. '베니토
아밀카레 안드레아 무솔리니(Benito

Amilcare Andrea Mussolini)'. 베니토는 멕시코 혁명가(베니토 후아레스)에서
따왔다. 안드레아, 아밀카레는 이탈리아 사회주의자들이다. 그는 아버지
로부터 감화를 받았다. 이 부분은 히틀러, 소련의 스탈린과 다르다. 그들의
아버지는 자식을 때렸다. 둘은 아버지를 증오했다. 그런 환경은 분노조절
장애를 낳는다. 히틀러와 스탈린의 잔혹한 학살에 유년의 상처가 있다.

세상에서 가장 지능 있는 동물이 누워 있다

프레다피오 방문 초점은 무솔리니 무덤이다. 산 카시아노(San Cassiano)
가톨릭 공동묘지 공원은 정돈돼 있다. 중간에 작은 건물의 표식이 눈에
띈다. '무솔리니 지하 납골당(Cripta Mussolini)'. 지하로 내려갔다. 무솔
리니 얼굴 조각상(35㎝×50㎝ 정도), 돌무덤이 있다. 시저의 얼굴상을 연
상케 한다. 무솔리니는 로마제국의 부활을 외쳤다. 나는 흰 대리석 얼굴
상을 살폈다. 부릅뜬 눈, 꾹 다문 입술이다. 그의 의지와 열정이 튀어나
온다.

2차대전 끝 무렵, 1945년 4월 무솔리니는 연인(클라라 페타치)과 함께 총살당했다. 시신은 밀라노에서 거꾸로 매달렸다. 그 사진 이미지는 추악한 독재자의 최후다. 1957년 시신은 이곳에 옮겨졌다. 납골당에서 무솔리니의 카리스마와 박력은 재생된다. 얼굴상은 파스케스(fasces, 묶음)가 보호한다. 파스케스는 고대 로마의 권위 표식이다. 그 말은 파시즘의 어원이다. 생전에 그

군 원수 복장의 '두체'(수령) 무솔리니.

가 원했던 묘비명(墓碑銘)이 있다. "세상에서 가장 지능 있는 동물이 누워 있다." 도발적인 염원이다. 하지만 그 구절은 적혀 있지 않다. 방명록에 이런 글도 있다. "두체와 함께 다시 로마 진군을." 공동묘지 밖 주차장에 오토바이 순례객들이 있다. 그들은 나에게 오른손을 높이 든다. 파시스트의 고대 로마식 경례다. 무솔리니 극장정치의 생명력은 길다. 프레다피오는 무솔리니 숭배자의 성지다. 그의 생일(7월 29일), 죽은 날(4월 28일), 로마 진군의 날(10월 27일)에 찾아온다. 순례객은 1년에 10만 명 정도. 시내에서 가게를 찾았다. 무솔리니 얼굴이 그려진 컵을 샀다. 60대 주인은 "마을 이미지는 불편하다. 하지만 파시즘 역사 관광은 늘고 있다. 여기 건물들은 파시즘시대 절제의 건축미학을 보여준다"고 했다.

나는 볼로냐(Bologna)로 향했다. 북쪽 내륙의 대학도시. 무솔리니는 볼로냐 대학에서 프랑스어 교사 자격증을 땄다. 거기서 마키아벨리 논문으로 박사학위를 땄다. 곽준혁(숭실대 가치와 윤리연구소장) 교수는 "1924년 대학 측은 집권자 무솔리니에게 명예박사 학위를 제안했다. 그는 거부했고 정식으로 법학박사 논문을 냈다"고 했다. 그 사연은 호기심을 일으킨

프레다피오에 있는 무솔리니가 태어난 3층집과 필자. /왼쪽
연설의 달인. 요란한 제스처와 연극조의 언어 구사로 무솔리
니는 대중을 장악했다. /오른쪽

다. 나는 볼로냐에 사는 지방 사학자 로시와 만났다. 로시는 지방 잡지에
'파시즘 풍경'이란 논문도 썼다. 우리는 무솔리니를 추적했다. 무솔리니
는 거칠고 명석한 악동(惡童)이었다. 그는 주머니에 작은 칼을 넣고 다녔
다. 친구를 칼로 찔렀다. 퇴학, 정학을 당했다. 폭력의 효과는 그의 머릿
속에 각인됐다. 성년의 정치무대에서 학습 경험으로 작동했다. 그는 사범
학교를 우등으로 졸업했다. 1902년 스위스 로잔으로 갔다. 그 후 10년은
고통과 단련기다. 병역 기피, 막노동, 사회당원, 파업 주도, 스위스 경찰에
체포, 감옥, 군 복무, 연설과 신문사 기고가 이어졌다. 그는 마키아벨리
(『권력과 인간』), 귀스타브 르봉(『군중 심리』), 니체(『초인의 미덕』), 소렐(『생디
칼리즘』)의 책을 읽었다. 그의 삶은 "돈키호테식 저돌성에다 셰익스피어
의 비극 코리올라누스(Coriolanus)의 영웅적 행태를 흉내 내면서 모순투
성이로 진행됐다."(마틴 클락, 『무솔리니 권력의 윤곽』)

　무솔리니 야망은 유력한 언론인이었다. 그 꿈이 실현됐다. 사회당 기
관지 '아반티(Avanti!, 전진)'의 편집국장(당시 29세)이 됐다. 그는 지면을 대
중의 문체로 바꿨다. 선동적 기사로 쟁점을 선점했다. 구독자가 2만 명에
서 10만 명으로 늘었다. 1914년 7월 제1차 세계대전이 터졌다. 사회당과

아반티의 노선은 전쟁 반대. 무솔리니는 거기서 이탈했다. 아반티는 그를 추방했다. 그는 좌파 언론인, 사회당원의 명성과 결별한다. '일 포폴로 디 탈리아(Il Popolo d'Italia, 이탈리아 민중)'를 창간했다. 좌파에서 극우파로의 변신이다. 그에게 신문은 정치적 삶의 전투(battles of political life)다. 그리고 승리의 기반이었다(리처드 램, 회고록『나의 흥망』). 나는 결론을 내렸다. "무솔리니는 신문과 권력의 관계를 치밀하게 파악했다. 그는 프로 언론인이다. 그 경력으로 권력을 잡았다. 특이한 사례다."

1915년 5월 이탈리아는 오스트리아를 공격했다. 3년6개월 뒤 1차대전은 끝났다. 전사자 65만 명, 부상 100만 명. 이탈리아는 참전 대가를 원했다. 옛 영토의 회복이다. 1919년 베르사유 종전 회의는 그 기대를 묵살한다. 신예 정치인 무솔리니는 체제 타도에 나선다. 1919년 3월 '전투 파쇼(Il Fasci di Combattimento)'를 결성했다. 그 세력은 정치폭력의 검은 셔츠단→국가파시스트당으로 확장한다. 파시즘은 다양한 이념들의 퓨전식 혼합이다. 핵심은 권력 집중, 민족지상, 국가 우선. 반(反)자유주의, 반사회주의다. 사회 혼란은 계속됐다. 그는 노조 파업의 분쇄를 선언했다. 1922년 10월 검은 셔츠단 4만 명은 로마로 진군했다. 국왕(비토리오 에마누엘레 3세)은 총리의 계엄령 요청을 거부했다. 무솔리니에게 조각 위촉을 지시했다. 다수당인 사회당, 의회주의자들은 기습을 당했다. 최연소 총리(당시 39세)의 탄생, 대권 장악은 경악스러운 전환이다. 3년 전 총선에서 그의 파시스트당은 완패했다. 권력은 의지와 기회 포착으로 쟁취된다.

1914년 10월 무솔리니가 창간한 신문 '일 포폴로 디탈리아'. 참전을 호소하는 1면 기사(Popolo Italiano Corri Alle Armi, 이탈리아 국민이여 무기를 들라).

나의 다음 행로는 베니스(이탈리아 명칭 베네치아)다. 1934년 6월 아돌프 히틀러가 찾은 물의 도시. 그의 집권은 무솔리니보다 11년 뒤(1933년)다. 나는 80년 전 영상기록물을 살폈다. 두 독재자의 첫 대면. 승자는 무솔리니다. 그의 화려한 군복과 독일어 실력은 분위기를 장악했다. 히틀러의 차림은 중절모와 트렌치코트. 그는 이탈리아말을 못했다. 무솔리니의 '극장(劇場)정치'는 극적으로 전개된다. 두칼레 궁전(Palazzo Ducale) 마당에서 콘서트가 열렸다. 베르디의 '운명의 희망' 서곡, 바그너의 '탄호이저' 서곡이 연주됐다. 바그너는 히틀러식 열정의 진원지다. 베르디의 삶에는 리소르지멘토(Risorgimento, 이탈리아 민족부흥)가 담겼다. 장엄하고 격정적인 선율이 퍼졌다. 무솔리니는 히틀러의 오스트리아 정복 야심을 꺾으려 했다. 그는 산 마르코(San Marco) 광장에 7만 군중을 모았다. 검은 셔츠단과 청년 파시스트의 퍼레이드. 이어서 요란한 제스처와 연극조 어휘가 넘치는 무솔리니 연설. 대중은 열광했다. 히틀러는 압도당했다. 나는 산 마르코 광장에 섰다. 관광객들로 넘친다. 해양 강국 베니스의 옛 영광이 기억된다. 그곳엔 무솔리니의 격동도 남아 있다. 광장은 대중과 소통한다. 광장을 지배하는 자가 권력자다. 베니스 영화제는 오래됐다(2019년 76회). 그 영화제 뒤에 무솔리니가 있다. 그는 영화와 대중 사이를 주목했다. 그 시절 최고상은 '무솔리니상(현 황금사자상)'이다. 그는 독일 총통과의 만남을 결산했다. 그는 히틀러를 '허접한 익살꾼'으로 묘사했다. 히틀러 저서 『나의 투쟁(Mein Kampf)』도 무시했다. "지루하다. 조잡하고 단순하다."

광장 정치 오페라식 연설로 군중과 교감하다

/

히틀러는 베니스에서 강렬한 인상을 받았다. "정치 초년기의 히틀러는 무솔리니를 선구자(precedent)로 인용했다. 요제프 괴벨스는 무솔리니의 파시스트에 진 빚을 자세히 인정했다."(폴 존슨, 『모던 타임스』) 괴벨스는 나치 선동술의 대가다. 나치 경례, 복장은 파시스트와 비슷하다. 퓌러(Fuhrer, 총통) 칭호는 두체에서 원용했다. 무솔리니의 파시즘은 악성 진화했다. 전체주의의 기이한 원조다. 독일의 나치즘은 그것을 극단적으로 확장시켰다.

그 시점이 무솔리니 전성기다. "영국 총리 처칠은 그를 로마의 천재라고 했다. 인도의 간디는 그의 진정성에 감탄했다."(루퍼트 콜리, 『무솔리니』) 파시즘은 제3의 길로 비춰졌다. 공산주의·자유주의와 다른 선택으로 평가됐다. 그 무렵 파시즘의 억압체제는 완성됐다. 정적(자코모 마테오티) 암살, 선거법 개정, 비밀경찰, 반체제 정당 해산, '파시스트 평의회'가 의회를 대신했다. 무솔리니는 교황과 화해한다(라테란 조약). 그는 무신론자였다. 그의 내치 콘셉트는 이탈리아의 가속화(velocizzare)다. 대규모 인프라 건설, 말라리아 퇴치, 열차·우편 서비스 개선. 실업률은 크게 낮아졌다. 시칠리아 마피아 척결에 국민은 환호했다. 무솔리니의 권력 운용은 교활했다. 대중 조작과 동원의 실험이 계속됐다. 그는 다양한 군중 교감 프로젝트를 내놓았다. 대중의 열망을 모아 반대세력을 압박했다. 파시즘 전문가인 장문석 영남대 교수는 "무솔리니는 현대 대중정치의 윤곽을 만들고 실천한 최초 인물"이라고 했다. 무솔리니의 감수성은 영악했다. 그의 오페라식 연설 기법은 시인 가브리엘레 단눈치오(D'Annunzio)에서 따왔다. "사회주의 이론은 죽었고 남은 것은 원한이다." "민주주의는 낡고 막연하다. 나라의 재생을 위해 정열을 경험해야 한다." 무솔리니의 그 웅변은 청중과의 문답식이다. 단눈치오는 1919년 피우메(현재 크로아티아 리예카) 항구를 점령했다. 퇴역 군인 등 2000여 명이 동참했다. 그 파격과 돌출은 무솔리니에게 영감을 줬다. 그는 로마 행군의 정치적 퍼포먼스를 연출한다.

히틀러를 견제하다 추종한 롤러코스트 삶

파시즘의 풍경에 신화가 있다. 언론인 출신 역사학자 폴 존슨(『모던 타임스』)은 이렇게 분석한다. "카를 마르크스는 인간을 제대로 이해하지 못했다. 신화의 힘(potency of myth), 민족적 신화의 힘을 간과했다." 이탈리아는 신화의 나라다. 군중은 분산돼 있다. 신화가 주입되면 집단은 역동성을 갖는다. 무솔리니는 권력 드라마에 애국의 신화를 넣었다. 그는 군중심리를 낚아챘다. 그에게 상징이 필요했다. 시저, 파스케스, 독수리 표상, 로마식 경례. 무솔리니는 로마제국의 영광을 재현할 인물로 등장했다. 제1차 세계대전 때 무솔리니는 자원 입대했다. 두 번째 사병 복무(당시 32세), 노블레스 오블리주의 실천이다. 그는 험준한 산맥, 줄리안 알프스 전선에 배치됐다. 헤밍웨이 소설 『무기여 잘 있거라』 무대다. 지난해 봄 나는 그 전선의 유적지(슬로베니아 소차계곡)를 가보았다. "산속 참호, 눈과 비, 추위와 배고픔, 인생에서 가장 힘든 시련을 겪었다."(리처드 램, 『나의 흥망』) 수류탄 폭발 사고가 났다. 그는 중상으로 9개월 후 전역했다.

역사는 기억의 충돌이다. 무솔리니는 대중의 가슴속에 역사와 신화를 새긴다. 그는 글과 말로 세상을 평정했다. 나의 동행자 로시가 덧붙인다. "무솔리니는 이탈리아 역사의 수치이며 악몽이다. 하지만 형식적이나 왕

무솔리니(오른쪽)는 경례 · 복장 · 표식 등 다양한 체제 상징을 히틀러에게 전수했다. 고대 로마제국에서 따온 오른손을 높게 뻗는 경례 방식.

정-총리체제를 유지했다. 히틀러식 완벽주의 폭압과는 달랐다." 1935년 독일의 재군비선언이 있었다. 그때까지 무솔리니는 히틀러 견제의 선두에 섰다. 영국·프랑스와 스트레사(Stresa) 체제를 만들었다. 그는 나치의 인종정책을 비난했다. "황당하다. 독일 인종도 순수혈통이 없다. 고대로마 이래 유대인은 이탈리아에 함께 살아왔다." 무솔리니는 에티오피아를 점령했다. 영국은 그를 비난했다. 그는 반발했다. 히틀러는 그에게 접근했다. 1936년 스페인 내전이 터졌다. 두 사람은 국민전선의 프랑코를 지원한다. 추축(樞軸)의 강철동맹이 등장했다. "영국 외무장관 이든이 유연(malleable)했다면 무솔리니는 히틀러에게 가지 않았을 것이다."(리처드 램, 『나의 흥망』 1998년판 서문)

파시스트 정권의 유대인 정책도 악랄한 차별로 바꿨다. 나치의 뉘른베르크법을 따랐다. 2013년 당시 이탈리아 총리 실비오 베를루스코니(Silvio Berlusconi)는 "무솔리니의 반(反)유대인법은 최악의 실수다. 하지만 다른 많은 부분에선 잘했다"고 했다. 발언 뒷부분에 비난이 쏟아졌다. 무솔리니 손녀 알레산드라(Alessandra, 유럽의회 의원)는 파시즘의 가치를 내세운다. 1939년 9월 제2차 세계대전이 터졌다. 1940년 6월 무솔리니는 히틀러의 승전 열차에 편승한다. 이탈리아의 군사력은 형편없었다. 그리스, 북아프리카 전선에서 후퇴와 졸전을 반복했다. 무솔리니의 허풍이 드러났다. 1943년 7월 미국·영국군은 이탈리아의 시칠리아로 상륙한다. 7월 24일 그는 국왕의 명령으로 체포된다. 절대통치자의 몰락은 평온했다. 2015년 4월 로시가 메일을 보내왔다. "무솔리니 처형 70년, 파시즘은 자유와 인권의 배신이다. 정치 혼란 때 기괴한 지도자가 등장한다. 역사를 알아야 파시즘 재발을 막는다"고 했다. 무솔리니는 알프스 산장에 갇힌다. 1943년 9월 나치 SS부대가 그를 구출한다. 그는 '이탈리아 사회주의공화국'을 세운다. 독일의 괴뢰 국가다. 이탈리아는 남과 북으로 나뉘었다.

그의 살로(수도 이름)공화국은 나치의 몰락과 함께 망했다. 그는 스위스로 탈출하려 했다. 이탈리아 빨치산에 체포돼 처형됐다. 나이 62세. 그의 롤러코스터 삶도 마감한다. "무솔리니는 평생 '장엄함과 소극(笑劇·grandeur and farce)' 사이를 불안하게 떠돌았다." (폴 존슨)

— 프레다피오 · 로마 · 베니스(이탈리아), 중앙일보 2015년 5월 23일

무솔리니와 그람시
동시대의 두 사람은 마키아벨리를 어떻게 해석했나

피렌체는 니콜로 마키아벨리(Niccolò Machiavelli)의 무대다. 도시 외곽 그의 고향집에 찬양 석판이 달려 있다. "국가통치술과 이탈리아 해방에 대한 불멸의 작품을 남겼다." 그의 『군주론(Il Principe)』 (1513년 집필)에 담긴 지적 파괴력은 영속적이다. 그 책은 권력과 인간성의 진실을 조명, 해부한다. 무솔리니와 안토니오 그람시 (Antonio Gramsci·1891~1937)는 마키아벨리에 심취했다. 무솔리니는 박사학위 논문을 냈다. 그람시는 '현대 군주론'의 개념을 조립했다. 젊은 시절 둘의 사상 연마와 지적 역정은 비슷하다. 나중엔 이념적, 정치적 적수였다. 나이는 무솔리니가 여덟 살 많다.

『군주론』은 정치의 본질을 설파한다. 그것은 힘(fortezza)이다. 권력에만 한정되지 않는다. "무솔리니의 마키아벨리 습득은 편향적이다. '이기적인 인간 본성과 힘에 대한 찬양'을 읽는 데 주력했다. 그람시는 힘과 헤게모니를 구별했다. 물리적인 힘만이 아닌, 물리적인 힘이 수반될 수 있는 인민의 동의를 강조했고, 헤게모니에 초점을 맞췄다."(곽준혁 교수, 숭실대 가치와윤리연구소장)

무솔리니의 마키아벨리 논문(서문)은 이런 내용을 담았다. "말로는 국가가 유지되지 않는다(Cum le parole non si mantengono li Stati)." 그 무렵(1924년) 마키아벨리가 제시한 '새로운 군주'는 정치적 영감을 줬다. 그람시는 인민과 집단에 봉사하는 군주를 모색한다. 현대 군주로서 정당의 개념을 재구성했다.

『군주론』의 진수는 비르투(virtù)와 포르투나(fortuna)다. 새 질서의 확립은 포르투나의 운명에 다르지 않는다. 그것은 비르투의 권력의지와 승부근성으로 성취된다. 무솔리니는 엘리트 규합과 기회 선점을 중시했다. '로마 진군'의 권력 탈취는 속전속결이다. 영국의 역사학자 폴 존슨은 이렇게 비교한다.

"무솔리니가 로맨스와 드라마(romance & drama)에 의존할 때 그람시는 생디칼리즘을 고수했고 공장 점거를 설파했다."(폴 존슨『모던 타임스』)

마키아벨리는 비르투를 교활하게 펼쳤다. 그람시는 현실정치의 패자였다. 그는 이탈리아 공산당 당수(하원의원)였다. 1926년 파시스트 정권은 의원면책특권을 무시한다. 그람시는 체포되고 투옥된다. 그람시의 옥중수고(獄中手稿)는 패배의 반성, 복수의 준비다.

그람시는 절묘하면서 독특한 혁명과 변혁의 개념을 내놓았다. 문화 헤게모니, 인간 의지와 비(非)결정주의 역사관, 진지(陣地)와 기동전, 역사적 지배블록…. 1980년대 그람시 이론은 한국에 본격 소개됐다.

〉〉〉 뇌의 작동 20년간 중단시켜라

1927년 그람시에 대한 재판과 격리가 진행됐다. 파시스트 검사의 구형 논고는 악마적 직설이다. "이 뇌의 작동을 우리는 20년간 중단시켜야 한다(Per vent'anni dobbiamo impedire a questo cervello di funzionare)." 판결 형량은 20년 4개월 5일이었다. 그는 어릴 때 성장 부실 장애를 앓았다. 감옥에서 건강이 악화됐다. 그곳 생활 10년 뒤 숨졌다(46세). 감옥 속 그의 글쓰기는 치열했다. 그 글들은 이념의 지평을 확장했다. 지난해 로마에 있는 그의 묘소에 갔다. 한국 사회에 그람시가 스며들어 있다. 그 영향력 때문에 궁금했다. 지하철 B라인을 타고 피라미드 역에서 내렸다. 가까이에 '개신교, 비(非)가톨릭 공동묘지'(Cimitero Acattolico)가 있다. 작가 오스카 와일드는 그 묘지를 "로마에서 가장 거룩한 곳"이라고 했다.

그람시 묘소는 조촐했다. 비명도 간략했다. 그의 이름에다 'ALES 1891 ROMA

1939'라고 적혀 있다. 태어나고(사르데냐 섬 알레스) 죽은 곳(로마), 그 연도만 썼다. 파시스트 정권의 감시 탓일 것이다. 묘소 주위에 작은 화분 10여 개가 놓여 있다. 정성스레 가꾼 인상은 주지 못한다. 그에 대한 열광과 찬사와 달랐다.

그람시. /왼쪽　　로마 테스타시오 구역 '개신교 공동묘지'에 있는 그람시 묘소. /오른쪽

히틀러의 역사 보복
상징물 제거와 기억의 교체

'사라예보 총소리' 기념판의 운명

세기의 암살자가 죽었다. 나이 24세. 1918년 4월 28일이다. 사인은 결핵. 숨진 곳은 테레진(Terezin) 감옥. 그 시절 오스트리아-헝가리 이중(二重)제국의 땅(현재 체코)이다. 제1차 세계대전의 마지막 해다. 4년간 큰 전쟁의 종료 7개월 전. 그는 '사라예보 총소리'의 주인공이다. 이름은 가브릴로 프린치프(Gavrilo Princip). 그 3년10개월 전인 1914년 6월 28일. 그는 오스트리아-헝가리 제국의 황태자 부부를 살해했다. 거사는 제국에 대한 항거였다. 저격 장소는 사라예보(Sarajevo). 그곳은 오스트리아 제국의 식민지였다. 그의 나라 보스니아-헤르체고비나 수도였다. 그곳 발칸 반도의 총소리는 뇌관이었다. 5주 후 유럽은 갈라졌다. 전쟁이 터졌다.

프린치프의 탄환은 세상을 뚫었다. 그 옛날은 송두리째 뒤집히고 무너졌다. 그의 운명은 어떻게 됐을까. 거사 때 19세 학생이었다. 그는 사형을 당하지 않았다. 그는 대역(大逆)죄로 재판정에 섰다. 제국 형법에 미성년자(20세 미만)는 사형 금지. 그의 나이는 20세에서 한 달쯤(거사일 기준) 적었다. 그는 20년 징역형을 받았다. 그것은 합스부르크 늙은 제국인 오스트리아의 마지막 품격이었다.

나는 그의 행적을 찾아다녔다. 동유럽 여러 곳에서 그를 추적했다. 사라예보 암살 현장은 한 세기 전과 비슷하다. 그 뒤에 작은 박물관이 있다. 2014년 1차대전 시작의 총성 100주년 때다. 대형 걸개그림이 건물 위쪽을 감쌌다. 양쪽에 프린치프(감옥 시절)와 황태자(프란츠 페르디난트) 사진을 넣었다. 글귀는 인상적이다. '20세기가 시작된 길모퉁이(The street corner that started the 20th century, 1914~1918)'. 2차로의 모퉁이 건물이 박물관이다. 100년 전에는 카페. 암살자는 그 앞에서 순간을 낚아챘다. 그곳 주민 에르진 사리치(61)는 나의 동반자. 그의 젊은 시절 자부심은 사라예보 동계올림픽(1984년) 통역요원이다. 그는 "20세기는 1차대전 종전과 함께 시작됐다. 옛 체제와 질서, 사람이 집단 퇴장한 뒤다. 프린치프

사라예보 총소리의 주인공 '프린치프 기념석판'은 1941년 4월 나치 독일에 압수돼 총통 히틀러(왼쪽)의 52번째 생일선물로 전락했다. 히틀러가 자신의 전용열차(Fuhrersonderzug)에서 독일의 역사적 모욕으로 규정한 기념판을 살펴보고 있다.

의 탄환은 세상을 뒤엎은 빅뱅으로 작동했다"고 했다. 사라예보 풍광은 절묘한 공존이다. 다민족·다종교의 수려하고 아담한 도시. 옛 시가지에 무슬림 사원, 가톨릭 성당, 세르비아 정교 예배당, 유대교 예배당이 서 있다. 거기서 풍기는 불안한 매력이다.

프린치프는 보스니아의 '세르비아계 주민(Serb)'이다. 암살단 배후에 이웃 나라 세르비아 군부가 있었다. 그의 법정 진술은 선명했다. "나는 범죄자가 아니다. 나의 목표는 남슬라브의 독립과 자유 쟁취다." 그의 죽음은 결핵과 영양실조 때문이다. 그는 감방에서 저주를 읊었다. 그 주술은 이루어졌다. 1차대전 종전 이후 제국은 해체됐다. 독일제국도 붕괴됐다. 오스만 튀르크 제국(터키)도 와해됐다. 그의 열망은 성취됐다. 제국의 땅에 여러 나라가 생겼다.

발칸에 유고왕국이 들어섰다. 그가 추앙받을 시대가 왔다. 그는 자유의 영웅으로 추모됐다. 기념판이 만들어졌다(1930년). 대리석에 키릴문자로 새겨졌다. "На овом историјском мјесту, Гаврило Принцип навијести слободу, на Видов-дан 15 јуна 1914(이 역사적인 곳에서 프린체프는 비도브단의 날, 1914년 6월 15일 자유를 선언했다)." '비도브단'은 세르비아계 사람에겐 장렬함이다. 1389년 6월 28일 세르비아는 오스만 튀르크에 패망했다. 하지만 숭고한 저항이다. 프린치프 묘비명은 '비도브단의 영항'이다.

프린치프의 삶은 파란이다. 그 대리석 기념판도 곡절이다. 내 친구 사리치는 옛날 신문기사를 보여줬다. 그는 사진 설명문을 읽었다. "나치 독일 총통 히틀러의 52번째(4월 20일) 생일 선물. 사라예보에서 철거된 제1차 세계대전의 모욕적인 유산." 독일을 경멸한 글귀. 그 선물이 프린치프

프린치프(왼쪽)가 오스트리아 황태자를 저격한 사라예보 길모퉁이(street corner)에서 20세기가 시작됐다(박물관 위 걸개그림). /위
모퉁이 건물은 현재 박물관. /아래

명판이다. 사연은 이렇다. 1941년 3월 말 제2차 세계대전 초기, 나치 독일군은 발칸에 진입했다. 유고왕국은 21일 만에 항복했다. 히틀러의 승리 구가 방식은 시각적 상징 조작이다. 그것은 복수욕의 독특한 과시다. 희생물은 프린치프 석판이었다. 1차대전 때 발칸에서 오스트리아는 패배했다. 그것은 독일제국의 패배로 귀결되었다. 두 제국은 동맹국. 기념판의 '자유(слободу)선언' 구절은 히틀러에게 자극과 모독이다. 명판은 유고당국의 항복 직후 철거됐다. 독일군은 기념판을 떼어냈다. 히틀러는 자신의 총통 전용열차에서 그것을 받았다. 사진 속 히틀러는 팔짱을 낀 채 글귀를 응시한디. 히틀러는 그런 방식으로 복수의 쾌감을 만끽했다.

'이에는 이 눈에는 눈' 복제 방식 동원

/

히틀러는 독일의 어두운 추억을 그렇게 제거했다. 그런 설욕 수법은 프랑스에도 써먹었다. 20세기 들어 독일과 프랑스의 전쟁 성적은 1승1패다. 제1차 세계대전 때는 독일이 패전국이다. 1차대전 항복 조인식은 파리 근교 '콩피에뉴의 열차 객차' 안이다(1918년 11월 11일). 그 열차 안에서 독일군 대표는 프랑스군 포슈 원수(연합군 총사령관)에게 항복했다. 그 22년 뒤 1940년 6월, 이번엔 나치 독일이 승전국이다. 항복 조인식의 갑을 관계가 바뀌었다. 히틀러는 역사를 복제해 반격했다. 대중의 기억을 교체하는 방식이다. 나치는 객차를 꺼내 왔다. 같은 장소, 같은 형식으로 프랑스의 항복을 받았다. 히틀러의 복수 방식은 '눈에는 눈, 이에는 이'였다. 그런 '동해복수법(同害復讐法)'은 함무라비 법전(기원전 1700년께)에 있다. 그것은 그의 청소년기 원한·콤플렉스와 관련이 있다. 히틀러의 그 시절은 패배자·소수자였다. 그는 당한 만큼의 앙갚음에 열중했다. 프랑스의 항복을 받은 후 히틀러는 뛰는 듯이 기뻐했다.

히틀러 집권 동안 콩피에뉴 객차와 프린치프 석판은 독일의 수도 베를린으로 옮겨졌다. 그곳 군사박물관에서 역사 노획물로 전시됐다. 1945년 히틀러 패망 직전, 객차는 다른 곳에서 파괴됐다. 프린치프 명판은 사라졌다. 사리치는 "히틀러는 프린치프와 유사점이 있다"고 했다. 그것은 기존 질서에 대한 거부와 타파다. 히틀러는 프린치프를 '슬라브 광신도'로 묘사한다. 그의 자서전 『나의 투쟁(Mein Kampf)』에서다. 하지만 히틀러야말로 게르만 광신도다.

역사의 전개는 역전과 곡절이다. 나치 패전 후 유고슬라비아 연방이 등장했다. 티토 시대(1945~1980)의 개막이다. 프린치프는 역사의 영웅으로 다시 소비됐다. 기억의 현장에 새 석판이 새겨졌다(1953년). "프린치

유고연방 시절 박물관 벽에 새겨진 프린치프 기념판과 발자국.

프는 이곳에서 자유에 대한 수세기의 국민적 항거와 열망을 권총으로 표출했다." 건물 앞 보도블록에 그의 양 발자국이 새겨졌다. 크기는 그의 왜소한 신체만큼 작았다. 현장 앞 다리 이름은 '프린치프 다리'로 바꿨다. 200년 된 연극 소품 같은 돌다리다. 그 밑은 밀야츠카 강. 서울의 청계천쯤 된다. 티토의 독재 통치술은 노련했다. '형제애와 통합'으로 나라를 이끌었다. 그의 죽음(1980년 5월)은 혼란과 공백이다. 연방은 6개국으로 쪼개졌다. 세르비아 대통령 밀로셰비치는 '대(大)세르비아'를 외쳤다. 그는 발칸의 도살자다. 보스니아-헤르체고비나는 세 민족, 세 종교의 혼합국. 세 민족 중 세르비아계는 거기에 호응했다. 무슬림과 크로아티아계는 저항했다. 보스니아 내전(1991~1995)이 터졌다. 20만 명이 숨지는 참혹한 유혈이다. 프린치프에 대한 평판과 기억도 갈렸다. 그는 세르비아계 출신이다. 사리치는 "그 때문에 무슬림과 크로아티아계 주민들은 프린치프를 거부한다. 그들에게 프린치프는 무모한 테러리스트"라고 했다. 내전 중에 프린치프 기념판은 없어졌다. 발자국도 깨져 지워졌다.

보스니아 내전은 데이턴 협정으로 끝났다. 전시물은 재구성됐다. 암살의 의미부여는 피했다. 박물관 여성 봉사원 아미라 알레시치는 "프린치프는 민감하고 미묘하다. 관광상품으로 소화해 달라. 그의 행동에 민족주의 요소를 과도하게 넣으면 긴장된다"고 했다. 2004년 박물관 외벽에 안내판이 새겨졌다. 역사적 사실만 적었다. '비도브단' 이야기도 없다. 다리이름도 '라틴 다리'로 복귀했다. 그의 거사는 민족주의자들에게 매력적이다. 보스니아-헤르체고비나(BiH) 공화국은 1국가 2체제다. BiH연방(무슬림-크로아티아계)과 스릅스카 공화국(Srpska, 세르비아계)으로 나뉘어 있다. 2014년 거사 한 세기 후, 스릅스카 공화국은 프린치프 동상(2m 높이)을 세웠다. 2015년 세르비아도 비슷한 동상을 제막했다.

김철민 한국외국어대 교수는 이렇게 정리한다. "프린치프의 총소리가 1

차대전의 끔찍한 재앙으로 번진 것은 당시 유럽 정치·군사 리더십들의 오판과 무능, 어설픈 권위 때문이다. 프린치프의 거사는 편협한 민족주의적 발로가 아니다. 후세 지도자들이 그의 애국주의 열정을 배타적으로 악용했다."

　　파리의 제1차 세계대전 종전 100주년 기념식(2018년 11월 11일)은 강렬했다. 마크롱 프랑스 대통령의 발언은 묵시론적이다. "민족주의는 애국심의 배신이다." 민족주의와 애국심의 출발 경계는 모호하다. 애국심은 순수하다. 민족주의의 저급한 속성은 폐쇄와 과잉이다. 그 단계에선 다른 집단과 다른 나라를 거부하고 도발한다. 프린치프의 탄환은 방황하고 있다. 애국심과 배타적 민족주의 사이에서 떠돌고 있다. 히틀러의 나치즘은 민족주의와 애국심의 교묘한 배합이다. 그 배합은 독일 국민을 집합·동원시킨 동력이었다.

— 사라예보(보스니아), 콩피에뉴(프랑스), 중앙SUNDAY 2018년 11월 24일

프랑코의 영악한 협상술
영국 총리 속인 히틀러 농락

약자는 어떻게 강자의 허를 찌르나

국경에 닿았다. 접경은 호기심이다. 프랑스의 앙다예(Hendaye)역. 파리에서 TGV로 4시간45분 걸렸다. 거기와 붙은 곳(거리 2.5㎞)은 스페인의 이룬(Irun). 이룬에서 '산티아고 순례 길'(북쪽 출발지)이 열린다. 역은 아담하다. 나는 오래된 흑백사진과 비교했다.

촬영 날짜 1940년 10월 23일(제2차 세계대전 초기). 독일 총통 아돌프 히틀러와 스페인 총통 프란시스코 프랑코의 앙다예역 열병식 장면이다. 80년 가까이 지났다. 그곳은 별로 바뀌지 않았다. 좁은 플랫폼, 기둥 모양, 레일 위치의 풍광은 옛날 그대로다. 역에서 스페인 친구 디에고 바스케스를 만났다. 그는 마드리드 역사박물관의 학예관 출신. 그는 이렇게 정리한다. "두 독재자는 비슷했다. 무자비한 파시스트다. 하지만 서로의 국익을 다투는 외교에선 갈라섰다. 둘의 만남은 처음이고 국력 차이는 컸다. 히틀러는 교활한 카리스마다. 하지만 앙다예 회담에선 프랑코의 기회주의적 영악함이 한 수 위였다." 앙다예는 20세기 외교사의 절묘한 현장이다.

히틀러 분통 "차라리 내 이빨 뽑는 게 낫다"

/

　나치의 파죽지세 시절이다. 1940년 5월 독일은 프랑스를 침공했다. 프랑스는 6주 만에 항복했다. 그 무렵 파시스트 원조인 베니토 무솔리니(이탈리아 독재자)가 히틀러에게 합세했다. 그해 10월 21일 히틀러의 특별열차가 독일 수도 베를린을 떠났다. 프랑스 서쪽 끝으로 달렸다. 그의 전략 의지는 선명했다. 베를린-로마 추축(樞軸·Axis)에 마드리드를 넣는 것이었다. 핵심은 영국 공략 작전에 스페인을 끌어들이는 것이다. 23일 오후 2시 두 철권 통치자들의 약속시간이다. 특별열차는 앙다예역에 도착했다. 스페인 열차는 국경을 넘지 않았다. 히틀러는 시간 준수에 철저하다. 프랑코는 1시간 늦게 도착했다. 지각은 열악한 철로 사정 때문이었다. 히틀러는 기분이 상했다. 기대하지 않은 심리전이 작동했다. 프랑코는 미소로 분위기를 바꿨다. 둘은 퓌러(Fuhrer, 히틀러), 카우디요(Caudillo)로 서로를 불렀다. 뜻은 최고지도자(총통으로 번역). 히틀러는 51세, 프랑코는 48

1940년 10월 프랑스 앙다예(2차대전 중 독일 점령)역 플랫폼 열병식. 나치 독일의 히틀러(왼쪽)와 스페인의 프랑코가 독일 의장대에 파시스트식 답례를 하고 있다. 작은 역의 좁은 플랫폼 탓에 붉은 카펫은 프랑코의 발걸음이 차지했다. 왼편은 프랑코가 타고 온 열차. /왼쪽　　프란시스코 프랑코. /오른쪽

세다. 플랫폼에 독일 의장병 100여 명이 도열했다. 간략한 열병 후 둘은 히틀러 열차 안 회담장으로 들어갔다. 회담 시작과 함께 프랑코의 감미로운 외교 수사(修辭)가 작렬했다. "정신적으로 양 국민은 어떤 주저함도 없이 결속했다." 그 바탕에는 스페인 내전이 있었다. 내전은 장군들의 반란이었다. 프랑코 군부(우파 국민전선)와 좌파 인민전선의 공화정부는 격돌했다. 그는 히틀러와 무솔리니의 군사 원조를 받았다. 그것은 내전 승리의 주요 요소다.

프랑코는 추축국 편으로의 참전 의사를 확인했다. 그와 함께 그는 어려움을 호소했다. "스페인 내전(1936년 7월 ~ 1939년 4월)이 끝난 지 얼마 안 된다. 나라가 피폐해 있다. 전쟁 준비에 시간이 필요하다. 경제·식량 원조를 부탁한다." 그것은 약소국의 징징거리는 말투였다. 히틀러는 지원을 약속했다. 처음엔 설득조다. 거기에 위압과 회유를 섞었다. 그는 지중해 서쪽에서 영국을 퇴출시켜야 한다고 했다. 그것은 지브롤터(영국령, 스페인 남단)의 공격이다(펠릭스 작전). 프랑코의 열망도 지브롤터 점령이다. 그는 카나리아 제도(아프리카 북서부) 방어도 강조했다. 그러면서 조건을 걸었다. 대규모 군수물자와 장비를 요청했다. 히틀러는 점차 어처구니없어했다. 프랑코는 대담해졌다. 참전의 대가를 장황하게 요구했다. 그것은 교묘한 물타기 역습이다. 그는 북아프리카의 프랑스 식민지(프랑스령 모로코와 알제리 오랑)를 넘겨달라고 했다. 그곳은 영화 '카사블랑카'(험프리 보가트, 잉그리드 버그먼 주연)의 배경이다.

히틀러는 도서히 받을 수 없었다. 그곳은 프랑스 비시(Vichy) 정부 관할. 비시 정부는 나치 독일의 괴뢰 역할을 했다. 비시의 수장 필리프 페탱(1차 대전 프랑스군 영웅)의 식민지 집착은 뚜

렸했다. 히틀러의 다음(10월 24일) 비밀 일정은 페탱과의 만남과 협력이다. 프랑코는 발언 수위를 조절했다. 히틀러의 인내심이 마를까 조심했다. 프랑코의 외동딸(마리아 델 카르멘)은 이렇게 회고했다. "아버지는 히틀러에게 납치당할지 모른다는 불안감을 가졌다."(『프랑코 나의 아버지』)

회담 9시간째. "프랑코는 개인적 군사 경험, 사소한 여담(petty digressions)을 장황하게 늘어놓았다. 히틀러를 짜증나게 했다."(스탠리 G. 페인, 『프랑코와 히틀러』) 페인 교수(위스콘신-매디슨 대학)는 스페인 현대사의 대가다. 페인의 학문적 관심은 "프랑코는 왜 나치 독일의 전쟁에 불참했을까"다. 회담은 프랑코의 참전 원칙을 합의하는 수준에서 마무리됐다. 하지만 스페인의 참전 시점과 대가는 모호하고 막연했다. 그런 느슨한 결론에 히틀러는 내심 화를 참지 못했다. 히틀러는 나흘 후 무솔리니를 만났다. 그는 분통을 터뜨렸다. "이 응큼한 자(프랑코)와 다시 만나느니 내 이빨을 서너 개 뽑는 게 낫다." 독일 외무장관 리벤트로프는 프랑코를 "배은망덕한 겁쟁이"라고 했다. 그 분노는 역설이다. 히틀러 외교의 패배를 드러낸다. 유럽의 최강자가 약자에게 허(虛)를 찔렸다. '누가 음흉할까'의 거래 게임에서 히틀러는 패배했다. 프랑코는 작지만 단단하다. "별명은 꼬마지휘관(comandantin). 냉정하고 집요하며, 속마음을 드러내지 않았다(introvertido)."(앤서니 비버, 『스페인 내전』) 프랑코는 내심 히틀러를 경멸했다. 그는 정통파(당시 33세 최연소 장군) 군인이다. 히틀러는 사병 출신이다.

턱없는 조건 '악마는 디테일'의 교활함

프랑코의 협상술 구성은 흥미롭다. 첫째, 거절하지 않았다. 히틀러의 압박과 기대에 맞췄다. 참전 의사를 원론적으로 표시했다. 대신 복잡하고 턱없는 전제와 조건을 달았다. "악마는 디테일에 숨어 있다."- 프랑코는 거기서 실리의 기량을 발휘했다. 둘째, 서두르지 않았다. 그의 '웨이팅(waiting) 게임'은 긴박한 담판 분위기를 헝클어뜨렸다. 셋째, 프랑코는 카멜레온처럼 행동했다. 자신의 색깔을 죽였다가 기회를 보고 되살렸다. 그것으로 그의 국내 철권통치도 유지했다. 그 선택은 치밀한 지피지기(知彼知己) 덕분이다. 1940년 5월 윈스턴 처칠이 영국 총리로 등장했다. 처칠의 메시지는 투혼이다. "우리는 결코 항복하지 않는다." 프랑코는 영국의 전쟁 의지와 미국의 참전 가능성에 주목했다. 반면에 무솔리니의 참전은 영국의 패배를 전제로 했다. 이탈리아의 몰락은 무솔리니 권력 허세 탓이다. 프랑코는 독일 첩보기구(Abwehr) 수장 카나리스와 친했다. 카나리스는 그에게 나치 전략의 장단점을 말했다. 카나리스는 히틀러 노선에 반대했다. 지피지기 외교는 국가 생존술이다. 그것은 어떤 정치체제에도 적용된다. 2019년 한국도 마찬가지다.

히틀러 외교에 제동이 걸렸다. 수법은 협박과 사기(위장평화)다. 뮌헨협정(1938년 9월)은 그 절정이다. 뮌헨 협상은 영국의 네빌 체임벌린, 프랑스의 달라디에 총리, 히틀러, 무솔리니 간 거래다. 결과는 히틀러의 압승이다. 영국 총리 체임벌린은 히틀러의 기만적 레토릭에 당했다. 그에 따라 체코슬로바키아의 수데텐이 독일로 넘어갔다. 체코슬로바키아는 첨단 병기 창고다. 그 덕분에 나치의 군사력은 대폭 강화됐다. 영국의 소득은 나치의 평화 약속. 체임벌린은 그것을 "우리 시대의 평화(peace for our time)"라고 했다. 하지만 6개월 후 히틀러는 협정을 파기했다. 1939년 9월 폴란드를 침공했다. 체임벌린의 유화(宥和)정책은 비굴하다. 평화는 전쟁 불사의 용기를 요구한다. 그게 부족하면 속임수에 당한다. 1941년 6월 독일은 소련을 공격했다. 프랑코의 히틀러에 대한 성의 표시는 최소한이다. 그는 군대(1만8000명)를 보냈다. 명칭은 푸른 사단(Division Azul),

프랑코가 세운 '전몰자 계곡'의 십자가.

정식 군대가 아닌 지원병. 그것으로 비교전국(non-belligerence) 지위를 유지했다. 1943년 전세는 소련군 우위로 역전됐다. 프랑코는 그해 11월 군대를 철수시켰다.

나는 이룬으로 넘어갔다. 거기서 열차로 게르니카에 갔다. 그곳은 바스크의 성지. 1937년 4월 독일 콘도르 군단 전투기들이 그곳을 무차별 폭격했다. 마을은 잿더미다. 피카소는 내전의 야만적 참상을 전율스러운 시각의 메시지로 응징했다. '피카소 게르니카'는 마드리드의 소피아 미술관에 걸려 있다. 그 그림은 게르니카의 주택가 담벼락에 타일 벽화로도 존재한다. 스페인 내전은 이념의 저주를 표출했다. 2019년이 내전 종식 80주년. 내전은 외국과의 전쟁보다 처절하다. 그 후유증은 거칠고 길다. 6·25 한국전쟁이 떠오른다. 마드리드 인근(거리 40km)에 '전몰자 계곡'이 있다. 그곳 과다라마 산맥 기슭에 세운 십자가(높이 150m)는 압도적이

'전몰자 계곡'의 십자가 아래 거대한 지하 성당
내 프랑코 묘지.

다. 아래는 거대한 지하 성당. 프랑코는 그곳을 속죄와 화해의 징표로 삼
았다. 한복판에 그의 시신(1975년 죽음)이 묻혀 있다. 좌우 양 진영의 희생
자 유해(3만3000명)도 안장돼 있다. 2018년 사회당 내각은 프랑코 묘지
이장(移葬)을 결의했다. 역사학자 바스케스는 전몰자 계곡 앞에서 회고한
다. "프랑코의 억압 통치는 고통스러운 기억이다. 하지만 히틀러의 압박
을 물리친 외교술은 국민 대다수가 인정한다." 그는 단언했다. "스페인이
제2차 세계대전에 참전했으면 패전국이 되고 참혹한 내전이 재발했을
것이다. 바스크와 카탈루냐 지방은 분리됐을 것이다."

— 앙다예(프랑스), 게르니카 · 마드리드(스페인), 중앙SUNDAY 2019년 2월 9일

☞ 2019년 10월 24일 '전몰자 계곡(El Valle de los Cados)' 묘역 속 프랑코의 유해가 파헤쳐졌다. 그
곳의 성전 특별 묘역에 안장된 지 44년 만이다. 그동안 스페인의 좌파 사회당 정부는 프랑코 무
덤의 파묘(破墓)와 이장을 추진해 왔다. 사회당 정부는 "스페인 민주주의 복원의 대단원"이라고
평가했다. 그의 시신은 마드리드 근처의 가족 묘역으로 옮겨졌다.

흐루쇼프의 스탈린 공포 폭로
소련 역사의 가장 장엄한 순간

우리는 진실 증언할 용기를 가져야 한다

2017년은 러시아혁명 100주년이다. 1917년 레닌의 혁명은 세상을 뒤집었다. 공산주의 국가 소련이 등장했다. 1991년 12월 소련은 붕괴됐다. 1917~1991년까지 그 역사는 격동과 격랑이다. 소용돌이의 비극적 절정은 스탈린의 공포 독재다. 그 속은 고문과 숙청, 음모와 학살, 증오와 유혈로 차 있었다. 1953년 3월 스탈린이 숨졌다. 권력 계승의 승자는 니키타 흐루쇼프(옛 표기는 흐루시초프)였다. 그는 스탈린 시대를 응징했다. 그 무대가 1956년 소련 공산당 20차 전당대회 연설이다. 스탈린의 잔혹한 폭정이 폭로됐다. 연설 장면은 러시아 혁명 이후 가장 비장하고 긴박한 순간이었다. 흐루쇼프는 진실의 힘을 알았다. 진실은 역사를 바꾼다. 진실은 리더십의 용기로 드러난다.

1956년 비밀연설, 섬뜩한 숙청·고문 밝혀

2017년 5월 나는 러시아(옛 소련) 수도 모스크바에 갔다. 흐루쇼프(1894~1971)는 잊혀진 인물이다. 러시아 지방언론 보도에 단서가 있었다. "2015년 6월 흐루쇼프 기념판 제막식이 있었다. 그가 권력 하야부터 죽을 때까지(1965~1971) 살던 모스크바의 스타로코니우쉐니 19번지 아파트 벽에 붙여졌다." 아파트는 8층 석조의 고급이다. 나는 그곳에서 주민 빅토르 살렌코를 소개받았다. 그는 은퇴한 미술가다. 빅토르는 내게 관련 기사를 보여줬다.

"기념판 제막식은 차분했고 150여 명이 참석했다. 흐루쇼프의 아들 세르게이(1991년 미국 귀화)도 있었다. 모스크바시의 부(副)시장(페차트니코프)은 축사에서 '이 기념물은 역사적 정의의 부활'이라고 했다." 그 기사엔 다른 참석자의 발언도 게재되었다. "흐루쇼프의 삶은 모순투성이다. 하지만 우리는 감사해야 한다. 그의 집권 때 강제수용소(굴락)가 열리고

흐루쇼프의 기념 동판. 권력 퇴장 뒤 그가 살았던 모스크바의 아파트 돌벽에 2015년 붙여졌다. 동판에 '저명한 국가적·정치적 인물'이라고 씌어 있다.

억압이 풀리면서 수만 명이 목숨을 구했다."

　나는 아파트 벽에 붙은 기념판을 살펴보았다. 정장 차림의 흐루쇼프 표정은 단호하면서 여유있다. 그 옆은 그의 시대 상징물로 장식했다. 그것은 우주와 해빙(解氷·оттепель·오테펠)이다. 인류 최초의 우주비행사 유리 가가린, 크렘린과 그 앞 모스크바강의 갈라진 얼음, 새싹이 돋는 나뭇가지를 새겼다. 권력에서 밀려난 뒤 흐루쇼프는 아파트 은둔생활을 했다. 그는 회고록을 썼다. 구술한 녹음 테이프를 서방에 밀반출했다. 빅토르는 이렇게 추억했다. "노년기의 우리 아버지는 같은 아파트에 살았던 흐루쇼프를 기억하곤 하셨다. 해빙 덕분에 젊은 시절 아버지는 시낭송회에 다니셨고, 그때 들었던 안드레이 보즈네센스키의 시를 외우셨다." 흐루쇼프가 다짐한 '역사적 정의'는 무엇인가. 그는 왜 '모순적'인가. 나는 소련 역사가 깃든 붉은 광장에 갔다. 그곳에서 비밀연설문을 다시 읽었다. 연설 제목은 '개인숭배와 그 결과들에 대하여(О культе личности и его последствиях)'.

　1956년 2월 14일 모스크바 크렘린궁 대회의장. 공산당 제20차 대회가 개막됐다. 회의장에는 레닌 조각상만 보였다. 스탈린 조형물은 없었다. 마지막 날인 2월 25일, 외국 초청인사는 출입 금지됐다. '비밀연설'이 됐다. 자정 무렵 당 제1서기 흐루쇼프가 연단에 섰다. 그는 "동무들! 지금 이야기는 스탈린에 대한 개인숭배"라고 입을 열었다. 연설은 처음부터

1956년 2월 크렘린궁에서 열린 20차 공산당대회.
앞쪽 연단에 흐루쇼프, 레닌의 조각상이 보인다.

대담한 직설이었다. "혁명의 천재 레닌은 개인숭배 현상을 가차없이 비난했다. … 스탈린의 개인숭배는 소름 끼칠 정도다." 스탈린은 레닌의 배신자로 바뀌고 있었다. 흐루쇼프는 고문과 처형의 섬뜩한 내막을 폭로했다. "스탈린은 '인민의 적(敵)(브라크 나로다·враг народа)'이라는 개념을 도입했다. … 국가 보안기관의 베리야 일당은 자백을 증거로 삼으려고 했다. 사람이 짓지도 않은 죄를 어떻게 지었다고 시인할 수 있는가. 방법은 한 가지다. 물리적 압박, 고문, 무의식 상태로 만들기, 판단력 상실, 인간적 존엄성의 파괴다. … 1934년 17차 대회에서 선출된 당 중앙위원 139명 중 98명이 체포, 총살되었다." 분노가 넘쳐났다. 참석자들은 경악했다. 놀라서 머리를 쥐어뜯었다. 폭로는 절정에 이른다. "병원 의사 음모 사건 때 스탈린은 조사 방법을 지시했다. 방법은 간단했다. '비티 비티 이 비티(бить,бить и бить·때리고 때리고 또 때려라)'였다. 흐루쇼프는 '대 조국전쟁(제2차 세계대전)'을 거론했다. "스탈린은 전선의 어떤 곳도 가보지 않았다. 그는 겁쟁이다. 승리의 주역은 스탈린이 아니다. 당과 영웅적 군대, 뛰어난 지휘관, 용감한 병사가 승리를 가져왔다." 열렬한 박수가 터졌다. 연설은 4시간에 걸쳤다. 연설 직전까지 스탈린은 우상(偶像)이었다. 거역할 수 없는 지도자, 신과 같은 존재였다. 연설 뒤 스탈린 신화는 망가졌다. 스탈린은 철권 통치자, 피의 독재자로 규정됐다. 대의원들은 망치에 맞은 듯했다. "우리는 발코니에서 눈이 마주치는 것을 피했다. 부끄럼인지, 충격인

1951년 5월 1일 메이데이 기념식 뒤. 왼쪽부터 흐루쇼프, 스탈린, 말렌코프, 베리야, 몰로토프. 스탈린 사망 뒤 흐루쇼프는 사진 속 인물을 단계적으로 퇴진시키고 권력 정상에 오른다.

지, 뜻밖의 사태 때문인지 서로 마주 볼 용기가 나지 않았다."(윌리엄 타우브먼, 『흐루쇼프: 인간과 그의 시대』) 소련의 마지막 지도자 고르바초프는 이렇게 정리했다. "연설은 스탈린이 남긴 전체주의 체제에 결정타를 날렸다."(『가디언』, 2007년 4월 26일) 2017년 캐슬린 스미스 교수(조지타운대)는 "그 연설은 35년 후 소련의 붕괴를 이끈 연속된 사건의 출발점이었다"고 했다. (『모스크바 1956: 침묵당한 봄』)

고르바초프는 "1985년의 페레스트로이카(개혁)는 1956년 당 대회에서 시작한 것들을 계속한 것"이라고 자평했다. 그 말은 흐루쇼프의 유산 상속자를 자처한 것이다. 비밀연설은 젊은 시절 고르바초프의 정치적 감수성에 자극을 주었다.

진실을 선택하는 인간 성향의 장엄한 폭발

흐루쇼프는 자수성가했다. 그는 러시아 남부 쿠르스크의 작은 마을에서 태어났다. 금속노동자였고 정규 교육은 제대로 받지 못했다. 1918년 그는 볼셰비키가 되었다. 현장 경험을 통해 세상살이를 단련했다. 그는 어깨가 벌어진 작은 키(161cm)에 투박한 인상이다. 그는 영리했다. 말이 많았지만 격식을 싫어했다. 스탈린의 갑작스러운 사망은 권력 공백을 낳았다. 유력 후계자는 말렌코프, 베리야, 흐루쇼프 3인이었다. 흐루쇼프는 경쟁자를 물리쳤다. 스탈린 사후 3개월 뒤 비밀경찰 두목 베리야는 체포됐다. 그리고 처형됐다.

흐루쇼프는 집단지도체제의 1인자가 됐다. 그는 진정한 공산주의 시대의 개막을 결심했다. 그 조건은 스탈린 억압정치와 결별하는 것이다. 포스펠로프 조사위원회는 대숙청기(1934~1938)의 참상을 보고했다. 흐루쇼프는 "스탈린의 지도자로서의 파탄상이 드러났다. 우리는 진실을 증언할 용기를 가져야 한다"고 했다. 스탈린주의 수구파의 군부 원로 보로실로프가 반박했다. "스탈린 치하의 일들이 세상에 알려지는 순간, 당과 국가의 체면이 어떻게 될지 상상해 보았느냐. 사람들은 우리에게 손가락질할 것이다." 흐루쇼프는 집요했다. "우리가 침묵을 지키면 미래 언젠가 인민들에 의해 우리가 진실을 말하게끔 심판대에 올라갈 것이다."(『흐루쇼프 회고록』)

흐루쇼프 무덤.

스탈린 격하 연설은 거대한 모험이었다. 퇴로가 없는 위험한 도박이었다. 그 결단은 권력 장악의 요소를 갖는다. 하지만 그런 동기만으로 설명할 수 없다. 그는 과거와 타협할 수도 있었다. 그는 정면승부를 택했다. 그는 스탈린 폭정의 공모자이기도 했다. 그는 죄의식을 가졌다. 그의 팔꿈치에도 숙청의 피가 묻혀 있다. 20차 전당대회는 체제 정화(淨化)의 제단이었다, "비밀연설은 참회의 행동이다."(타우브먼, 「뉴욕타임스」, 2006년 2월 25일) 그것은 진실을 향한 인간 본능의 장엄한 폭발이기도 했다. "흐루쇼프 연설은 인간성의 미스터리다. 악을 누른 선, 노예보다 자유, 거짓 대신 진실을 선택하려는 거부할 수 없는 인간 성향에 불을 지른 '소멸하지 않는 불꽃(Inextinguishable spark)'이다."(레온 아론, 「뉴욕타임스」, 2003년 3월 16일)

솔제니친 해빙 문학과 헝가리 사태 진압의 모순

1957년 6월 스탈린주의 수구파의 반격이 있었다. 당 중앙위 상임위(정치국)에서 흐루쇼프 퇴진 요구가 나왔다. 주도자는 말렌코프·카가노비치·몰로토프였다. 하지만 흐루쇼프는 중앙위 전체회의에서 재역전에 성공했다. 그것으로 주동 3인은 반당(反黨)분자로 밀려났다. 흐루쇼프는 1958년 각료회의 의장(총리) 자리까지 차지한다. 전임 총리 불가닌은 퇴진했다. 타우브먼 교수(애머스트대)는 "흐루쇼프는 20세기 지도자 중 가장 복잡하고 중요한 인물이다. 소련과 전 세계에 모순되는 흔적(contradictory stamp)을 남겼다"(『흐루쇼프』)고 했다. 그의 집권 때 변혁의 흐름은 격렬했다. 하지만 불연속선이었다. 전진과 후퇴, 반전과 역전, 해빙과 결빙이 교차했다. 비밀연설은 예술에 활력을 넣었다. 영화 '학(鶴)이 난다'(감독 칼라토조프), 솔제니친의 『이반 데니소비치의 하루』가 나왔다. 파스테르나크의 『닥터 지바고』는 출판이 금지됐다. 해빙의 한계다. 흐루쇼프의 소련은 우주 경쟁에서 미국을 능가했다. 1957년 스푸트니크가 발사됐다. 세계 최초의 인공위성이다. 1961년 가가린은 우주를 여행했다. 비밀연설은 동유럽에 파문을 던졌다. 1956년 10월 헝가리에서 자유 봉기가 일어났다. 소련은 탱크로 유혈진압했다. 흐루쇼프의 평판은 험악해졌다. 그는 냉전의 거친 흐름을 완화하려 했다. 하지만 외교 도발을 강행했다. 베를린 봉쇄, 쿠바 미사일 위기(1962년 10월)다. 소련은 쿠바에 설치한 미사일을 철수했다. 미국 대통령 케네디의 승리인 듯했다. 공산권 여론은 흐루쇼프의 양보를 비난했다. 내막은 달랐다. 빅딜이 있었다. 미국도 터키에서 미사일을 비밀리에 빼갔다.

나는 노보데비치 수도원 묘역에 갔다. 모스크바 강변의 그 공동묘지에는 흐루쇼프의 무덤이 있다. 그의 추모 비석은 독특하다. 조형미는 논란 투성이의 그의 시대를 드러낸다. 1964년 10월 흐루쇼프는 기습을 당했다. 당 중앙위는 그를 권좌에서 몰아냈다. 권력 패배의 뿌리는 비밀연설이었다. 타우브먼 교수는 정리한다. "그 연설은 그의 생애에서 가장 용감하면서 가장 무모한 행동이었다."(『흐루쇼프』)

— 모스크바(러시아), 중앙일보 2017년 9월 9일

폴란드 기자, 공산당 사무실 연인 통해 입수
이스라엘 모사드가 CIA에 제공, NYT 보도

흐루쇼프 연설의 비밀 시한은 짧았다. 그는 "적들에게 탄약을 주어선 안 되고, 우리의 환부를 보여선 안 된다"고 했다. 하지만 연설 99일 뒤(1956년 6월 4일) 미국 뉴욕타임스가 특종 보도했다. 출처와 입수 과정은 007 드라마다. 사연은 이렇게 전개됐다.

모스크바 중앙당은 연설문을 지방에 보냈다. 3월 초 동유럽의 공산당도 극비 열람용으로 받았다. 폴란드 공산당은 소수 간부들에게 돌렸다. 1956년 4월 초 폴란드 수도 바르샤바. 젊은 미남자가 공산당 건물에 들어섰다. 31세의 빅토르 그라예프스키(Wiktor Grajewski, 1925~2007). PAP 통신사 기자다.

그라예프스키는 취재 겸 연인을 만나러 왔다. 연인은 공산당 제1서기 사무실의 여비서(루시아 바라노프스키)다. 루시아는 연상(35세)의 유부녀. 남편(폴란드 부총리)과 별거 중이었다. 루시아는 기자를 반갑게 맞았다. 기자의 눈길이 우연히 책상 위로 쏠렸다. 붉은색 표지로 장정된 책이다. 일급비밀 도장에 번호가 매겨졌다. 책 표지는 '흐루쇼프 동지의 연설문'. 기자는 내심 놀랐다. 흐루쇼프 연설에 대

비밀 연설문 어떻게 서방에 흘러갔나

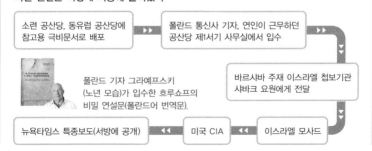

소련 공산당, 동유럽 공산당에 참고용 극비문서로 배포

폴란드 통신사 기자, 연인이 근무하던 공산당 제1서기 사무실에서 입수

폴란드 기자 그라예프스키 (노년 모습)가 입수한 흐루쇼프의 비밀 연설문(폴란드어 번역문).

바르샤바 주재 이스라엘 첩보기관 샤바크 요원에게 전달

뉴욕타임스 특종보도(서방에 공개) ◀◀ 미국 CIA ◀◀ 이스라엘 모사드

한 소문은 이미 퍼져 있었다. 그라예프스키도 그 소문을 듣고 있었다. 기자는 직감적으로 책자의 가치와 정체를 파악했다. 그는 당돌하게 부탁했다. "집에 가서 조용히 읽겠다. 몇 시간만 빌려 달라." 루시아는 연인의 소원을 들어주었다. 그라예프스키는 집중해서 읽었다. 그는 전율스러운 충격을 받았다. 그는 유대인이다. 가족은 히틀러의 폴란드 침공 때 러시아로 피란했다. 종전 후 가족들은 신생 이스라엘로 거처를 옮겼다. 그는 스탈린주의자였다. 1955년 그는 가족을 만나러 이스라엘에 갔다. 공산주의와 다른 세계를 만났다.

책자를 돌려줄 시간이 다가왔다. 하지만 그는 본능적으로 의미 있는 돌출행동을 했다. 그는 바르샤바 주재 이스라엘 대사관에 들렀다. 코트 속에 붉은색 책자를 숨겼다. 그곳에서 이스라엘 첩보기관 샤바크(신베트) 요원을 만났다. 그는 책자를 건넸다. 요원은 대어를 낚았다. 책자를 사진복사했다. 그라예프스키는 모른 척했다. 그는 책자를 루시아 책상에 갖다놓았다. 반환 약속시간 이전이었다.(선데이타임스 2007년 11월 5일)

샤바크 요원은 복사본을 이스라엘 본부에 보냈다. 본부는 흥분에 빠졌다. 4월 13일 샤바크 책임자(아모스 마노르)는 벤구리온 총리에게 달려갔다. 문서는 최고 정보기관 모사드로 넘어갔다. 모사드 책임자(이세르 하렐)는 미국 중앙정보국(CIA)에 제공하기로 했다. 4월 17일 모사드는 CIA 본부로 전달 요원을 보냈다. CIA 국장 앨런 덜레스는 아이젠하워 대통령에게 극비 정보로 보고했다. 덜레스는 연설문 획득을 '첩보 세계의 쿠데타'라고 했다. CIA는 연설문을 진짜로 최종 판정했다. 뉴욕타임스에 흘렸다. 서방의 친소·좌파 지식인들은 경악했다. 소련은 누설 내막을 끝내 파악하지 못했다. 이스라엘은 특급 비밀로 관리했다.

그라예프스키는 1957년 이스라엘로 이주했다. 그는 노년기에 이렇게 회고했다. "나는 영웅이 아니다. 역사를 만든 사람은 흐루쇼프다. 나는 잠시 그 역사와 만난 행운아다." 연설문은 33년 뒤 소련에서 공식 간행된다. 고르바초프 집권 시절인 1989년 4월이다.

나는 특별한 기억을 갖고 있다. 89년 6월 옛소련 시절, 김영삼 야당 총재는 모스크바를 방문했다. 나는 현장을 따라갔다. 소련의 '세계경제·국제문제연구소'의 연구원들과 만남이 있었다. 연구원의 발표 내용에 이런 대목이 있었다. "흐루쇼프의 연설문이 드디어 간행됐다. 페레스트로이카의 의미 있는 진전이다." 연구원의 득의에 찬 표정은 강렬했다.

>>> 검은색 · 흰색 돌 맞물린 무덤 조각상, 두 영혼의 흐루쇼프 형상화

흐루쇼프의 무덤은 노보데비치 공동묘지에 있다. 그는 크렘린 성벽 묘역에 묻히지 못했다. 권좌 하야 뒤 숨졌기 때문이다. 그의 사망도 프라브다의 한 줄 기사로 다뤄졌다. 그의 역정은 전진과 후퇴. 묘지의 추모비도 그런 대비를 드러낸다. 1975년, 사망 4년 뒤 유족들은 기념비석을 세웠다. 사전에 코시긴 총리로부터 허가를 받았다. 유족들은 러시아 조각가 에른스트 네이즈베스트니(1925~2016)를 찾아갔다. 묘지를 디자인해 달라고 부탁했다. 조각가와 흐루쇼프는 악연이 있었다. 1962년 흐루쇼프는 네이즈베스트니의 미술전에 갔다. 그는 험담을 퍼부었다. "당나귀가 꼬리를 캔버스에 흔든 것 같다. 퇴폐예술이다." 그런 속에서 흐루쇼프는 조각가와 어울렸다.

조각가는 흐루쇼프의 삶을 극적으로 묘사했다. 흐루쇼프의 영혼 속에서 다투던 진보와 반동을 형상화했다. 검은색과 흰색 돌이 요철로 맞물려졌다. 그 사이에 청동 얼굴상을 앉혔다. 표정은 애매하다. 우울한 듯하면서도 입가에 미소를 띤 듯하다. 흰색은 해빙, 검정은 결빙이다. 조각상은 격렬하지만 이중적이다. 네이즈베스트니는 1976년 미국으로 이민을 갔다. 그는 말년에 조국과 화해했다. 러시아 대통령 푸틴은 그를 "우리 시대의 가장 위대한 조각가"라고 기렸다.

요시다 쇼인의 그림자
아베 역사 도발에 어른거린다

쇼인 글방, 메이지유신 주역 쏟아내다

아베 신조(安倍晋三) 일본 총리는 역사를 재구성한다. 침략과 팽창의 기억을 각색한다. 그 야심은 집요하다. 그의 역사 인식은 출신 지역과 얽여 있다. 그는 야마구치(山口)현 출신이다. 야마구치는 일본 열도 혼슈의 남단이다. 야마구치는 옛 조슈(長州)번(藩)이다. 메이지 유신(明治維新)은 일본의 근대사다. 반전과 곡절의 드라마다. 그 드라마의 주요 연출·공급지가 조슈다. 그 한복판에 불꽃의 29년 삶이 있다. 요시다 쇼인(吉田松陰·1830~1859)-. 쇼인은 메이지 유신의 이론과 열정을 생산했다. 등장인물을 대거 공급했다. 정한론(征韓論)을 다듬었다. 이 대목에서 쇼인은 우리에게 거부의 대상이다. 아베는 쇼인의 숭배자다. 아베가 흔드는 깃발은 국수주의의 재현이다. 복고의 우경화 깃발은 단순한 돌출이 아니다. 그 확신과 신념의 바탕은 무엇인가. 쇼인과 야마구치에 해답이 있다.

쇼인의 정한론 제자가 이토 히로부미

나는 야마구치에 갔다. 야마구치 역사의 심장은 하기(萩)시. 조슈 번의 도읍지였다. 야마구치현의 남쪽 끝 시모노세키(下關)에서 열차에 올랐다. 아베 총리의 지역구(중의원 7선)가 시모노세키와 나가토시다(야마구치 4 구). JR 지방열차를 번갈아 탔다. 차창 밖에 우리의 동해가 나타난다. 2시 간50분쯤 뒤 히가시하기(東萩)역에 내렸다. 인구 5만여 명. 작은 시골 도 시다. 열차에서 사귄 50대 일본인 이시이(石井·사업가)씨는 단정한다. 그 는 "쇼인 선생의 하기 이야기가 일본 근대사"라고 했다. 하기 관광 팸플 릿은 '유신의 선각자, 요시다 쇼인'을 소개한다. 나의 첫 추적 대상이다. 쇼카손주쿠(松下村塾)-. 쇼인의 사설 학당이다. 그곳은 쇼인을 기리는 복

요시다 쇼인의 밀랍인형. 에도의 막부 감옥에 갇혔을 때다. 야마구치현 하기시 '요시다 쇼인 역사관' 전시물.

합 공간이다. 역사관, 기념관(보물전), '쇼인 신사(神社)'로 짜여 있다. 경내 입구에 큰 돌비석이 있다. '명치유신 태동지지(明治維新 胎動之地)'라고 새겨 있다. 메이지 유신 100주년 기념물이다. 글씨는 총리 시절 사토 에이사쿠(佐藤榮作)의 솜씨다. 사토의 고향은 야마구치다. 태동지는 쇼카손주쿠를 뜻한다. 메이지 유신(1868년)은 일본의 자부심이다. 일본은 식민지로 전락하지 않았다. 근대화에 성공했다. 시골 글방은 작고 조촐하다. 단층 목조다. 국가 사적지다. 돌 비석(天皇陛下 行幸啓)이 있다. 1994년 아키히토(明仁) 일왕의 방문 기념비다. '태동지'는 추앙의 표시다. 볼품 없는 글방에 그 용어가 달린 이유는 명쾌했다. '강의실'은 다다미 8장 반 크기(4.5평). 쇼인의 초상화, 얼굴상이 놓여 있다. 다른 벽에 얼굴 사진들이 세 줄로 걸려 있다. 쇼인과 12명의 문하생이다. 맨 윗줄은 구사카 겐스이(久坂玄瑞), 다카스기 신사쿠(高杉晋作). 대표 제자다. 오른편에 기도 다카요시(木戶孝允), 마에바라 잇세이(前原一誠). 기도는 메이지 유신의 삼걸(三傑) 중 한 명이다. 삼걸은 최고 공신이다.

다음 줄은 이토 히로부미(伊藤博文), 야마가타 아리토모(山縣有朋)다. 메이지 시대 문무 핵심이다. 두 명 모두 총리를 지냈다. 그 옆으로 세 명의 대신(체신·내무·사법)이 이어진다. 이토는 한국 강점의 상징이다. 야마가타는 조슈 군벌의 총수다. 그는 한국 침략의 군사력과 인력을 가동했다. 사

쇼카손주쿠(松下村塾)에 걸려 있는 문하생 사진들. 메이지 유신의 주역들로 차 있다. 맨 윗줄 가운데가 요시다 쇼인. 둘째 줄 오른쪽이 이토 히로부미와 야마가타 아리토모. 맨 위 오른쪽이 기도 다카요시(유신 삼걸 중 한 명).

진들을 살펴 가면 놀라움과 기이함이 겹친다. 메이지 유신 주역들이 쏟아져 나와 있다. 일본 근대사의 거물들이다. 일본 관광객들의 카메라 앵글이 감탄 속에 맞춰진다. 쇼인의 사숙(私塾) 운영은 1년2개월. 감옥 강의까지 합치면 3년쯤(26~29세)이다. 문하생(92명) 중 대학 설립자, 철도·선박 기술 선구자도 있다. 아베 총리는 "쇼인 선생은 3년간 교육으로 유능한 인재를 많이 배출했다. 작은 서당 쇼카손주쿠가 메이지 유신 태동지가 됐다"고 했다(2006년 의회 발언). 이런 일이 가능할까. 호기심과 의문이 따른다. 시골 서당 한 마을 한 곳에서, 한꺼번에, 짧은 기간에, 20대 후반 스승에 의해. 쇼인의 독보적인 드라마다.

'민초여 일어서라' 도쿠가와 막부 타도

쇼인 시대는 도쿠가와(德川) 막부(幕府) 말기다. 1853년 페리 제독의 미국 함대가 나타났다. 에도(江戶·도쿄) 앞바다 흑선의 충격은 일본을 흔들었다. 내우외환에 휩싸였다. 천황과 쇼군(將軍) 사이, 막부의 쇼군과 번의 다이묘(大名·지방 영주) 사이, 번과 번 사이, 대외 개방과 폐쇄 사이-. 국론이 나뉘었고 사람이 갈렸다. 존왕양이(尊王攘夷·막부 타도로 천황을 받들고 외세를 물리친다) 기치는 거세졌다. 사무라이의 칼이 난무했다. 피가 피를 불렀다. 대란의 시대였다. 메이지 유신의 주도 지역은 조슈와 사쓰마(薩摩)다. 사쓰마는 규슈 남쪽 가고시마(鹿兒島)현이다. 일본의 번들은 신무기와 신문물을 받아들였다. 인재를 경쟁적으로 키웠다. 그 모습은 조선의 위정척사(衛正斥邪)와 달랐다. 조선은 위선적 담론, 인물 빈곤, 폐쇄, 문약(文弱)의 늪에서 허덕였다. 쇼인은 하기의 하급 사무라이 출신이다. 수재였다. 11세 때 조슈의 번주(毛利敬親) 앞에서 병학을 강론했다. 그는 당대의 학자를 찾아 배운다. 그는 탈번(脫藩)을 했다. 번의 경계를 넘는 것은 중죄다. 그는 미국 밀항을 시도했다(24세). 실패했고 자수했다. 감옥에 갇혔다(14개월). 그는 600권의 책을 읽었다. 연마의 시기였다. 그는 하기의 감옥에서 『맹자』를 강의했다. 출옥 후 사숙을 열었다(28세, 1857년 11월). 소나무 아래 마을 글방(松下村塾)이 등장했다.

쇼카손주쿠는 파격이었다. 사무라이 우선의 계급사회 시절이다. 출신을 따지지 않았다. 문하생 신분은 다양했다. 그것은 기존 질서에 대한 도전이었다. 문하생들의 신분 상승 의지로 작동했다. 그 시대 국민적 역량의 발굴과 확대였다. 이토 히로부미는 미천한 사무라이(아시가루·足輕)였다. 경내 '지성(至誠)관'에 쇼인의 글씨가 진열돼 있다. 맹자의 가르침(至誠而不動者未之也)이 걸려 있다. '지성을 다하면 이루지 못할 일은 없다'-.

쇼인의 '지성'은 아베 총리의 좌우명이다. 쇼인은 동기 부여를 중시했다. "능력 차이가 있다. 하지만 누구에게도 장점이 있고 장점이 뻗으면 대성할 수 있다."

쇼인은 조슈의 급진 존왕론을 발전시킨다. '일군만민론(一君萬民論)'으로 내세웠다. "나라는 군(천황)이 지배하며 백성은 군 아래서 평등하다"-. '천황 중심의 나라'로 개조하자는 것이다. 그의 막부타도론은 단순한 권력투쟁이 아니다. 그의 사후 그 이론은 국수주의와 엮여 악성 진화한다. 1858년 막부는 미국과 수호통상조약을 맺는다. 불평등 조약이었다. 존왕양이파는 반발했다. 쇼인은 분노한다. 거사를 모의한다. 그는 역모에 연루된다. 다시 투옥된다(1858년 12월). 에도 막부로 끌려간다. 그는 암살 음모를 실토한다. 5개월 뒤 처형된다(1859년 10월, 29세). 안세이(安政)대옥(大獄)이다. 그의 유서는 유혼록(留魂錄)으로 남아 있다. "몸이 무사시 들판에 썩어도 세상에 남겨지는 야마토 다마시(大和魂)"-. 야마토 다마시는 일본제국 죽음의 미학이다. 태평양전쟁에서 절망적인 돌격 때 외친 구호다. 유혼록은 궐기의 언어다. 비장미의 강렬한 주입이다. 제자들을 격동시켰다. 쇼인은 '초망굴기(草莽崛起)'를 외쳤다. 초망은 시골에 숨어 사는 필부를 뜻한다. 쇼인은 "민초의 필부여 일제히 일어서라"고 했다. 그의 비원은 열혈의 동력으로 퍼져갔다. 그의 수제자 네 명(四天王) 중 세 명은 칼에 맞거나 할복한다. 다른 한 명은 막부와의 전투에서 결정타를 날렸다. 막부 264년 지배가 종료됐다(메이지 유신). 그가 죽은 지 9년 뒤다. 역사소설가 후루카와 가오루(古川薫)는『유혼록의 세계』를 썼다. 그 책은 아베의 애독서로 알려져 있다.

이태진 서울대 명예교수는 한일 근대사 전문가다. 그는 쇼인 학당의 대량 인물 배출 이유를 이렇게 파악한다. "열린 교육의 힘이다. 조슈의 번주는 도쿠가와 막부에 쫓겨났다. 그 원한에다 가난한 하급 무사들의 신분 상승 의지, 사명감의 집단적 공유 등이 모아진 것으로 보인다." 쇼인은 신화가 된다. 일본 근대사에서 쇼인의 위상과 존재감은 압도적이다. 호사카 유지(保坂祐二·일본지역학) 세종대 교수는 "쇼인이 구축한 조슈 번의 사상적 토대가 메이지 체제의 근본을 만들었다. 그것이 1945년 패전 때까지 나라의 틀로 작동했다"고 평가했다.

쇼인 신사는 야스쿠니보다 의미심장하다

아베는 지난해 8월 쇼인 신사에 갔다. 참배 후 그는 "처음 중의원 입후보의 뜻을 굳혔을 때도 참배했다. (앞으로) 올바른 판단을 할 것을 맹세한다"고 했다. 이태진 교수는 "쇼인은 우경화 국수주의의 원조다. 아베의 쇼인 신사참배는 야스쿠니(靖國) 참배보다 의미심장하다"고 했다. 호사카 교수는 "아베 총리는 쇼인의 세계에 충실하다"고 했다. 그의 역사 도발에 쇼인 그림자가 어른거린다. 쇼인의 세계는 아베 역사관에 접목됐다. 2014년 아베 총리는 '강한 일본 되찾기, 새로운 나라 만들기'를 제시했다(신년사). 그의 국정 어젠다는 평화헌법체제의 개편이다. 아베의 다짐은 쇼인의 '초망굴기'를 떠올린다. 나는 '요시다 쇼인 역사관'으로 들어갔다. 밀랍인형으로 쇼인의 드라마를 꾸몄다. 그의 생애는 긴박하게 전개된다. 마지막 전시물이 눈길을 잡는다. '야마구치현 출신 총리대신들'이다. 한쪽에 이토와 야마가타가 있다. 반대편 밀랍인형은 다섯. 가쓰라 다로(桂太郎), 데라우치 마사타케(寺內正毅), 다나카 기이치(田中義一), 기시 노부스케(岸信介), 사토 에이사쿠(佐藤榮作). 가쓰라·데라우치·다나카는 조슈 군벌의 핵심이다. 쇼인 문하의 영향권에 있다. 쇼인의 영향력은 전율스럽다. 아베까지 합해 야마구치 출신 총리는 9명(하기 고향 4명)이다. 전체 행정구역(47개 都·道·府·縣) 중 가장 많다. 역대 일본 총리는 57명(96대)이다.

관광 안내서는 "일본 역사의 굵직한 족적을 남긴 재상"이라고 소개했다. 나는 움찔했다. 그들은 한국과 악연과 인연으로 맺어져 있다. 태평양전쟁 후 이곳 출신 총리는 기시와 사토다. 둘은 친형제다. 사토 총리 시절 한일 신시대(1965년 국교정상화)를 열었다. 쇼인 역사관에 기시의 글씨가 걸려 있다. 쇼인이 읊은 시다. 그 글씨는 쇼인 비석(東送之碑, 萩往還공원)에 새겨져 있다. 아베는 기시의 외손자다. 기시의 정치는 아베의 롤 모델이다. 기시의 글씨, 사토의 유신 기념 글씨, 아베의 쇼인 신사 참배—. 쇼인의 그림자는 길고 짙다.

야마구치 출신 거물들과의 악연은 한국 침탈이다. 이토(초대 조선통감)와 야마가타는 그 원조 격이다. 한일 강제병합 때(1910년) 총리는 가쓰라, 데라우치는 초대 조선 총독(3대 통감)이다. 그들은 메이지 시대 원훈(元勳)으로 꼽힌다. 우리 망국사의 원흉(元兇)이다. 조슈의 성취는 나에게 미움과 허탈로 다가온다. 조슈 인맥은 한반도 장악에 대거 등장한다. 2대 통감 소네 아라스케, 2대 총독 하세가와 요시미치도 조슈 출신이다. 조선 주재 공사 이노우에 가오루(井上馨)는 이토의 하기 친구다. 후임 공사 미우라 고로(三浦梧樓)는 조슈의 육군 중장 출신이다. 그는 명성황후 살해의 주도자다. 정한론은 쇼인의 외정(外征) 구상이다. 그의 저서 『유수록(幽囚錄)』에 담겨 있다. 첫 감옥살이 때(25세) 쓴 책이다.

"홋카이도를 개척, 오키나와(당시 琉球)를 일본 땅으로, 조선을 속국화하고, 북으로 만주 점령, 남으로 대만, 필리핀 루손 일대를 노획힌다." "열강과의 교역에서 잃은 국부와 토지를 조선과 만주에서 보상받아야 한다." 쇼인의 한국 경멸은 오만과 야욕이다.

쇼인의 외정론은 『일본서기』에서 출발한다. 신공 황후의 삼한 정벌, 임나일본부를 담고 있다. 왜곡과 과장, 허구와 가설들이다. 그는 『일본서기』에 심취했다. 그의 외정론은 국가 어젠다가 된다. 제국주의 팽창과 침

쇼인 묘소에 참배하는 아베 신조 총리. /왼쪽
쇼인의 수제자 이토 히로부미 조각상. /오른쪽

략의 이론이다. 대동아공영론으로 확장된다. 조슈의 후학들은 쇼인의 구
상을 실천한다. 정한론을 기획, 음모했다. 조슈는 한반도 유린의 기지가
된다. 정한론은 일본의 지정학적 본능이다. 쇼인의 작품만이 아니다. 임
진왜란은 정한론의 실패한 시도다. 후쿠자와 유키치(福澤諭吉)는 그 시대
계몽사상가다. 그의 탈아론(脫亞論)은 정한론의 아류다. 그 본능을 어떻게
잠재울 것인가. 한국의 부국강병뿐이다. 리더십의 비전과 역사적 상상력,
국민의 지혜가 뒷받침돼야 한다.

조슈(야마구치) 출신들이 한국 강점 세력

야마구치의 역사는 불편하다. 깊숙이 다가갈수록 불만스럽고 분노로
엮인다. 조슈는 한반도 도래인이 많이 살던 곳이라고 한다. 기구한 인연
이 악연이 됐다. 역설로 작용한 세상사다.

쇼인 신사 이웃에 이토의 옛 집이 있다. 누추하다. 그의 미천한 출신
을 짐작하게 한다. 이토의 조각상이 서 있다. 흙으로 빚었다. 그 옆에 도
쿄에서 살던 집도 옮겨져 있다. 그 집에 유물·사진이 간략하게 전시돼 있

다. 안중근 의사의 의거(1909)로 죽을 때까지의 기록물이다. 그 시대 이토를 능가했던 인물은 많았다. 대란의 비극은 요절과 횡사다. 사카모토 료마(坂本龍馬·1835~1867)는 도사(土佐)번 출신이다(지금의 고치현). 료마는 막부 타도의 결정적 계기를 마련했다. 삿초(薩長·사쓰마+조슈) 동맹을 맺게 했다. 료마는 암살당한다. 유신 삼걸도 쓰러졌다. 사이고 다카모리(西鄕隆盛), 오쿠보 도시미치(大久保利通), 기도 다카요시. 사이고와 오쿠보는 사쓰마 출신이다. 1877~1878년 서남전쟁 패배·자결(사이고), 자객 암살(오쿠보), 병사(기도)로 퇴장한다. 오무라 마스지로(大村益太郎)는 일본 육군의 기초를 닦았다. 오무라도 조슈 출신이다. 칼에 맞는다. 이토는 그 공백을 차지한다. 권력 독주의 행운이다. 사이고 죽음 뒤 육군은 조슈, 해군은 사쓰마가 장악한다. 야마가타는 조슈 군벌 시대를 열었다. 야마가타는 오래 살았다(84세). 군부와 내각에서 그의 영향력은 절정에 달했다. 하기는 100년 전 그대로라고 한다. 막부 시대 고지도가 통용된다. 성 밑 거리 조카마치(城下町)는 거의 바뀌지 않은 것이다.

하기야키(萩燒)는 대표적 관광상품이다. 하기에서 구워지는 조선 막사발이다. 그 유래는 임진왜란 때 끌려온 조선 도공이다. 쇼인과 하기 감상은 이중적이다. 흥미와 반감의 연속이다. 쇼인의 정교한 교육이 뇌리에 박힌다. '비이장목(飛耳長目·하늘 높이 귀를 열고 멀리 들어라)'-. 그는 제자들에게 정보 마인드를 주입했다. 그리고 스승과 제자가 정보를

쇼인 학당(쇼카손주쿠) 입구에 서 있는 돌비석. 메이지유신 100주년 (1968) 기념물이다. '明治維新 胎動之地(명치유신 태동지지)' 글씨는 당시 총리 사토 에이사쿠가 썼다.

공유했다. 공유된 정보는 부가가치를 높인다. 정보는 대란의 시기를 선점하게 했다. 갑오년 동북아시아는 그때처럼 요동친다. 정보는 힘이다. 일본을 알아야 한다. 쇼인과 야마구치는 일본 근대사의 원류다. 아베가 주도하는 국수주의 우익 해부의 바탕이다. 역사의 지피지기(知彼知己)가 절실하다. 진실과 논리에 익숙해야 한다. 경계 때문만이 아니다. 일본과 친선을 강화하기 위해서다. 그것은 진정한 우호의 기반이다.

— 하기 · 야마구치(일본), 중앙일보 2014년 1월

쇼인 학당의 풍운아, 다카스기 신사쿠(晉作)
"움직일 때 번개, 일어설 때는 비바람"
아베 신조의 '晉' 신사쿠에서 따와

요시다 쇼인의 사생(死生)관은 강렬하다. 그는 최후의 감옥에서 수제자에게 이렇게 전수했다. "죽어서 불후(不朽)의 존재가 될 수 있으면 언제든지 죽고, 살아서 대업을 이룰 수 있으면 언제든지 살아야 한다."- 그 제자가 다카스기 신사쿠(高杉晉作·1839~1867)다. 대란의 시대 '풍운아'로 불린다.

1863년 조슈는 외국 군함과 포격전(시모노세키 간몬해협)에서 참패했다. 조슈 번주는 신사쿠를 불렀다. 군사력 재정비의 책무가 떨어졌다. 그는 군대를 재편했다. '쇼인 교육'이 혁파의 상상력으로 작동한다. '초망굴기(민초여 궐기하라)'다. 그 시대 전투는 사무라이의 신분 특권이었다. 평민은 칼을 찰 수 없었다. 신사쿠는 무사의 전권을 허물었다. 평민과 사무라이를 섞었다. 초망굴기의 실현이다. '신사쿠 기병대(奇兵隊)'가 등장했다. 말을 타는 기병(騎兵)이 아니다. 신개념의 기습 부대다.

야마구치현 남쪽 시모노세키의 공산사(功山寺). 신사쿠 동상이 있다. '유신 회천(回天)의 거병지'로 기린다. 천하 형세를 바꾼 곳이다. 평민 병사의 사기는 충천했다. 막부군 주력은 사무라이다. 1000 기병대가 2만 막부군을 물리친다(1866년 고쿠라 전투). 막부시대의 결정적 몰락으로 이어졌다. 기병대는 국민개병제 모델이다.

[야마구치현 출신 9인의 일본 총리]

( )는 총리 재직 전체 합산일수

이토 히로부미(1841~1909)
- 초대, 5, 7, 10대 총리(2720일), 추밀원 의장
- 초대 조선통감. '안중근 의거'로 죽음

야마가타 아리토모(1838~1922)
- 3, 9대(1210일), 참모총장·육군대신
- 조슈 군벌의 대부, 한반도 점령의 배후

가쓰라 다로(1848~1913)
- 11, 13, 15대(2886일), 육군대신·대장
- 한국 강제 병합 때 총리, 1905년 가쓰라 - 태프트 밀약 체결

데라우치 마사타케(1852~1919)
- 18대(721일), 육군대신·원수
- 초대 조선총독(3대 통감) 무단통치

다나카 기이치(1864~1929)
- 26대(805일), 육군대신·대장
- 장쭤린(張作霖) 열차 폭파사건으로 사직

기시 노부스케(1896~1987)
- 56, 57대(1241일), 도조 내각 상무대신(A급 전범용의자, 불기소 석방)
- 한·일 신시대 막후 지원

사토 에이사쿠(1901~1975)
- 61, 62, 63대(2798일), 전후 최장수 총리, 경제부흥 주도, 기시 친동생
- 박정희 시대 한·일 국교정상화(1965년)

아베 신조(1954~)
- 90, 96대, 중의원 7선, 기시 외손자
- 박근혜 시대에 영토·과거사 갈등 야기

- 94대 총리 간 나오토(菅直人, 1946~)는 유일한 민주당 출신
  (2010.6~2011.8 재직)

※ 일본 역대 총리는 57명(96대), 야마구치 8명은 최다·최장기
※ 9명 중 하기시 출신 4명(이토, 야마가타, 가쓰라, 다나카)

일본 국민소설가 시바 료타로(司馬遼太郎)는 이렇게 기억한다. "조슈는 무사와 서민이 하나가 되어 유신을 완수했다." 신사쿠는 폐결핵으로 숨진다(28세). 새 세상(메이지 유신)의 열매는 맛보지 못했다. 풍운아의 마지막은 비운이다. 이토 히로부미는 그를 추모했다. "움직일 때는 번개(雷電) 같고, 일어설 때는 비바람(風雨) 같다."- 이토는 기병대 가담으로 입지를 굳혔다.

아베 총리의 이름(신조·晉三)은 신사쿠(晉作)에서 따온 것으로 알려졌다. 그의 아버지(安倍晋太郎·전 외무대신) 이름에도 신(晋)이 들어 있다. 아베는 이면의 '쇼인 문하생'으로 비춰진다. 사쿠라야마(櫻山) 신사-. 신사쿠가 죽은 병사들을 추모하려고 지었다. 제사의 형식과 개념이 달랐다(초혼제). 그것은 야스쿠니 신사 초혼식의 원형이다.

3장

X

**지도력의 경연 무대…
전쟁과 평화**

헤밍웨이『무기여 잘 있거라』
줄리안 알프스 전선의 비극

1차대전 이탈리아군 집단 패주하다

어니스트 헤밍웨이는 제1차 세계대전에 나갔다. 이탈리아군 앰뷸런스 운전병으로 참전했다. 그는 자원입대한 미국인이다. 줄리안 알프스(Julian Alps) 전선에 배치됐다. 오스트리아와의 전쟁터다. 헤밍웨이는 전선 체험을 소설로 적었다. 『무기여 잘 있거라(A Farewell to Arms)』-. 그는 전쟁의 비극과 인간성의 야만을 포착한다. 2014년이 1차대전 발발 100주년, 소설 속 현장을 찾아갔다.

산 아래 소차(Soca)강이 흐른다. 이탈리아 말로 이손조(Isonzo), 한 세기 전 그 산과 계곡은 격전지다. 지금은 슬로베니아와 이탈리아 국경 지역. 이손조 전투의 상징은 카포레토(Caporetto)다. 카포레토 전투에서 이탈리아 군대는 붕괴됐다(29만 포로). 줄리안 알프스 전쟁은 잊혀졌다.

슬로베니아 코바리드(카포레토) 길가에 전시된 1차대전 이탈리아군의 149㎜ 곡사포.

코바리드, 이탈리아와 오스트리아의 격전지

카포레토 참패는 리더십 실패의 결집이다. 그런 해체는 평화 때도 있다. 카포레토는 현재 슬로베니아 땅. 코바리드(Kobarid)라고 부른다. 수도 류블랴나(Ljubljana)에서 서쪽 끝 115㎞ 떨어졌다. 슬로베니아는 1991년 옛 유고슬라비아에서 독립했다. 『무기여 잘 있거라』는 추적의 단서다. 길은 거칠어진다. 알프스 산줄기다. 산 옆구리를 쳐낸 좁은 2차로. 아래는 가파른 계곡. 에메랄드 색깔의 소차(이손조)강이 보인다. 유럽 강들은 작다. 한강은 바다 같다. "강물은 맑고 얕으며 흐름이 빨랐다. 하늘색 물빛, 산 정상에 눈이 보인다." (『무기여 잘 있거라』) 미려(美麗)한 수채화다. 헤밍웨이가 묘사한 풍광은 살아 있다. 작은 마을(인구 1100명)이 나온다. 코바리드다. 『무기여 잘 있거라』의 주인공은 야전병원 중위 프레더릭 헨리(Frederic Henry)다. 미국인 수송장교 헨리는 기억한다. "종탑(鐘塔)이 있는 골짜기 속 희고 작은 마을"-. 그 구절대로 재건됐다. 코바리드 전쟁박물관은 관광 명소다. 큐레이터는 설명한다. "이탈리아와 오스트리아 간 전쟁은 조연으로 취급된다. 하지만 처절함은 서부전선(프랑스·영국 대 독일)과 다를 바 없다. 여기 슬로베니아 땅이 기억의 장소다."

　이탈리아는 독일·오스트리아와 삼국동맹국이었다. 개전 직후 동맹에서 탈퇴했다. 이탈리아는 오스트리아 땅에 야심을 가졌다. 영국은 그 갈증을 부추겼다. 이탈리아는 합스부르크(Habsburg) 오스트리아-헝가리제국에 선전포고를 했다. 1915년 5월 24일, 1차대전 시작 9개월 뒤다. 영국·프랑스 편이 됐다. 첫 전투에서 이탈리아는 오스트리아군을 물리쳤다. 정예 산악부대 알피니(Alpini)는 크른(KRN·2244m)산을 점령했다. 접경지 카포레토(코바리드)를 차지했다. 박물관에 양군 사진이 함께 전시돼 있다. 추모 십자석도 적과 동지를 나누지 않는다. 요제 셰르베치(Jože Šerbec) 관장은 "군복 견장 5각별은 이탈리아(프랑스제 철모), 오스트리아는 6각별(베른도르프 철모)"이라고 구별해 준다. 무기, 포탄, 철모, 사진, 지도, 군복

코바리드 제1차 세계대전 박물관과 필자. /왼쪽
슬로베니아는 1차대전 때 오스트리아제국 영토. /오른쪽

들이 짜임새 있게 진열돼 있다. 박물관은 아담한 3층 건물.

코바리드 길가에 녹슨 대포가 있다. 이탈리아군 149㎜ 곡사포. 대포는 나의 기억장치다. 대포 뒤쪽 멀리 알프스 산맥이 펼쳐진다. 나는 100년 전 전투 속으로 들어간다. 국경은 길었다. 중남부 유럽의 유선형 ㄱ자(600㎞). 주요 전장 두 군데가 형성됐다. 이탈리아의 북쪽 트렌티노(Trentino)와 동쪽 줄리안 알프스의 이손조 계곡이다. 이탈리아군은 이손조 전선(100㎞)에 집중했다. 최고사령관 루이지 카도르나의 롤 모델은 나폴레옹이다. 알프스 국경 돌파→슬로베니아 평야 공략→오스트리아 빈 압박 전략이다. 장교들은 65세 지휘관의 역량을 의심했다. "우리 군에 나폴레옹이 있기를 바랐지만, 카도르나는 살찌고 부유했다."(『무기여 잘 있거라』)

줄리안 알프스(3000m 이하)는 스위스 쪽 알프스보다 낮다. 산세는 그쪽보다 험악하다. 양쪽 군대는 산 암벽에 참호를 팠다. 겨울엔 폭설과 혹한, 눈사태에 시달렸다. 아이젠, 눈신발, 삽, 고글이 눈에 띈다. 노새 편자도 미끄럼 방지용이다. 케이블카는 대포, 탄약, 식량, 부상자를 산꼭대기로 나른다. "서부전선 흙에 떨어지는 포탄과 달랐다. 알프스의 날카로운 돌 파편은 치명상을 입혔다."(R.G. 그랜트, 『제1차 세계대전』). 양쪽 모두 상대방을 증오했다. 오스트리아는 이탈리아의 동맹 탈퇴를 배신으로 여겼다. 전시실에 모형 산악참호가 있다. 밀랍인형 병사가 편지를 쓴다. 검독수리 깃털 모자의 알피니 부대원이다. "산악 진지에서 비참한 공포를 경험했다. 동료와 적의 시체 사이에서 쪼그리고 지냈다. 물은 없다. 악취가 코를 찌른다." 그 일기는 산악 전투의 고달픔과 악몽을 전달한다. 박물관 2층에 헤밍웨이 사진이 걸렸다. 하얀 턱수염은 어색하다. 부상으로 군병원 침대에 누운 사진도 있다. 그의 『무기여 잘 있거라』 시절은 조각 같은 꽃미남이다. 이손조(소차) 전투는 이탈리아가 주도했다. 오스트리아-헝가리군은 방어다. 다른 두 곳(러시아와 동부전선, 세르비아와 발칸전선)으로의

카포레토 전투에서 이탈리아군은 집단 후퇴했다. 전쟁 의지를 상실한 군대의 붕괴 모습. /왼쪽
코바리드 박물관은 쌍방 군대를 모두 기억한다. /오른쪽

전력 분산 때문이다. 전투는 석 달에 한 번씩 있었다. 한 번 전투(보름쯤)
에 이탈리아군 사상자는 2만~3만 명. 참상이었다. 하지만 의미 있는 전
과는 드물었다. 영토 점령은 더뎠고 찔끔댔다. 교착상태는 길었다. 1917
년 8월(11차 이손조 전투)에 이탈리아는 바인시차(Bainsizza) 고원을 확보
했다. 희생은 컸다(사상자 17만 명). 승부의 결정타를 날리지 못했다.

이탈리아군 지휘부는 규율과 단순 공격

나는 코바리드에서 20㎞ 위쪽 보베치(Bovec)로 갔다. 디즈니 영화 '나
니아 연대기- 캐스피언 왕자' 촬영 장소다. 관광 안내문은 "소차강의 불
가사의한 청록색 물빛과 트리글라브(Triglav) 국립공원은 동화 속 환상
을 연출"이라고 씌어 있다. 풍광은 숨을 막히게 한다. 100년 전쯤 그 협
곡과 강은 피로 물들었다. 죽음은 넘쳐났다. 전쟁은 자연을 배반한다. 산
길을 오르니 거대한 진지가 나온다. 오스트리아군의 클루제 요새, 성벽
처럼 버티고 있다. 위쪽 헤르만(Hermann) 진지는 수풀 속에 방치돼 있다.
참호 돌벽에 탄흔이 무수하다. 나는 돌 부스러기를 한 움큼 쥐었다. 냄새
를 맡았다. "포탄이 떨어진 곳에는 가루가 된 부싯돌 냄새가 났다."(『무기
여 잘 있거라』) 이탈리아군 사령관 카도르나는 '단조로운 정면 돌파'를 고

집했다. 그의 전략적 상상력은 빈곤했다. '작은 실적, 큰 피해'는 반복됐다. 전쟁 초기 병사들은 용감했다. 그 사기는 꺼져 갔다. "엄청난 병력이 소모되고 있다. 바인시차를 점령해도 오스트리아 쪽은 산들로 계속 막혀 있다."(『무기여 잘 있거라』) 오스트리아군 사상자는 상대적으로 적었다. 오스트리아 방어망은 약한 듯 견고했다. 전선은 암울해졌다. 11차 이손조 전투는 합스부르크 제국의 노쇠함도 드러냈다. 오스트리아 황제 카를 1세는 지원을 요청했다. 독일 카이저(빌헬름 2세)는 응답했다. 그 무렵 러시아는 볼셰비키 혁명으로 시끄러웠다. 동부전선의 변화는 재배치를 가능하게 했다. 독일

이탈리아군 운전병 헤밍웨이.

카도르나 사령관.

군은 중부전선에 처음 뛰어들었다. 합동 14군(독일 7개+오스트리아 8개 사단)이 신설됐다. 전력은 외형상 비슷했다. 이탈리아군은 34개 사단(40만 명)과 포 2485문을 가졌다. 반대편(독+오스트리아·헝가리)은 35개 사단(35만 명)에 포 2430문. 이제부터 리더십 역량과 전략적 상상력, 전쟁 의지가 승패를 가른다. 헤밍웨이의 감수성은 정밀해진다.

"독일군, 그 말은 섬뜩(frightened)하게 만드는 무엇이 있었다."(『무기여 잘 있거라』) 명성은 힘이다. 두려움은 전염병처럼 퍼졌다. 독-오 합동군은 카포레토(코바리드)에 집중했다. 그곳 이탈리아 방어는 취약했다. 12차 이손조 전투는 카포레토 전투로 불린다. 오스트리아군은 앙갚음의 기회로 삼았다.

1917년 10월 24일 새벽 2시. 독-오 합동군은 공격을 개시했다. 안개 짙은 어둠 속에서 독가스탄, 연막탄을 쏘았다. 이탈리아 군대는 혼란에 빠졌다. 방독면은 엉성했다. 아침 6시30분 대포가 불을 뿜었다. 이어 보

병의 기습공격. 좁고 거친 계곡으로 진입했다. 독일군 '침투(infiltration) 전술'은 주효했다. 그것은 독일 장군 후티어(Hutier)의 작전이다. 후티어의 작은 사진이 큰 전시실을 압도한다. 카포레토 쪽이 뚫렸다. 이탈리아군은 겁을 먹는다. 지리멸렬했다. 총과 대포를 버린다. 진지를 포기했다. 무리지어 도망친다. 공황(恐慌) 속 군대 붕괴다. 소설『무기여 잘 있거라』는 영화(록 허드슨, 제니퍼 존스 주연)로 제작됐다. 영화 속 헨리 중위도 후퇴한다. 앰뷸런스 트럭은 진흙길에 빠졌다. 패퇴의 길은 고달프다. 군인과 민간인이 섞인다. 살기 위해 상대방의 목을 조른다. 철조망 위에 걸린 시신은 섬뜩하다. 패주는 계급과 명령, 복종을 깬다.

독일군 기습으로 심리적 공황… 집단 패주하다

"카도르나 사령관은 집단 투항과 패주(rout)를 질서정연한 후퇴로 바꾸려 했다. 낙오 장교들을 즉결처형했다."(R. G. 그란트의『제1차 세계대전』) 극단적 수단도 항전 의지를 되살리지 못했다. 영웅적 저항은 없다. 장렬한 산화도 없다. 수탉 깃털 부대 베르살리에리(Bersaglieri)의 돌격은 사라졌다. 이탈리아군은 거꾸로 '독일, 오스트리아 만세(Evviva)'를 외쳤다. 독-오 군의 병참선이 길어졌다. 공세는 피아베(Piave)강에서 멈췄다. 이탈리아는 사령부 주둔지 우디네(Udine)도 빼앗겼다. 후퇴 거리는 150㎞ (베니스 북쪽 30㎞ 지점).

유럽인 관광객 20여 명이 카도르나의 지휘 사진을 살핀다. 1차대전 100주년 기념 관광단이다. 큐레이터가 전쟁사 전문가 존 맥도널드(John Macdonald)의 책을 읽어 준다. "카도르나는 공포로 통솔했다. 그는 참패의 책임을 부하에게 돌렸다. 군사적 파업으로 오도했다."(『카포레토와 이손조 전선』) 관광객들이 쓴웃음을 짓는다.

이탈리아의 재앙(disaster)이었다. 18일간 전투에서 29만 명이 포로로 잡혔다. 사망(1만 명)·부상(3만 명)과 대비된다. 세계전쟁사에서 희귀한 사례다. 대포 3150문을 잃었다(전체의 3분의 2). 군대는 반토막이다. 65개 보병사단은 33개로 줄었다. 난민 40만 명이 생겼다. 반대편은 기적(miracle)이다. 독-오 군대 희생자는 2만 5000명. 국왕(비토리오 에마누엘레 3세)은 카도르나를 해임했다. 이탈리아 내각은 총사퇴했다. 비슷한 사례가 떠오른다. 2차대전 때 프랑스군은 독일군 전격전에 무너졌다. 리더십 실패와 전쟁 의지 상실 때문이다. 베트남전에서 월남군은 집단 투항했다. 6·25전쟁 때 한국군 3군단은 중공군 기습에 패주했다(1951년 5월 현리 전투).

나는 코바리드(카포레토) 마을 세인트 안소니(St. Anthony) 교회 납골당에 갔다. 이탈리아군 전사자(7014명) 유골이 보관돼 있다. 1차대전 종전 후 코바리드는 이탈리아 땅이 됐다. 1938년 10월 베니토 무솔리니(Benito Mussolini)는 납골당 봉헌식에 참석했다. 파시스트 독재자는 그곳을 애국심과 전우애로 치장했다. 납골당에 수학여행단이 왔다. 이탈리아 베로나(Verona) 중학생들이다. 인솔 교사는 "우리 역사를 알아야 한다"고 했다. 그들은 추모석 앞에 섰다. "이곳에서 용감하게 싸우다 쓰러진 당신들에게 경의를 표한다(ONORE A VOI CHE QUI CADESTE VALOROSAMENTE COMBATTENDO)."

내가 죽어 잠든 곳, 에델바이스 풀밭

/

무솔리니는 1915년 9월 이손조 전선에 나갔다. 그는 영향력 있는 저널리스트였다. 사병(32·하사로 승진)으로 징집됐다. "산속 참호에서 인생에서 가장 힘든 시련을 겪었다. 추위와 배고픔, 눈과 비, 진흙탕…"(무솔리니 자서전). 그는 수류탄 폭발사고로 중상을 입었다. 카포레토 전투 두 달 전쯤 전역했다. 나는 패배 이유를 물었다. 교사의 표정은 난감하다. 교사는 "이해할 수 없는 참패였다. 지도력 실패"라고 했다. 그러면서 "이탈리아 군대 전통은 약하지 않다"고 했다. 로마제국, 베니스, 사르데냐 왕국을 들었다. 군사력은 무기와 병력, 리더십, 전쟁 의지를 합한다. 이탈리아의 총량은 부족했다. 무형적 요소(리더십+의지)가 미달했다. "이탈리아는 감당할 힘이 없다. 분에 넘치는 전쟁을 했다."(『무기여 잘 있거라』 구절) 어리석은 지도력은 나라 이미지를 망가뜨린다. 후유증은 컸다. "이탈리아 군대는 신망을 잃었다. 군사적 자질은 값싼 조롱거리(gibes)였다."(존 키건,『1차대전사』)

제1차 세계대전은 서부전선 독일의 항복(1918년 11월)으로 끝났다. 이탈리아도 승전 4대국에 끼였다. 하지만 베르사유(Versailles)회담에서 발언권은 약했다. 영토 야심은 제대로 이뤄지지 않았다. 약체와 무기력, 불명예의 평판은 오래갔다. 무솔리니의 2차대전 때도 회복되지 않았다. 줄리안 알프스 전쟁은 무모했다. 29개월간 이손조 전투(총12회)는 잔혹했다. 이탈리아군 사상자는 67만 명(포로 33만 명 제외)이다. 오스트리아군 41만 명. 박물관 블랙 룸은 전쟁의 끔찍함이다. 사진 속 병사의 코와 눈, 입은 심하게 일그러졌다. 총과 독가스탄의 상흔이다. 이손조는 서부전선의 베르됭이다. 존 쉰들러(John R. Schindler) 미 해군대학(NWC) 교수는 "쓸모없는(useless) 목표, 무의미한 전투로 희생은 엄청났다"고 했다(『이손조, 1차대전의 잊혀진 희생』). 비극의 역사는 조명되지 않는다. 이탈리아는 참패를 부담스러워한다. 오스트리아는 사라진 제국 합스부르크의 유산으로 여긴다. 티토 집권 때 유고(현 슬로베

무솔리니는 베르살리에리 부대에서 복무했다.

니아)는 기억하지 않았다(2차대전 뒤 코바리드는 유고 영토). 박물관 콘셉트는 화해와 평화다. 영광과 굴욕은 뒤로한다. 코바리드를 떠날 시간이다. 박물관 한쪽에서 알피니부대 찬송가가 흐른다. '스텔루티스 알피니스(Stelutis Alpinis)'. "내가 죽어 잠들어 있는 곳은 에델바이스 풀밭."

— 코바리드(슬로베니아), 중앙일보 2014년 9월 13일

헤밍웨이가 포착한 환멸의 전쟁
탈영한 중령, 처형 직전 한마디
"당신들은 후퇴해 본 적이 있느냐"

카포레토 패주는 혼돈이다. 이탈리아군 사령탑은 즉결처형 수단을 동원한다. 헌병(carabinieri)들은 낙오·탈영한 장교들을 체포한다. 『무기여 잘 있거라』의 주인공 헨리 중위도 붙잡힌다. 즉결재판장으로 끌려간다. 강둑에선 중령 한 명을 놓고 신문이 진행 중이다.

– 장교는 부대에 있어야 하는 것을 모르느냐. 중령은 "안다"고 했다.
– (다른 헌병 장교가 물었다.) 신성한 조국 땅을 야만인들이 밟게 한 것은 바로 너 같은 놈들이다.
"선처를 바란다." 중령은 말했다.
– 승리의 전과를 잃은 것은 너희들이 저지른 배신 때문이야.
"후퇴해 본 적이 있느냐(Have you ever been in a retreat)."
– 이탈리아는 결코 후퇴하지 않는다.

영화 '무기여 잘 있거라' 이탈리아군 앰뷸런스 운전장교 헨리(왼쪽 · 록 허드슨 분).

중령의 말은 작렬한다. 후퇴 경험을 묻는 순간에서다. 그것은 폭로의 어휘다. 전쟁의 모순과 명분의 위선이 드러난다.

헌병(재판) 장교들은 후방에 있다. 그들은 최전선의 고통을 알 수 없다. 후퇴의 고뇌를 모른다. "그들은 죽음의 위험 밖에서 죽음을 다룬다."(『무기여 잘 있거라』 구절) 후방 장교들은 배신의 무게를 잰다. 즉석에서 단죄한다. "부대 이탈, 총살에 처한다." 그 장면은 "헤밍웨이가 잊을 수 없게(unforgettably) 묘사했다."(존 키건, 『제1차 세계대전사』) 코바리드 박물관 큐레이터는 "전쟁은 인간성의 야만과 광기를 극적으로 노출한다"고 했다.

헨리 중위의 재판 순서다. 그는 탈출한다. 타글리아멘토(Tagliamento) 강에 뛰어든다. 전쟁은 환멸이다. 그는 전쟁의 대의(大義)와 결별한다. "신성한, 영광과 희생이란 말을 들으면 당혹스럽다. 지명(地名)만이 위엄(dignity)을 갖고 있었다.

☞ **어니스트 헤밍웨이(Ernest Hemingway · 1899~1961)** 미국인 소설가. 「무기여 잘 있거라」(1929년 출판)는 1차대전 자원병 체험이다. 전직은 신문(캔자스시티 스타) 기자. 1918년 6월 이탈리아군 야전병원에 배치됐다. 한 달 후 다리에 박격포탄을 맞았다. 밀라노 병원으로 후송됐다. 간호사와의 사랑은 소설에 그려졌다. 20년쯤 뒤 그는 스페인 내전 현장에도 갔다. 「누구를 위하여 종은 울리나」를 썼다. 헤밍웨이의 감수성은 모험과 도전, 투쟁이다. 「노인과 바다」(1952년)로 노벨문학상을 받았다.

〉〉〉 사막의 여우' 롬멜 신화, 카포레토 전투서 시작

에르빈 롬멜(Erwin Rommel · 1891~1944)은 신화다. 코바리드 박물관에 청년 장교 롬멜 사진이 붙어 있다. 잊혀진 전쟁 속 의외의 만남이다. 관람객들은 흥미있어 한다. "최고 훈장, 푸르 르 메리트(Pour le Mérite) 받음"―. 카포레토 전투는 신화의 예고편이다.

1917년 10월 롬멜은 그 전투에 투입됐다. 26세 독일군 중위. 뷔르템베르크

(Wirttemberg) 산악 경(輕)보병 중대장이다. 그는 후티어 침투 전술을 실천했다. 적의 측면 반격이 위협요소였다. 그는 그것을 무시했다. 정면 고지 깊숙이 진격했다. 그의 천재적 재능과 공세적 상상력은 주효했다. 이탈리아군 진지는 무너졌다. 마타주르(Matajur · 1642m)산 진지를 점령했다. 롬멜은 이탈리아군 9000명을 포로로 잡았다. 52시간의 전과다. 그의 중대 피해는 경미했다(사망 6명, 부상 30명). "기량과 대담함은 특별났다. 그는 독일군에서 가장 빼어난 젊은 장교로 등장했다." (전시실 설명문)

후티어 전술은 2차대전에서 전격전(Blitzkrieg)으로 진화한다. 1940년 6월 프랑스 공격 때 롬멜 기갑부대는 아르덴 숲을 돌파한다. 그는 '사막의 여우'가 됐다. 북아프리카에서 독─이탈리아 합동작전이었다. 카포레토의 기억은 이탈리아 군에 대한 불신으로 작용했다.

독일군 중위 롬멜.

스페인 내전의 무대
20세기 이념과 문화의 경연장

이념의 광기는 집단의 악마성을 배양한다

스페인 내전(La Guerra Civil Espanola·1936~1939)은 증오의 서사극이다. 내전은 공포와 처형, 보복의 무대다. 스페인 내전은 이념의 광기(狂氣)가 서려 있다. 이념 세례는 집단의 악마성을 배양한다. 같은 국민, 같은 민족의 동포애는 사라진다. 스페인 내전은 6·25 한국전쟁의 모델이다. 1930년대 유럽은 이념의 시대였다. 자유민주주의, 파시즘, 공산주의는 진화하면서 충돌했다. 스페인의 이념 스펙트럼은 더욱 넓었다. 좌파 인민전선(공화정부)에는 아나키즘(무정부주의), 공산주의, 노동당, 사회주의, 급진공화, 생디칼리슴이 자리했다. 우파 국민전선(프랑코 군부)에는 파시즘, 가톨릭, 왕당파, 팔랑헤당, 우파 공화주의가 모였다. 그 시대 모든 이념이 출몰했다.

1936년은 스페인 역사상 결정적 한 해였다. 2월 16일 의회(코르테스, Cortes) 선거가 있었다. 선거는 스페인 사회 수세기간의 갈등과 대립을

영국 소설가 조지 오웰은 아나키스트(무정부주의자) 전사로 참전한다. 그는 중상을 입었다. 좌파 혁명의 배신을 경험하고 탈출한다. 바르셀로나의 중심가 람블라스 거리 안쪽에 조지 오웰 광장이 있다.

폭발시켰다. 선거 한 달 전 좌파진영은 단일 연대에 성공했다. 인민전선 (Frente Popular)을 극적으로 형성했다. 좌파는 신승(15만 표, 2%포인트 차) 했다. 좌파 권력은 급속한 변화를 추구했다. 토지 개혁, 은행과 대기업 국유화 논란, 노동자들의 대량파업이 이어졌다. 우파는 볼셰비키 정권이 출현한 것처럼 반발했다. 1936년 7월 17일 북아프리카의 스페인령 모로코에서 군부 반란이 시작됐다. 프랑코가 중심 세력이었다. 내전은 유럽의 정치 질서를 흔들었다. 국제 대리전으로 확산된다. 독일의 히틀러와 이탈리아의 무솔리니는 프랑코를 지원했다. 소련의 스탈린, 멕시코의 좌파정권은 공화 정부를 밀었다. 영국과 프랑스는 중립에 섰다. 그 시대 지식인, 예술가들은 스페인 내전에 상상력과 신념을 투사했다. 내전의 한쪽은 문화전쟁이었다. 그 한복판에 파블로 피카소(스페인·1881~1973), 조지 오웰 (영국·1903~1950), 어니스트 헤밍웨이(미국·1899~1961)가 있다. 세 사람은 좌파 인민전선을 지지했다. 오웰은 혁명의 배신을 경험한 뒤 이탈했다. 거장(巨匠)들은 자기 방식대로 유산을 남겼다. 『게르니카』(Guernica·피카소), 『카탈루냐 찬가』(Homage to Catalonia·오웰), 『누구를 위하여 종은 울리나』(For Whom the Bell Tolls·헤밍웨이)-. 2012년은 게르니카 폭격 75주

년이다. 이번 겨울 나는 스페인 내
전의 '기억의 현장'과 상징을 찾았
다. 마드리드, 바르셀로나, 게르니
카, 과다라마 산맥 주변 도시를 돌
았다. 바르셀로나의 매력은 복합적
이다. 피카소 미술관, 안토니오 가

우디의 사그라다 파밀리아 성당, FC 바르셀로나, 카탈루냐 지방의 중심,
도시의 다각적인 역사-.

조지 오웰, 혁명의 배신 겪은 뒤 공산주의 고발

바르셀로나는 혁명의 도시였다. 스페인 내전은 도시를 혁명의 열정으
로 들끓게 했다. 도시는 프랑코의 군사 반란에 반발, 궐기했다. 아나키스
트들과 노동조합원, 공산당원은 무기고를 습격해 무장했다. 그들은 '파
시즘 반란 저지, 공화국 사수'의 대의(大義)에 집결했다. 그 명분은 세계
지식인들의 마음을 흔들었다. 영국 소설가 조지 오웰(당시 33세)은 바르
셀로나에 갔다. 1936년 12월이다. 취재할 생각으로 갔다가 통일노동자
당(P.O.U.M) 소속 의용군(miliciano)으로 입대했다. 바르셀로나는 노동자
자치의 해방구(Zona libre)로 가동했다. 레스토랑, 이발소 종업원들은 팁
을 거절했다. 언어가 달라졌다. 아내도 '여성동무'로 불렀다. 건강하세요
(Salud)가 안녕하세요(Buenos dias)를 대신했다. 가톨릭 성당은 파괴됐다.
사치스러운 상류층 패션은 사라졌다.

의용군의 사기는 높았다. 분대장, 장교는 사병 선거로 뽑혔다. 현실은
열악했다. 군복은 제각각이었다. 총은 낡았다. 오웰은 동북부 아라곤 전
선에 배치됐다. 1937년 5월 그는 저격병의 총에 맞았다. 목에 관통상을

당하는 중상이었다. 빈약한 의료시설 속에 기적적으로 살았다. 도시로 돌아왔다. 아내가 찾아왔다. 바르셀로나는 변질됐다. 아나키스트와 공산주의는 대치했다. '내전 속 내전', 노선 투쟁이 벌어졌다. 소련의 대규모 군수 지원은 공산주의자의 득세를 뒷받침했다. 공산주의의 본능은 권력의 분산을 혐오한다. 그들은 숙청에 나섰다. 반대 세력을 '프랑코의 앞잡이, 트로츠키파의 제오열(第伍列)'로 몰았다. 오웰은 수배자 신세가 됐다. 오웰은 바르셀로나 중심부 람블라스 거리(Las Ramblas)에서 도피처를 찾아 방황했다.

람블라스 거리 근처에 '조지 오웰 광장'이 있다. 거리 중간쯤에서 골목 100m쯤 안에 있다. 서울의 동사무소 앞 공터 크기다. 거기에 초현실주의 조각가 크리스토폴(Leandre Cristofol)의 작품이 서 있다. 8m 높이의 조각은 지구 모양을 위쪽에 형상화했다. 받침대 격인 둥근 돌을 흰색 쇠 통이 힘차게 휘감고 있다. 그 조각은 오웰의 지적 고뇌, 진실의 집요한 탐사 욕구와 어울린다. 오웰의 본명(Eric Arthur Blair)을 적은 작은 표지판이 광장의 존재를 확인해 준다. 나는 람블라스 거리의 카페 이나카바다(inacabada·미완성)에 앉았다. 람블라스는 스페인적 열정과 낭만이 넘친다. 오웰이 갔던 카페와 같은 이름이다. 그곳을 함께 찾았던 호세 카몬 아스나르(52·전직 역사 교사)는 감회에 젖었다. 그에게 질문을 던졌다.

-오웰에게 스페인 내전은 무엇인가.

"스페인 내전은 공화파 대 파시즘의 대결이 기본이다. 바르셀로나에서 내전의 또 다른 의미는 혁명이었다."

-오웰은 사회주의자다. 왜 공산주의에 분노했나.

"혁명은 타락과 배신의 속성을 갖고 있다. 인민전선의 공화파는 분열했다. 공산주의자들은 인민전선 내부의 적을 미워했다. 공산주의자들은 심지어 아나키스트 군인들에게 무기를 공급하지 않았다. 내부 분열은 내전 패배의 핵심 요인이었다."

오웰은 좌절했다. 그는 아내와 함께 7월 국경을 넘어 프랑스로 탈출했다. 영국으로의 귀향에 성공했다. 그는 경험을 책으로 옮겼다. 르포 소설 『카탈루냐 찬가』는 1938년에 발표했다. 오웰은 스탈린 공산주의와 히틀러 나치즘의 유사성을 간파했다. 전체주의적 압제와 인간성 말살, 음모와 대중 조작의 속성이 같다는 것이다. 그는 공산주의의 위험성을 고발한다. 그 책이 『동물농장』(1945년)과 『1984년』(1948년)이다.

피카소 『게르니카』에 담긴 내전의 시각적 충격

게르니카는 북부 바스크 지방의 작은 마을이다. 1937년 봄 프랑코의 국민군은 북부로 전력을 옮겼다. 히틀러의 나치 콘도르(Condor)군단은 지원에 나섰다. 독일 공군은 제2차 세계대전의 공습 시연회로 삼았다. 1937년 4월 26일 장터가 열려 주민들이 모였다. 나치 비행대대는 유령처럼 나타났다. 그들은 무차별 폭격을 했다. 융커 52 폭격기들은 250kg 폭탄, 소이탄을 투하했다. 건물과 집들이 무너졌다. 화재가 일어났다. 하인켈 51 전투기는 민간인에게 기총 소사(掃射)를 했다. 바스크의 성지 게

피카소와 『게르니카』. 게르니카 마을의 주택가 벽화.

르니카는 잿더미가 됐다. 피카소는 전쟁의 공포를 미술사상 가장 충격적으로 전달한다. 대작 『게르니카』는 수도 마드리드의 소피아 미술관에 전시돼 있다. 도시 게르니카에는 주택가 담벼락에 벽화로 존재해 있다. 게르니카는 죽음의 도시로 바뀌었다. 인구 7000명의 작은 마을은 부서지고 불에 탔다. 잿더미 속에 사망자만 1600여 명(당시 바스크 정부 추산, 최근 한 연구조사는 500명 전후로 추정). 프랑스에 살던 피카소는 비극의 소식을 들었다. 그는 스페인 공화정부로부터 작품 의뢰를 받고 있었다. 그해 6월 파리 국제박람회 전시용이다. 그는 결심했다. "나는 스페인을 고통과 죽음의 바다로 밀어넣은 군부 세력에 대해 극도의 혐오감을 표시할 것이다."- 그의 천재성이 작동했다. 거대한 캔버스(세로 3.49m, 가로 7.76m)에 참상을 옮겼다. 죽은 아이를 양팔에 안은 여인, 공포 속에서 절규하는 여인, 말의 겁먹은 눈과 벌어진 입, 창 같은 귀를 가진 오만한 황소…. 흑과 백, 회색만이 사용됐다. 피카소는 야만적 대학살을 충격적인 시각 메시지로 응징했다. 하지만 박람회에선 크게 주목을 끌지 못했다. 비판자들은 "기괴한 이미지들을 혐오스러운 방식으로 배열해 관객을 잡지 못했다"고 주장했다. 그림은 1939년 뉴욕 현대미술관으로 옮겨졌다.

나는 바르셀로나를 떠나 게르니카로 향했다. 바스크의 중심 빌바오에서 버스로 40여 분 거리다. 도시엔 공습과 파괴의 흔적은 없다. 질서정연하게 재건됐다. 공습의 기억은 주택가 담에 걸린 게르니카 벽화(mural)다. 사진을 찍어 타일에 옮겨 붙였다. 그림 아래 스페인 공식어와 바스크어(GERNIKARA)로 각각 씌어 있다. 그곳 관광안내소에서 향토 사학자(프란시스코 캄바·61)를 만났다.

-그림 게르니카의 의미는.

"전쟁의 최종 승자는 국민전선의 프랑코였다. 그러나 선전 전선에서의 역사적 승리는 공화파 쪽이었다. 그 승리의 원동력에 피카소가 있다. 그는 게르니카 만행을 예술로 규탄했다. 그 덕분에 좌파는 선(善)과 약자 쪽의 이미지를 강화했다."

-게르니카가 마드리드에 전시돼 있다.

"게르니카는 바스크 자치의 신성한 상징이다. 이웃 빌바오의 구겐하임 미술관에 게르니카를 전시해야 한다."

『게르니카』는 최후의 망명자였다. 망명지는 뉴욕현대미술관. 피카소는 인권 회복 때까지 게르니카의 조국 전시를 반대했다. 피카소는 뉴욕에 가지 못했다. 그는 1944년 프랑스 공산당에 입당했다. 그의 일부 그림은 반미 선전에 쓰였다. 미국은 피카소의 입국을 금지했다. 피카소는 프랑코를 증오했다. 하지만 스탈린의 공포정치에 침묵했다. 피카소는 1973년 숨졌다(92세). 그리고 4년 뒤인 1975년 11월 철권 통치자 프랑코가 사망했다(83세). 스페인은 민주화의 길을 열었다. 1981년 피카소 탄생 100주년, '게르니카'는 뉴욕의 망명생활을 청산했다. 마드리드로 옮겨졌다. 제작 44년 만이다. 그것은 내전의 진정한 종식이었다. 그 그림은 전쟁의 참상을 고발하는 상징으로 자리 잡았다. 나는 대작이 걸린 마드리드로 갔다. 레니아 소피아(Renia Sofia) 미술관 2층 6호실-.『게르니카』가 걸려 있다. 관객들은 그 앞에 모여 있다. 관객들은 시선을 경쟁적으로 고정한다. 대작에서 뿜어 나오는 예술적 위압에 전율하는 듯한 표정이다.『게르니카』는 20세기 최고의 작품이다. 그 전시실은 예술의 순례지다. 거역하기 힘든 문화습관이 됐다.

『누구를 위하여 종은…』 헤밍웨이식 '전쟁과 평화'

스페인 내전은 헤밍웨이의 두 번째 전쟁이었다. 그는 종군기자로 현장을 갔다. 그의 야심작『누구를 위하여 종은 울리나』는 공화파의 신념과 고뇌를 담고 있다. 그 작품은 영화로 만들어졌다. 스페인 내전은 헤밍웨이의 두 번째 전쟁이다. 그는 1918년 제1차 세계대전 때 이탈리아 전선에 참전했다. 소설『무기여 잘 있거라』는 그때의 참전 경험을 바탕으로 했다. 그는 전쟁과 스페인에 매료됐다. 투우는 그에게 소설적 영감의 원천이다. 투우는 두엔데(duende·불가사의한 매혹), 영웅주의, 긴장과 숙명을 드러낸다. 헤밍웨이는 1937년 1월 마드리드로 갔다. '북미 신문연합'의 종군기자였다. 그는 네 차례 내전 현장을 찾았다. 공화 정부는 헤밍웨이를 위해 취재 지원을 했다.

헤밍웨이는 톨스토이를 동경했다. 그는 자기 방식으로 전쟁과 평화를 묘사했다. 1937년 5월 공화군은 마드리드에서 북쪽의 세고비아 공략에 나섰다. 과다라마 산맥이 공격의 무대가 된다. 그 작전은『누구를 위하여 종은 울리나』의 배경이 된다. 주인공 로버트 조던은 미국인 강사다. 그는 교량 폭파 기술을 가졌다. 그는 의용군으로 산악 게릴라 부대에 합세했다. 프랑코 파시즘을 저지하기 위해 뭉친다. 다리 폭파에 성공한 조던은

스페인 내전은 헤밍웨이의 두 번째 전쟁이었다. 그는 종군기자로 현장에 갔다. /왼쪽
「누구를 위하여 종은 울리나」는 영화로 만들어졌다. /오른쪽

부상을 당한다. 혼자 남아 죽는다(실제론 공화파 군대의 과다라마 작전은 실패한다). 그때 헤밍웨이의 나이는 38세. 소설 속에 나오는 도시 엘에스코리알에 갔다. 호세 아스나르와 동행했다. 그와 대화를 나눴다.

―헤밍웨이에게 내전은 무엇인가.

"헤밍웨이에게 전쟁은 숙명이다. 헤밍웨이의 주인공은 도전과 투쟁에 충실했다. 그는 공화국의 내전 승리를 위해 공산주의 노선을 지지했다. 하지만 특정 시기, 특정 방법론으로서의 공산주의 지지였을 뿐이었다. 그는 이기적인 자유인이었다."

―좌파가 승리했다면 어떻게 됐을까.

"프랑코는 잔인한 청산과 보복을 했다. 하지만 좌파가 승리했어도 보복은 마찬가지였을 것이다. 물론 처형과 희생의 규모가 프랑코 체제보다 적었을 것이다. 그러나 백색(el terror blanco) 테러나 적색 테러(rojo) 모두 유혈과 저주의 본성은 마찬가지다."

― 바르셀로나 · 마드리드 · 게르니카(스페인), 중앙일보 2012년 2월 18일

최후의 승자, 철권 통치자 프랑코
화해의 '전몰자 계곡' 전승 기념관 이미지

프란시스코 프랑코(Francisco Franco·1892~1975)는 내전의 최종 승자다. 39년간 최고지도자(Caudillo)였다. 내전 동안 가톨릭과 서구문명의 수호자로 자임했다. 정화(淨化·limpieza)를 체제관리의 개념으로 삼았다. 그것은 좌파 공화진영에 오염된 세력과 이념의 퇴출이다.

초급장교 시절 작은 키에 작은 목소리의 그는 유약해 보였다. 하지만 신중·영리했고 기회주의적이었다. 그는 내전 과정에서 독일과 이탈리아의 결정적 지원을 받는다. 그 후 2차대전 때 히틀러의 합류 요청을 받는다. 그는 회피와 지연으로 교묘하게 중립을 유지했다. 독재정치 속에 1960년대 후반 '스페인의 기적(miliagro)'으로 불리는 경제 성장을 이룬다. 그의 오만은 도발적이다. "나는 오직 신과 역사 앞에 책임질 뿐이다."

프랑코의 독특한 유산이 남아 있다. 전몰자 계곡(El Valle de los Caidos)-. 마드리드에서 북서쪽으로 20㎞ 떨어진 곳이다. 과다라마 산맥의 거친 암벽에 구멍을 뚫고 공간을 만들었다. 그 안에 거대한 지하 성당을 지었다. 성당 길이는 260m, 그 안쪽 한복판 바닥 아래에 프랑코가 묻혔다.

천장은 밖의 125m 높이의 십자가와 닿아 있다. 프랑코는 그 조형물을 내전 화해의 상징으로 내걸었다. 1941~59년 인부 2000여 명을 동원했다. 인부는 정치범도 많았다. 국민·공화군 수만 명의 유해도 안장돼 있다. 기이하고 거창한 조형물은 화해와 쉽게 연결되지 않는다. 프랑코의 전쟁 승리 기념관의 이미지가 강하다. 프랑코 유해 이장 논란도 계속된다.

내전 중 유혈과 살인은 양쪽 모두에서 이뤄졌다. 승자인 우파가 훨씬 많이 저질렀다. 좌(공화)·우(국민) 양 진영의 군인은 35만여 명 전사한 것으로 추정된다. 후방에서 프랑코파는 공화파 5만~20만 명을 처형한 것으로 추정된다. 좌파 인민 전선이 처형한 프랑코파 희생자는 3만8000여 명 정도. 7000여 명의 가톨릭 사제와 수녀도 인민전선에 의해 살해됐다. 내전 종식 뒤 50만여 명이 프랑스로 탈출했다. 이 중 15만 명 정도가 귀국했다. 포로수용소에는 40만 명이 수용됐다.

무라카미 하루키가 추적한
'노몬한 전투'의 충격적 진실

소련에 당한 일본, 진주만으로 침공 목표 바꿔

　노몬한은 멀다. 중국의 변방. 내몽골(內蒙古, 네이멍구)자치구의 외딴 곳이다. 제2차 세계대전 이전엔 만몽(滿蒙·만주국과 외몽골) 경계 지역이다. '노몬한 전투'는 낯설다. 잊어버린 전쟁이다. 1939년 일본과 소련(현 러시아)의 싸움이다. 그 전투에서 일본의 최정예 관동군(일본 육군의 만주 점령 부대)이 참패했다. 전투 규모는 작다(국지전). 파장은 길고 파괴적이다. 그때까지 일본의 주적(主敵)은 북방 소련. 패전의 충격은 일본의 침공 방향을 틀었다. 남방의 미국과 동남아 쪽으로 바뀌었다. 노몬한은 일본인에게 불편하나. 삭가 무라카미 하루키(村上春樹)는 역사의 실체에 다가갔다. 그는 그것을 소설 소재로 삼았다. 『태엽 감는 새 연대기(ねじまき鳥 クロニクル)』다. 그의 기행문 『변경·근경(邊境·近境)』 속에 노몬한(ノモンハン)이 있다. "이름 없는 몽골 초원에서 벌어진 피비린내 나는(血なまぐさい) 단기간의 전쟁에… 왜 그런지 알 수 없지만 나는 그 전쟁에 빠져들었다."

중국의 내몽골자치구 초원에 위치한 '노몬한 박물관'의 야외 벌판에 전시된 당시 소련군과 일본군 전차(대부분 실물 같은 모조품).

나는 '하루키의 노몬한 전투'를 찾아 떠났다. 2019년은 노몬한 전투 80주년. 5월 초 헤이룽장(黑龍江)성의 하얼빈에 도착했다. 다음 항공 이동 코스는 내몽골자치구의 후룬베이얼(呼倫貝爾·호륜패이)시. 공항에서 중심지 하이라얼(海拉爾·해랍이)로 들어갔다. 하이라얼은 동북3성(옛 만주)과 긴밀하게 묶여 있다. 그곳은 하얼빈~만저우리(滿洲里·러시아와 접경, 옛 동청철도) 철도 노선의 주요 역. 노몬한은 하이라얼에서 출발한다(남쪽 230㎞).

1939년 중국 변방 '지긋지긋한 초원' 전쟁

하루키의 1994년 7월 여정도 같은 코스다. 나는 중국인 가이드와 함께 차에 올랐다. 도심을 벗어난 지 10분쯤. 광활한 초원이 나타난다. 한가한 왕복 2차로다. "지긋지긋할(うんざりする) 정도로 평평한 녹색의 초원(草原)이 펼쳐지고 있었다." 하루키의 감상은 25년 후 나에게도 적용된다. 색깔만 다르다. 5월 초 초원은 대체로 누런빛이다. 신바얼후좌기(新巴爾虎左旗·신파이호좌기)라는 마을이 나타났다. 2시간15분쯤 달린 뒤다. 기(旗)는 작은 행정구역. 초원

이 깊을수록 옛 몽골문자는 기운차다. 건물 간판에 고풍(古風)의 글씨들이 중국 간체자와 함께 적혀 있다. 내몽골자치구만의 공용어 풍광이다. 중국인 가이드는 "이곳 초원 풍경은 내몽골에서 최고다. 황사 발원지인 쿠부치 사막은 멀고 먼 반대편"이라고 했다.

나는 전쟁사를 확인했다. 1939년 5월 11일 외몽골(당시 몽골인민공화국) 군 기병 80명이 노몬한 근처의 할하강(哈拉哈河·합랍합하)을 넘어왔다. 신징(新京, 지금은 창춘)의 관동군사령부는 하이라얼 주둔 23사단에 명령했다. "만주국에 불법 침투한 적군을 몰아내라. 외몽골군 배후 소련군의 야심을 봉쇄하라." 관동군 병사들이 출동했다. 완전군장 차림으로 하이라얼~노몬한까지 장거리 행군이다. 『태엽 감는 새』의 장교 마미야(間宮)의 회고다. "황량한 벌판 가운데를 묵묵히 전진하다 보면 인간의 덩어리가 점차 풀어지는(失) 듯한 착각이 엄습(襲)할 때가 있다." 하루키의 문학적 감수성이 격렬하게 작동한다. 그 감흥은 나에게 전이된다. 초원은 광활하지만 단조롭다. 단순함은 신비함을 발산한다. 초원은 사람을 흡수한다. 그것은 자연 속 몰입이면서 존재의 상실이다.

'좌기'에서 차로 20분쯤에 목적지인 박물관이다. 명칭은 '노몬한(諾門罕·낙문한)전역 유지 진열관'. 중국어 안내문은 중립적이다. "135일간 이

파괴된 전차 위의 하루키(당시 45세, 책표지). /왼쪽　'노몬한전역 유지 진열관' 입구. /오른쪽

곳(600㎢)에 소련·외몽골군과 일본군 합쳐 20만 병력이 몰렸다. 대포 500 문, 비행기 900여 대, 탱크·장갑차 1000대가 투입됐다. 세계 전투사상 지상·공중의 첫 대형 입체전이다." 정문 조형물은 십자 형태다. 소총(세로) 과 전투기(가로 끝)의 입체전 이미지다.

"일본의 비근대적 전쟁관 철저히 유린당해"

전투 초기 일본군은 외몽골군을 간단히 격퇴했다. 후견국 소련이 가세한다. 본격적인 노몬한 드라마다. 일본 관동군(+만주국 기병) 대(對) 소련 극동군(+외몽골군 기병)의 대결이다. 전투 명칭은 다르다. 소련은 강 이름을 땄다. '할힌골(Бои на Халхин-Голе) 전투'다. 외몽골도 같다. 5월 28일 일본군 2000여 명, 소련군 1500여 명이 충돌했다. 일본 기갑부대는 95식 경(輕)·97식 중(中) 전차. 소련군은 BT-7·BT-5·T-26 전차다. 첫 격돌의 양쪽 전사자(각 150명) 숫자는 비슷했다. 공중전에선 일본이 앞섰다. 전투기 성능(97식)과 조종사 숙련도의 우위 덕분이다. 박물관 내부는 예고대로 수리 중이다. 야외에 전차 12대가 서 있다. 중국식 짝퉁기술이 발휘됐다. 거의가 실물 같은 모조품. 영화 세트장 분위기다. 초원에서 전차전이 벌어지는 듯하다.

모스크바의 크렘린은 전선을 재구성했다. 신예 지휘관 게오르기 주코프가 57군 사령관으로 파견됐다. 소련은 최신 기갑 장비·전투기(I-16)·군수물자를 대량 투입했다. 넓은 전시장에 평화의 종(鐘)과 승전 조형물이 있다. 거기에 주코프와 초이발산(외몽골 사령관)이 새겨져 있다. 관광책자에 "주코프의 천재성을 세상에 알린 할힌골 전투"라고 적혀 있다. 주코프는 2차대전의 영웅이다. 소련의 전략 목표는 선명했다. 극동의 군사적 우위를 확고히 하는 기회로 삼았다. 일본의 전략은 모호와 혼선이다. 도쿄

'노몬한'을 승리로 이끈 2차대전의 소련군 영웅 주코프 사령관. /왼쪽
독단과 전횡의 쓰지 관동군 참모. /오른쪽

의 대본영(大本營·최고 통수부)은 전선 확대에 소극적이었다. 현지의 관동군은 이를 무시했다. 전횡과 독단은 관동군의 체질이다.

전투 2막이 시작됐다. 7월 3일 일본군 97식 중전차 13대, 장갑차 5대가 파괴됐다. 지휘부는 손실 규모에 당황했다. 기갑부대 철수를 지시했다. 이제 관동군은 과거로 후퇴했다. 육탄(肉彈) 돌격의 황군(皇軍)정신에 의존했다. 관동군은 소련의 기갑 전력을 경시했다. 8월 20일 주코프 사령관의 공격 개시다. 그는 일거에 전세를 장악한다. 5만여 소련군·외몽골군은 할하강을 건넜다. 2만 병력의 일본군은 포위당했다. 23사단은 패퇴했다. 혼다(本田) 오장(하사)의 처절한 기억이다. "우리는 38식 보병총과 25발 탄환뿐… 소련 전차에 달라붙어 화염병으로 불태웠지." (『태엽 감는 새』) 소설 주인공 '나'(오카다)는 탄식한다. "일본군은 거의 맨손에 빈주먹으로(徒手空卷) 소련의 우수한 기계화 부대와 맞서 싸웠다. 부대는 괴멸했다. 독단으로 후방 이동한 지휘관은 강제 자살 명령을 받고 헛되이 죽어갔다."

노몬한은 강제규 감독의 '마이웨이'(2011년 개봉)에 등장한다. 주인공(장동건) 소속의 일본군은 무너졌다. 하루키의 표현대로 "화염방사기에 불타고 전차 캐터필러에 짓밟혔다." 야외 전시장에 녹슨 일본군 철모 10여 개가 소품으로 놓여 있다. 그 주인은 그렇게 숨졌을 것이다. 조선인 조종사 지린태 중위(일본 육사 50기)는 노몬한 상공에서 숨졌다. 그가 몰던 97식 고공 정찰기가 격추됐다. 그 50여 년 뒤 1991년 소련의 붕괴 때다. 노몬한 비밀문서가 공개됐다. 소련군의 희생도 일본만큼 컸다(일본군 = 사망 7696 + 행불 1021 + 부상 8647, 소련군 = 사망 9703 + 부상 1만 6000). 하지만 최종 승패는 전략목표 달성에서 판정 난다. 소련군은 그것을 성취했다. 러일전쟁(1904년) 패배의 오랜 악몽에

광활한 초원에서 완전군장 차림으로 행군하는 일본 관동군 병사.

서 탈출했다. 일본 육군은 퇴화했다. 소련군을 깔보았던 일본군의 좌절감은 컸다. 하루키의 분노가 응축된다. "노몬한은 일본인의 비(非)근대적 전쟁관·세계관이 소비에트라는 새로운 전쟁·세계관에 철저(完膚)하게 격파, 유린당한 최초의 체험이다."

9월 15일 전투가 마감됐다. 양측은 국경 조약(주둔지 경계선)을 맺었다. 유럽에선 9월 1일 제2차 세계대전이 시작됐다. 하루키는 소련 전략의 지정학적 교묘함을 간파한다. "유럽과 극동의 양면작전을 회피하고 변통(やりくり)을 잘해서 한 번에 한쪽만을 처리한다." 노몬한 종전으로 소련은 폴란드를 침공했다. 1945년 5월 나치 독일이 패망했다. 소련은 8월에 동북아의 대일전에 참전했다. 노몬한 패배는 대본영을 충격에 빠뜨렸다. 대규모 문책인사가 단행됐다. 관동군의 사령관(대장 우에다 겐키치)·23사단장(중장 고마쓰바라 미치타로)은 예편됐다. 참모본부(육군)는 패배를 감췄다. 전투가 '사건'으로 축소됐다. 군령부(해군)도 전모를 몰랐다. 국민들은 내막을 알 수 없었다. 하루키의 좌절은 결정적이다. "군 지휘관들은 교훈을 배우지 못했다. 당연히 그것은 같은 패턴에 압도적 규모로 남방전선에서 되풀이됐다. 노몬한·태평양전선에서 숨진 병사들은 일본이라는 밀폐된 조직에서 소모품으로 지극히(きわめて) 운이 나쁘게, 비합리적으로 죽어갔다."(『변경·근경』) 노몬한 패전에도 일본 육군은 전술 혁신에 둔감했

다. 실패는 성공의 어머니다. 실패를 덮으면 그 이치는 성립하지 않는다.

실패를 감추면 교훈은 작동하지 않는다

/

혼다 오장의 울분은 직설로 바뀐다. "노몬한에서 살아남은 참모들은 중앙으로 나가 출세했고, 놈(奴)들 중 전후에 정치가가 된 자도 있어." '놈'은 관동군 참모 쓰지 마사노부(辻政信) 소좌(소령)다. 안내책자에 그의 사진설명은 일본군 엘리트다. 잠시의 좌천 뒤 그는 대본영 참모부에 진출한다. 그는 독선과 오만을 반성하지 않았다. 이어 태평양전쟁에서 실패의 반복. 그는 1950년대 중의원에 당선됐다.『변경·근경』표지는 부서진 소련군 전차 위 하루키다. 두 팔을 허리춤에 대고 초원을 응시하고 있다. 외몽골 쪽에서 찍었다. 박물관 벌판 구석에 진짜 전차가 보인다. 포탑과 포신(砲身)만 드러나 있다. 몸통과 캐터필러의 하반신은 흙 속에 묻혔다. 기행문 부제가 '노몬한의 철의 묘지(鐵の墓場)'. 그 쇳덩어리와 어울린다. 제2차 세계대전 말 진격해 온 소련군 전차다. 그 무렵 마미야 중위는 전차에 깔린다. 나는 흙 위에 버티고 있는 포신을 만졌다. 꿈틀댄다. 마미야의 사연을 말하려는 듯하다. 미국 전쟁사학자 앨빈 쿡스(Alvin Coox)는 하루키를 사로잡았다. 쿡스의『노몬한』(1985년 발간)은 이렇게 정리한다. "패배한 일본은 소련에 겁을 먹었다. 일본의 목표가 진주만으로 바뀌었다. 소련보다 미국이 다소 쉬운(easier) 상대라는 판단에서다." 노몬한은 제2차 세계대전의 분기점이다. 일본의 선택은 남방이다. 태평양의 미군, 아시아의 영국·네덜란드 식민지다. 쿡스는 미스터리를 푼다. 나치 독일은 소련과의 전쟁에 일본의 동참을 기대했다. 일·독은 방공협정 동맹국이다. 하지만 나치의 우세한 전황 때도 일본은 외면한다. 표면적 이유는 일·소 중립조약. 실제론 노몬한의 트라우마 탓이다.

15분 자동차 거리에 중국과 몽골국의 국경이 나온다. 그 너머로 할하 강이 보인다. "뱀처럼 구불구불 흐르는 곡수(曲水)다."(『변경·근경』) 가이드가 소책자를 준다. 짧은 설명이 있다. "관동군 731부대가 할하강에 세균을 뿌렸다. 그 악마적 시도를 잊지 말자(勿忘)." 길 위에 석양이다. 하루키의 감흥은 실감난다. "해가 질 무렵 초원은 숨을 삼킬 정도(息を呑)로 아름답다." 붉으면서 다채롭다. 보랏빛 노을이 사라진다. 노몬한은 하루키의 말대로 '운명적 해후'다. 그의 가족사 고백은 흥미롭다 (『문예춘추』, 2019년 6월호). "아버지가 자신의 소속 부대에서 중국인 포로를 처형한 이야기를 했다. 군도(軍刀)로 목이 떨어지는 잔인한 광경이 어린 나의 마음에 강렬히 각인됐다." 유년의 기억은 강력하고 미묘하다. 글쓰기의 영감과 용기를 준다. 그 속에서 불쾌한 역사가 소환된다.

하루키는 확신한다(도쿄신문, 2019년 5월). "역사는 아무리 구멍을 파고 숨기려 해도 때가 되면 밖으로 나온다." 그의 말들은 과거사 역주행의 아베(安倍) 총리와 대비된다. '하루키의 노몬한 전투'는 불편한 진실을 추적·해부한다.

☞ **관동군(關東軍)** 일본 육군의 만주 공략 부대. 1931년 '9·18 만주사변'을 일으켰다. 이어 일본의 위성국인 만주국(1932~45년, 지금의 동북3성+내몽골자치구 일부 영토)을 세웠다.

— 노몬한 · 하이라얼(중국 내몽골자치구), 중앙SUNDAY 2019년 5월 25일

프랑스 마지노선
알자스로렌 사수의 비장함

2차대전 난공불락 신화는 왜 추락했나

마지노선(La ligne Maginot)은 거대한 방어망이다. 그 방어선은 프랑스의 국가적 비장함을 드러낸다. 독일과의 대결에서 물러설 수 없다는 결의다. 하지만 그 드라마는 비극으로 마감했다.

1940년 5월 독일은 프랑스를 침공했다. 히틀러는 마지노선을 우회했다. 독일군의 파리 점령은 신속했다. 마지노선의 난공불락 신화는 허망하게 추락했다. 그 비극은 방어적 상상력의 파탄이다. 마지노선 드라마는 전쟁과 평화의 미묘한 관계를 표출한다. 그 속에 인간 의지와 무기 기술, 전략과 사기, 군인과 정치 리더십, 전선과 후방 사이의 대립과 연관성이 농축돼 있다. 6·25 한국전쟁이 머릿속에 떠오른다. 그 드라마는 역사의 교훈으로 존재한다.

쉐넨버그 마지노 요새. 작은 돔 모양의 강철 물체가 포탑(砲塔). 터릿과 큐폴라다. 구멍에 대포 · 기관포를 탑재한다.
지붕 위에 정찰 잠망경을 올린다. 뒤쪽에 철근 콘크리트 토치카가 있다. /위
마지노 요새 전투의 가상 그림. /아래

30m 지하 거대 요새 위엔 사발 모양 포탑

전쟁은 풍경 속에서 잔존한다. 알자스로렌(Alsace-Lorraine)-. 프랑스
와 독일의 접경 지방이다. 증오와 대립의 분쟁지대였다. 양국이 번갈아
땅 주인을 했다. 제2차 세계대전(1939~1945) 후 지금은 프랑스 영토다.
그곳 은밀한 풍경 속에 마지노 요새가 있다. 마지노 요새는 인간과 전쟁
의 역사를 간직한다. 프랑스의 쉐넨버그(Schoenenbourg)-. 북동부 알자

스의 시골 마을이다. 간판급 마지노 요새가 있다. 마지노선은 전쟁 탐사의 통과의례다. 마지노선을 알아야 평화와 전쟁을 실감한다. 나는 지난달 말 그곳을 찾았다. 프랑스인 친지가 e메일로 응원했다. 스트라스부르에 사는 전직 교사 레이몽 르메르(R. Lemerre)다.

"중국 대륙에 만리장성이 있다면 유럽엔 마지노선이 있다. 장성은 고대 중국의 축성술을 과시한다. 마지노 요새는 지하 속 철옹성이다. 20세기 전반 프랑스 토목기술의 자존심이다. 요새는 전술적으로 분리·연결돼 마지노선이 된다."

알자스-로렌은 전체 마지노선 중 핵심(140㎞) 구역이다. 나는 독일 쪽에서 들어갔다. 프랑크푸르트에서 자동차로 2시간쯤 프랑스의 알자스 국경에 다가섰다. 와인가도(weinstraße) 표지판도 나온다. 알자스의 명물은 백포도주다. 이어서 좁은 4차로 도로-. 길 양쪽은 붉은색 지붕의 화사한 단층 가옥들이다. 우아하고 정갈한 수채화가 펼쳐진다. 지금의 정경은 양국 화해의 온화함이다. 프랑스 국경으로 이어진다. 표식이 없다. 서울과 경기도 경계선에 표지판이 있다. 여기는 이웃 동네로 넘어가듯하다. 신고 절차도 없다. 내비게이션이 인식할 뿐이다. 잠시 뒤 들판. 알자스의 평

요새는 지하 20~30m 아래 구축됐다. 전기열차와 60㎝ 협궤, 궤도는 전체 3㎞(식당·내무반에서 전투구역까지 1㎞는 복선)에 뻗쳐 있다. /왼쪽
마지노 요새 부대 엠블럼에 담긴 방어 결의. /오른쪽

야다. 기갑 전차부대가 돌파하기 적합하다. 탱크의 돌격 본능을 유혹하는 지형이다. 언덕 넘어 숲속 길로 1㎞쯤 들어갔다. 표지판이 눈에 들어온다. "마지노선 쉐넨버그(Ligne Maginot Schoenenbourg)"-. 출발 2시간30분 만이다. 마지노 요새는 건재했다. 차창 나무 숲 사이로 검은 회색의 방벽이 버티고 있다. 직사각형 토치카다. 두꺼운 철근 콘크리트로 발랐다. 단단한 근육질의 진지다. 벽과 천장은 거칠고 두껍다(두께 2.75m). 포탄 세례를 견딜 만하다. 실제 독일군 420㎜ 대형 포탄이 거기에 명중했다. 하지만 심각한 균열은 없었다. 요새는 처음부터 나를 압도한다. 그곳은 지하 요새의 입구다.

주변을 살폈다. 사발 밥공기를 엎어놓은 물체가 눈에 띈다. 나는 숨을 죽였다. 내 마음에 강렬한 호기심으로 존재하던 물체다. 그 미지의 상징물은 예고 없이 포착됐다. 맥이 풀린다. 마지노 요새에 얼떨결에 다가간 듯하다. 백화점 쇼윈도의 전시물 같다. 마지노선의 흥미로운 무대는 본격 개봉되지 않았다. 안내 설명서를 봤다. 큰 사발 물체는 터릿(turret·회전 포탑)이다. 그보다 작은 물체가 큐폴라(cupola), 작은 돔 형태다. 클로슈(cloche)라고도 한다. 종(鐘) 모양의 여자 모자다(높이 80~90㎝, 직경 3~3.5m). 디즈니월드의 비행접시 같다. 하지만 놀이기구가 아니다. 요새의 주포(主砲)다. 둥근 철판 속에 대포와 기관포, 잠망경을 설치했다.

1차대전 참상에 민심은 공격 전략 혐오

지하 요새 입구에 100여 관광객이 줄을 섰다. 르메르가 와서 동행했다. EU 의회가 있는 스트라스부르에서 50분 거리다. 지하는 섭씨 13도. 1년 내내 비슷하다고 한다. 바깥 날씨는 25도. 시원한 전쟁 탐사다. 입장료는 7유로(약 1만 원)다. 입구 안내원이 나를 흘쩍 보고 미소로 말을 건넨다-.

"어디서 왔나. 아시아 관광객은 드물어 반갑다." "한국 서울이다. 한국도 전쟁 역사가 많다."

그의 친절한 설명이 이어진다. "마지노 요새는 잠수함을 연상하면 이해하기 쉽다. 바다가 아닌 땅속 깊은 곳 잠수함이다. 다만 크기가 항공모함만 하다. 그리고 땅 위로 구멍을 내서 돔 모양의 포탑을 만들었다."

입구 5m 안쪽에 엘리베이터가 있다. 안내원이 "이제부터 전쟁 투어"라고 했다. 엘리베이터는 과거로 가는 장치다. 30m 아래로 내려갔다. 제2차 세계대전의 현장으로 나를 밀어 넣었다. 통로에 궤도가 깔렸다. 폭 60cm다. 협궤(挾軌) 전기열차(trolley)가 운송수단이다. 포탄과 자재를 공급했다. 시속 8km. 지금은 사라진 열차 수인선이 떠오른다. 쉐넨버그 지하 요새는 6개의 전투 구역, 2개의 지원, 병영 구역으로 나뉜다. 이제 70여 년 전 과거로 본격 진입한다. 출발은 복선의 철로길이다. 철로는 모든 통로 (전체 3km)에 깔렸다. 신경조직이다. 전투 구역으로 먼저 향했다. 지휘소와 포대가 있는 곳이다. 한쪽에 전기발전소가 있다. 165마력의 엔진 4개. 옆쪽에 난 통로로 들어섰다. 이번엔 단선 궤도다. 폭 2m 정도다. 갑자기 인적이 끊겼다. 미로가 주는 중압감이 생긴다. 그 순간 지하공간은 살아 숨쉬는 듯하다. 천장(높이 3m)의 희미한 전기등이 나를 안내한다. 통신실이 나온다. 10여 평 크기에 10여 대의 전화, 책상, 상황판이 놓여 있다. 밀랍 인형 병사가 손으로 철모와 전화기를 가리킨다. 나는 프랑스군 철모를 썼다. 전화기도 들었다. 세련된 디자인의 아드리안(adrian) 철모다. 수화기에 "독일 전차군단 출현"이라는 긴박한 소리가 들리는 듯했다. 마지노 요새는 프랑스 토목 굴착기술의 정수(精髓)다. 그 시대 최고의 지하 건축물이다. 최첨단의 공간 처리를 했다. 지하 깊이는 18~30m로 땅 위 폭격에 끄떡없다. 통로를 1km쯤 걸었다. 핵심인 터릿(둥근 회전 포탑) 구간이 나온다. "포탑 설치는 난공사"였다는 설명서가 붙어 있다. 먼저 주변을 17m

깊이로 팠다. 콘크리트와 철골을 촘촘히 넣었다. 그리고 포탑을 세웠다. 포탑 철판의 두께는 30㎝, 무게는 30t. 중무장을 했다(75㎜ 대포, 47㎜ 대전차포, 81㎜ 박격포). 사정거리는 9~12㎞.

포탑 조종실은 아래쪽에 있다. 거기서 탄약을 특수기계에 넣는다. 포탄은 자동적으로 올라가 터릿의 포신(砲身)에 장전된다. 그 옆에 고정용 포탑(큐폴라)도 있다. 잠망경을 올려 적을 탐지한다. 안내원이 "우리 편은 엄폐된다. 노출된 채 침공하는 적 탱크와 병사를 타격한다"고 설명한다. 대포 발사 때 반동 흡수장치도 있다. 수류탄은 손으로 던지지 않는다. 수류탄을 날리는 장치도 있다. 쉐넨버그 요새에 이런 포탑이 9개, 9개의 소형 토치카가 있다. 이들 포에서 불을 뿜으면 요새는 불침 전함이 된다. 방어·격퇴의 이론과 무기 체계로선 완벽했다. 지휘소에 초상화와 사진이 걸려 있다. 포슈(F. Foch)와 조프르(J. Joffre) 원수도 있다. 두 사람은 제1차 세계대전(1914~1918) 때 독일군을 물리친 프랑스군 영웅이다.

독일군, 벨기에 아르덴 숲 지대로 우회했다

제1차 세계대전은 프랑스·영국·미국 연합국의 승리로 끝난다. 하지만 참극이었다. 프랑스 군인 140만 명이 죽었다. 20~32세 젊은 세대 40%가 희생됐다. 프랑스군 수뇌는 독일의 재침 가능성을 주목했다. 대토론이 벌어졌다. 포슈와 조프르는 대립했다. 포슈는 "공격이 최상의 방어"였다. 정적(靜的)인 방어 전략을 반대했다. 기갑부대 대령 드골(de Gaulle)은 포슈 안을 성원했다. 반면에 조프르 구상은 공고한 방어선의 구축이다. 독일 공세를 국경선에서 막는 수비 안이다. 조프르 지지자는 페탱(P. Petain) 원수였다. 2차대전 때 페탱은 항복한 뒤 비시 정부 수반이 됐다. 육군장관 앙드레 마지노는 열렬한 조프르 지지자였다. 마지노선은 그의 이름을 땄다. 이 대목에서 르메르가 마지노선 전문가의 경력을 과시한다. "제1차 세계대전 참상은 전쟁을 혐오하게 만들었다. 전쟁에 질려 하는 사회는 수세형·수동적이 된다. 그런 사회의 평화는 무조건 선(善)이다. 평화의 비굴함을 따지지 않는다. 선제적 공세심리는 경계 대상이다. 마지노선은 그런 분위기의 산물이었다. 거대한 방어선을 만들기로 결정됐다." 프랑스의 국가적 상상력은 거기에 집결했다. 건축 기술, 무기·과학 기술, 예산 등 국력을 쏟아넣었다. 반면에 기계화 부대 전술 개발, 전차 현대화, 공군 강화는 소홀했다. 그 부분은 치명적 약점이 된다. 마지노선에 대한 기대심리가 퍼졌다. 그것은 난공불락의 신화를 낳았다. 하지만 검증되지 않았다. 쉐넨버그는 대형 요새(gros ouvrage)다. 마지노선 요새 사이에 터널 연결은 없다. 요새 사이에는 대전차 방어 시설, 지뢰밭, 단독 포탑, 가시철망, 초소, 벙커를 두었다. 알자스-로렌에서 룩셈부르크 쪽 접경이 마지노의 주전선이다. 주방어선의 쉐넨버그급 대형 요새는 23개다.

방어적 상상력은 결정적 순간에 파탄

나는 지하 요새 위로 나갔다. 터릿과 큐폴라의 둥근 쇠뭉치가 푸른 들판 위에 보인다. 그 돌출은 은밀하다. 평탄한 지형이다. 나의 상상 속에 둥근 쇳덩어리는 괴물로 바뀐다. 독일군 전차들이 몰려온다. 사정거리에 들어오면 괴물은 요동친다. 회전하며 거침없이 포를 갈긴다. 그것은 가상의 시나리오에 그쳤다. 실제 전쟁은 그렇지 못했다.

1940년 5월 히틀러의 독일군은 마지노선을 외면했다. 벨기에의 아르덴 숲 지대로 전차 주력을 배치해 돌파했다. 이어 프랑스 국경도 뚫렸다. 마지노선은 격전의 무대에 등장하지 못했다. 마지노선은 무용지물이 됐다. 다시 지하다. 병사 내무반 쪽으로 발걸음을 옮겼다. 환기에 문제가 없다. 요새를 지을 때 신경 썼던 부분이다. 독가스 제거용 필터 시설이 세 군데다. 독가스는 1차대전 참호(trench)전의 악몽이다. 독가스는 눈을 멀게 했다. 그 악몽을 물리치는 정화시설이다.

요새의 건축학적 감수성은 경이적이다. 지하 생활의 쾌적함을 위한 공간 처리는 세밀했다. 대포와 총은 유해가스를 뿜는다. 소음과 진동이 크다. 내무반, 식당, 응급실, PX, 기도실은 전투 구역과 최대한 떨어지도록 디자인했다. 그것은 마지노의 신화를 강화했다. 식당은 전기 조리기구, 전기 오븐, 커피 추출기, 감자 껍질 깎는 도구를 두었다. 와인 저장고 상태는 최적이다. 물은 117m 아래 우물을 파서 펌프로 끌어올린다. 화장실 정화시설도 요즘 같았다. 응급실에 정교한 수술기구도 보인다. 자급자족이 가능한 설비다. 요새 주둔은 1개 대대 규모다. 장교 20명, 준사관 60명, 사병 550명이다. 비밀 통로도 만들었다. 다양한 비상상황을 상정해 대비했다.

군의관들은 폐쇄공포증도 처방했다. 일광욕이다. 사병 10명씩 옷을 벗고 누워 전기등의 자외선을 쬐도록 했다. 스트레스가 심한 사병들은 포도주에 안정제를 넣어 먹였다. 지하 통로에 그림 20여 장이 붙어 있다. 초등학생들의 크레파스 사생화다. 동심 속 둥근 포탑은 외계인 우주선이 되고 무적의 철옹성이다. 프랑스 삼색기가 펄럭이고 독일군 탱크는 뒤집힌다. 그러나 역사는 비정하게 전개되었다.

1940년 6월 중순 전세는 기울었다. 마지노선 공략은 마무리 장식용에 불과했다. 독일군은 마지노 요새를 앞뒤로 공략했다. 쉐넨버그 요새는 독일군과 공방을 벌였다. 독일군 급강하 폭격기(stuka)와 거대한 야포에서 대형 포탄이 날아왔다. 쉐넨버그는 저항했고 무너지지 않았다. 난공불락의 명성은 확보됐다. 하지만 그 무용담은 전쟁 승패에 의미를 주지 못했다. 개전 6주째인 6월 22일 프랑스군 지휘부는 독일에 항복했다.

마지노 요새는 백기를 올리지 않았다. 열흘 뒤 프랑스군 총사령관 베강 (M. Weygand)은 마지노 수비대에 투항을 명령했다. 전쟁은 상상력의 대결이다. 공격적 상상력은 욕망이다. 수비는 공격 본능을 막을 수 없다. 요새는 정지와 지킴이다. 공격은 변화와 속도다. 방어적 상상력은 주도권을 잃는다. 독일의 공세적 상상력은 전격전(blitzkrieg)이었다. 공세적 상상력은 행운까지 움켜쥔다. 지상 출입구로 돌아왔다. 3시간 동안의 여정이었다. 입구를 다시 살폈다. 마지노 부대의 표식이 걸려 있다. 둥근 테두리에 "ON NE PASSE PAS"라고 씌어 있다. "(독일군은) 통과할 수 없다."- 그 구호는 제1차 세계대전 베르됭(Verdun) 참호의 프랑스군 결의다. 동행한 르메르는 감회에 젖었다. "선배들은 유혈로 그 투혼을 실천했다. 하지만 마지노선 후배들은 기회가 없었다"고 말했다. 전후 마지노 요새는 새롭게 효용성을 인정받았다. 미국과 옛 소련(러시아)의 냉전 시대에 요새로 복귀했다. 1980년대 수명을 마감했다. 그 후 역사 관광지로 부분 개방됐다.

마지노선에 담긴 평화는 좌절했다. 1930년대 프랑스 정치의 좌우 분열은 심화됐다. 나치 독일의 선동과 공갈은 주효했다. 그것은 프랑스의

마지노 지하 요새에서 프랑스군 행진. /왼쪽
병사들은 특수 전등의 자외선을 쬐면서 일광욕을 대신했다. 군의관이 스톱워치로 시간을 재고 있다. /오른쪽

결전 의지와 사회 통합을 약화시켰다. 평화는 염원과 집착으로 보장되지 않는다. 방어적 자세는 진정한 평화를 생산하지 못한다. 남북한 군사적 대치는 진행형이다. 동북아 정세는 미묘하다. 공세적 의지가 전쟁을 퇴치한다. 그것이 한반도 평화를 보장한다. 강대국의 위압적인 한반도 개입을 막는다. 무장평화론이 북한의 오판을 막는 버팀목이다. 마지노선 교훈은 살아 있다.

— 쉐넨버그(프랑스), 중앙일보 2012년 6월 16일

1차대전 베르됭 악몽의 산물
육군장관 마지노 이름 따와

프랑스 육군 장관 앙드레 마지노(Andre Maginot, 1877~1932)-. 마지노 요새는 그의 이름을 땄다. 그의 활약과 집념 덕분이다. 그는 공무원 시험을 통해 정계에 입문했다. 하원의원(36세)이 된 다음해 1차대전이 터졌다. 하사관으로 자원입대했다. 베르됭 전투에서 다리에 중상을 입었다. 전후 하원에 복귀한다. 세 차례 육군 장관을 지냈다. 베르됭에 그의 동상이 있다.

베르됭 경험은 그를 방어망 구축의 주창자로 만들었다. 베르됭은 인간 도살장(독일군 33만, 프랑스군 30만 명 전사)이었다. 마지노는 대규모 방어선의 장점을 이렇게 파악했다.

- 독일 기습공격을 국경선에서 저지
- 그 사이 2~3주 동안 군대 동원
- 탈환한 알자스-로렌의 산업 보호
- 인구 열세(독일 7000만, 프랑스 3900만 명)를 방어로 보완한다.

1929년 마지노는 요새 구축안을 의회에 상정했다. 90%의 압도적 지지를 끌어냈다. 예산은 5년간 29억 프랑(지금 가치 17억 유로). 당시 프랑스 재정으론 버거웠다. 그 예산 부담은 전차부대 육성, 공군 강화에 차질을 줬다. 32년부터 공사에 들어갔다. 그는 그해 숨졌다(55세). 마지노선의 완성(38, 39년)을 보지 못한다.

>>> 히틀러 낫질작전이 프랑스 허 찔렀다
유인과 기만책에 마지노선 무용지물

지헬슈니트(Sichelschnitt, 낫질)—. 독일군의 낫질작전은 기발함과 전격전이다. 독일의 프랑스 진격 방향은 역사적으로 세 가지다. ① 벨기에 북쪽 평야. 1차대전 슐리펜 공격 노선이다. ② 벨기에 남쪽 아르덴(Ardennes) 삼림 지역. ③ 프랑스와 맞닿은 알자스–로렌 지방. 이곳에 마지노선이 집중 쳐져 있다.

독일군은 전선 세 곳에 세 개의 집단군을 포진시켰다. 루트 ①쪽 부대가 선제공격에 나섰다(1940년 5월 10일). 프랑스 · 영국군 지휘부는 슐리펜 계획의 재연으로 판단했다. 대규모 부대를 그곳으로 이동시켰다. 히틀러의 유인책에 말렸다. 독일군은 루트 ③의 마지노선을 회피했다. 마지노선을 공격하는 듯한 제스처만 썼다. 낫질의 기만책이다. 마지노선은 격리됐다. 낫질의 진짜 공격은 사흘 뒤 시작됐다. 루트 ②의 울창한 아르덴 숲이 주공 방향이었다. 프랑스가 전차의 통과 불능 지형으로 판정한 지역이다. 방어 진지는 취약했다. 독일의 주력부대는 프랑스의 허(虛)를 찔렀다. 천재적 지휘관인 구데리안(H. Guderian), 롬멜이 앞장섰다. 구데리안은 전차의 단독작전 개념을 만들었다. 그 무렵 프랑스의 통상적 육군 전력은 독일보다 우위였다. 하지만 프랑스는 전차를 보조 병기로 제한했다. 독일 전차 부대는 아르덴 숲을 이틀 만에 돌파했다. 이어 프랑스 영토에 진입했다. 프랑스 · 영국군의 주력은 양분되었다.

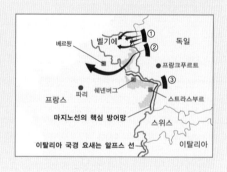

최악의 스탈린그라드 전투
20세기 최악의 지도자들 격돌

스탈린은 어떻게 히틀러를 눌렀나

　전쟁은 리더십 결전장이다. 피의 드라마다. 저항과 투혼, 파탄과 절망이 얽힌다. 스탈린그라드는 그것의 격렬한 압축이다. 제2차 세계대전의 주무대는 동부전선. 독일의 아돌프 히틀러 대 소련(현 러시아)의 이오시프 스탈린의 격돌이다. 2월 2일은 소련의 스탈린그라드 승전 기념일. 2018년 그날 블라디미르 푸틴 러시아 대통령은 볼고그라드(옛 스탈린그라드)에서 이렇게 회고했다. "75년 전 불굴의 정신과 용기가 이룬 영웅적 승리다." 나는 지난해 가을 기억의 현장을 찾았다.

　볼고그라드는 수도 모스크바에서 남쪽 910㎞쯤 아래다. 비행기로 1시간40분. 공항은 아담하다. '2018년 러시아 월드컵' 플래카드가 눈에 띈다. 세르게이 살렌코(59)가 나를 맞았다. 그는 도시역사보존회 간부다. 살렌코는 "영웅도시 스탈린그라드의 이름이 흐루쇼프 집권 시절(1961년) 볼고그라드(볼가강 도시)로 바뀌었다. 그것은 스탈린 공포통치에 대한 역사의 단죄였다"고 했다.

유혈로 넘친 전선 독일 · 소련 양군 사상자 200만

우리의 첫 행선지는 도심의 '스탈린그라드 전투 파노라마' 박물관이다. 앞에는 볼가강, 뒤쪽엔 붉은 벽돌의 듬직한 5층 건물이 있다. '게르하르트 제분(製粉)소'다. 지붕, 창문은 없다. 전쟁의 상흔이다. 외벽은 총알구멍과 포탄 자국의 범벅. 그대로 보존했다. 그 풍경은 전투의 참혹함을 증언한다. 나는 험악한 역사 속으로 들어가고 있었다. "스탈린그라드 전투를 알아야 2차대전의 참혹한 진실을 안다."– 안내문 구절이다. 살렌코는 "여기서 소련군의 평균수명은 24시간, 독일군은 7초마다 한 명씩 죽었다. 단일 전투로는 인류사에서 최악의 참상이다. 노르망디 작전의 서부전선(독일 대 영·미군)과는 처참함의 차원이 다르다"고 했다. 1941년 6월 나치 독일은 소련을 침공했다. 폴란드 침공(1939년 9월)→프랑스 파리 함락→영국 공략 실패 이후다. 나치의 전략이 재구성됐다. 히틀러는 야

볼고그라드 마마예프 쿠르간의
결사항전 조각상.

수적 세계관을 표출했다. "열등 인종과 공산주의 볼셰비즘을 없애는 절멸(絶滅) 전쟁이다." 소련 슬라브족과 유대인 말살→우크라이나 곡창지대 점령→독일 아리안(게르만족)의 생활공간 확보다. "히틀러는 사회공학(social engineering)을 추구했다."(폴 존슨, 『모던 타임스』) 전쟁의 성격이 근본적으로 달라졌다. 파멸적 참화가 예고됐다. 독일군(Wehrmacht)의 전격전은 파죽지세였다. 모스크바 앞에서 쉬었다. 혹독한 겨울 탓이다. 전시실에 "소련 크라스나야 아르미야(Красная армия·붉은 군대)가 악랄한 파시스트를 막았다"고 적혀 있다. 도쿄의 소련 스파이 조르게의 정보도 결정적이었다. "일본 공격 방향은 남방 아시아와 미국이다." 스탈린은 극동 50개 사단을 모스크바 방어에 투입했다. 전선은 교착상태로 바뀌었다. 1942년 6월 독일의 목표는 한쪽에 집중됐다. 소련 남부 캅카스(코카서스)와 볼가강 지역. 자원(카스피해 유전)과 물류 장악이다. 작전 코드네임은 '블라우(Blau·청색)작전'이다. 스탈린그라드는 공업과 교통 요충지. '스탈린의 도시'라는 그 이름은 히틀러의 자존심을 자극했다. 프리드리히 파울루스 사령관의 6군은 8월 도시 부근으로 진격했다. 8월 23일 급강하 폭격기 슈투카가 날았다. 1200대의 독일 비행기가 사흘간 폭탄을 퍼부었다. 도시 전체가 파괴됐다. 세상이 불덩어리로 변했다. 도시의 밤은 사라졌다. 스탈린그라드는 지도상에서 소멸되는 듯했다. 독일군의 점령이

임박했다.

성공은 역설이다. 건물 잔해가 소련군에 유리한 엄폐물·토치카로 변했다. 소련군 주력은 62군, 사령관은 뚝심의 지휘관 바실리 추이코프. 그는 "적의 장점을 최대한 약화시키자"고 했다. 지피지기(知彼知己)는 위기탈출을 보장한다. 코미사르(당 정치위원) 흐루쇼프는 추이코프를 뒷받침했다. 독일군은 근접전을 꺼렸다. 추이코프는 육탄전, 저격수 전투에 주력했다.

추이코프는 부대 편제를 10단위로 잘게 나누었다. 소련군은 벽돌 더미를 오가며 가까이에서 기습했다. 독일군의 필승 전술은 전차와 보병의 협동. 그 장점이 헝클어졌다. 박물관 건너편 '파블로프의 집'은 그런 전투의 상징이다. 거기서 하사 파블로프와 병사 25명은 58일간 독일군을 막았다. 그들의 적개심과 조국 수호 의지에 독일군은 고통 속에 빠졌다.

스탈린은 이념적 수치심 없앤 실용성 연마

러시아는 제2차 세계대전을 '대 조국전쟁'으로 부른다. "스탈린은 마르크스·레닌주의의 상투적 언어(cliches)에서 벗어나 레토릭을 교체할 필요성을 깨달았다." (안토니 비버, 『스탈린그라드』) 스탈린은 모스크바 붉은광장에서 '영웅 쿠투조프'를 외쳤다. 쿠투조프는 1812년 나폴레옹 침공을 물리쳤다(첫 조국전쟁). 서사시적 언어는 격정의 애국심을 낳는다.

우리는 도심 북쪽 '마마예프 쿠르간(Мамаев курган)'으로 갔다. 그 언덕(해발 102m)까지 계단은 200개(200일 전투 뜻함). 엄청난 조형물이 나온다. 이름은 '조국의 어머니가 부른다!' 고대 그리스 여신상 형태다. 1967년 완공했다. 높이가 85m(칼 33m + 어머니상 52m). 관광객들을 압도한다. 미국 뉴욕의 '자유의 여신상'은 46m. 살렌코의 설명은 인상적이다. "칼을 높이

든 어머니가 조국 수호에 나선 아들·딸들을 독려하는 모습이다. 붉은 군
대의 투혼은 러시아인의 자기희생과 자발적인 복종심, 파시스트 침략자
에 대한 적개심으로 뭉쳐졌다." 언덕에서 도시가 한눈에 들어온다. 피의
격전지였다. 소련군은 여덟 번 빼앗기고 되찾았다. 마마예프 공원 중간은
'결사 항전' 구역. 근육질 병사의 조각상(15m×12m)은 강렬하다. 불퇴전의
결연한 표정이다. 한 손에 수류탄, 다른 손에 따발총(PPsh41 기관단총)을
쥐고 있다. 엷은 미소는 적에 대한 증오와 경멸을 담고 있다. 이어서 '폐
허의 벽'. 벽에서 따발총과 '스탈린 오르간'(다연장 로켓포 카추샤) 소리, 군
가가 얽혀서 퍼진다. 벽에 새긴 병사의 다짐이 있다. "Ни шагу назад(니
샤쿠 나자트, 뒤로 물러서지 않는다)!"

소련군의 저항력은 경이적이었다. 여기엔 엔카베데(내무인민위)의 감
시·억압도 작용했다. "포로가 되면 반역(traitor)으로 자동 분류됐다."(로

거대한 '조국의 어머니가 부른다!' 조각상. /왼쪽
붉은 벽돌 제분소는 파괴된 채 남아 있다. 그 앞은 춤추는 소년·소녀상, 바르말레이 분수대. 전쟁 기억의 상징들이
다. /오른쪽 위
T-34 전차를 앞세워 역포위 공격에 나선 소련군(그림). /오른쪽 아래

버트 서비스,『스탈린』) 스탈린의 아들 대위 야코프는 독·소전 초기에 독일 군 포로가 됐다. 그도 반역자가 됐다. 스탈린주의와 나치즘은 악마적 이 념이다. 그 공간엔 제네바 협정도 소용없다. 서로가 포로들을 잔인하게 처형했다. 모스크바 크렘린의 지휘본부 스타프카(Ставка)의 주요 멤버 는 스탈린, 게오르기 주코프(최고사령관 대리)와 알렉산드르 바실렙스키 (총참모장). 국가 지도자 스탈린은 실용성을 단련했다. "히틀러와 비교할 때 스탈린의 장점은 이념적 수치심이 없다는 것이다(lack of ideological shame)." (안토니 비버,『스탈린그라드』) 독일 총통 히틀러는 자기 환상의 포 로다. 그는 자신을 군사천재로 설정했다. 전투의 세부사항까지 간섭했다. 히틀러는 소련의 잠재력과 복원력을 평가절하했다. 10월 중순 독일군은 도시의 90%를 점령했다. 소련군 상황은 악전고투다. 스타프카에선 역공 전략을 짰다. 단순 방어책이 아니다. 독일군을 역(逆)포위하는 것이다. 주 코프의 대담한 상상력은 통렬한 역전승을 생산한다.

히틀러는 자기 환상의 포로, 적의 잠재력 깔보다

1942년 11월 19일, 소련군의 천왕성(Уран·우란) 작전이 시작됐다. 100 만(대포 1만 4000문, 전차 900대, 항공기 1000대)의 새로운 군대가 독일군을 포위공격했다. 소련군의 첫 공략 대상은 독일의 추축국 루마니아 군대. T-34 전차들이 돌진했다. 허약한 루마니아군은 무너졌다. T-34는 필승 신화다. 간단한 구조, 고장이 없다. 캐터필러가 넓다. 눈밭에서 기동성도 뛰어나다. 러시아의 단순성은 위대하다. 독일의 천재성을 압도했다. 독 일군의 우수한 전차는 혹한에 취약했다. 독일 6군은 앞뒤에서 갇혔다. 사 령관 파울루스는 우유부단했다. 그는 베를린 최고 지휘부에 돌파·철수 를 요청했다. 히틀러는 도시의 상징성에 집착했다. 사수 명령을 내렸다.

1943년 1월 30일 그는 파울루스를 원수로 진급시켰다. 묵시적 자살 지시다. 독일군 원수가 항복한 전례는 없다. 하지만 다음날 파울루스는 투항했다(2월 2일 전투 종료). 히틀러의 치명적인 역전패다. 참화의 기록은 끔찍했다. 전체 사상자 200만 명(소련군 113만, 독일과 추축국 85만). 이 중 소련군 전사자는 48만, 민간인 4만 명이 숨졌다. 독일군 20만 명이 죽었다.

전시실 문구는 자부심을 쏟아낸다. "스탈린그라드 승리는 제2차 세계대전 흐름을 바꾼 거대한 전환점이다." 붉은 천의 테이블 위에 항복 문서가 놓여 있다. 하켄크로이츠(갈고리십자가)·독수리 문양·철모·기관총이 보인다. 패망한 나치의 초라한 몰골이다. 소련군의 초상화는 공적·계급순이다. 주코프 원수가 단연 앞선다. 스탈린 동상은 러시아에서 거의 사라졌다. 이곳 박물관은 예외다. 살렌코는 "러시아인들은 이중적이다. 잔혹한 스탈린 시대를 경멸하면서 그 시대의 강한 조국상을 그리워한다"고 했다. 푸틴의 장기집권은 그런 기대와 열망의 집약이다.

— 볼노그라드 · 모스크바(러시아), 중앙SUNDAY 2018년 3월 24일

'에너미 앳 더 게이트'
전설의 저격수 소총은 살아 있다

바실리 자이체프.

스탈린그라드는 폐허다. 벽돌 속 정글로 변했다. 인간 사냥꾼들의 무대가 됐다. 소련군의 27세 바실리 자이체프. 전설적인 저격수다. 스탈린그라드 박물관에 그의 모신나강(M1891/30) 소총이 전시돼 있다. "오른 뺨에 총을 밀착, 스코프 십자가에 목표물이 메워지면 방아쇠를…"이라고 적혀 있다. 스나이퍼 세계는 초인적 집중력을 요구한다. '원샷 원킬(One shot, One kill).'- 한 발로 한 명을 쓰러뜨린다. 그의 총에 독일군 242명이 숨졌다. 사용한 총알은 243발. 100% 가까운 명중

주코프 원수 흉상.

률이다. 그의 총은 길고 투박하다. 조준경이 달렸다(길이 1318㎜, 무게 4.05㎏). 나는 그 총을 뚫어지게 살폈다. 갑자기 살아 꿈틀대는 듯하다. 사진 속 자이체프는 순박하다. 하지만 사냥감을 보는 순간 킬러의 냉혹한 본능이 깨어난다. 영화 '에너미 앳 더 게이트(Enemy at the Gates, 주드 로 주연)'는 그의 활약을 그렸다. 자이체프는 우랄산맥 산골에서 태어났다. 10대에 사슴 사냥술을 배웠다. 흑해함대의 해군 육전대로 입대했다. 자이체프는 눈 부상을 입었다. (수술 후 전선 복귀) 그는 1991년 숨졌다(76세). 2006년 마마예프쿠르간에 묻혔다.

바실리 자이체프가 사용한 소총.

디엔비엔푸 승리 방정식
예측 파괴의 기습

105㎜ 대포를 험준한 산 위로 끌어올렸다

디엔비엔푸(Dien Bien Phu)는 절묘하다. 그것은 베트남의 승전 드라마다. 베트남의 20세기 후반은 전쟁의 역사다. 프랑스와 미국, 그리고 중국과 싸웠다. 베트남은 강대국을 모두 물리쳤다. 승리의 설계자는 보 구엔지압(Vo Nguyen Giap·武元甲) 장군이다. 디엔비엔푸 전투는 첫 드라마다. 베트남과 프랑스 전쟁(1946~1954)의 하이라이트다. 그 승리는 기념비적이다. 피지배 국가가 유럽 식민통치 국가를 물리쳤다. 제국주의 역사에서 드물다. 승리는 의지의 산물이다. 바탕은 독립의 열망, 자주의 신념, 안보의 투혼이나. 남중국해는 긴장감으로 너울진다. 거기서 미국과 중국은 맞선다. 베트남과 중국도 대치한다. 중국은 베트남을 함부로 다루지 않는다. 베트남의 안보투지 때문이다. 그것은 한국의 사드 배치 상황과 비교된다.

1954년 베트남에 프랑스 식민주의 망령

/

디엔비엔푸는 낯선 곳이다. 베트남의 북서쪽 변방. 수도 하노이에서 300㎞(도로 길이 450㎞) 떨어졌다. 이웃 라오스와 붙어 있다. 2016년 봄 나는 하노이에서 프로펠러 항공기를 탔다. 1시간15분 뒤 그곳에 착륙했다. 한적하고 좁은 공항이다. 도시는 아담하다(인구 10만여 명).

도시 한복판 꼭대기가 시선을 끈다. 디엔비엔푸 승전 기념상이다. 나는 그곳부터 갔다. 입구는 조그만 광장이다. 꼭대기까지 300여 개 계단. 조각상이 서 있다. 숨을 몰며 올라온 사람들을 압도한다. 높이 12.6m, 폭 5m(무게 360t). 2004년 승전 50주년 기념작품이다. 조각상은 강렬하다. 용사 세 명의 형상. 뒤쪽 군인은 기관총을 들었다. 앞쪽 한 명은 깃발, 다른 한 명은 어린 소녀를 들어올렸다. 소수민족 타이(Thai)족 아이다. 꽃다발을 쥐었다. 깃발에 새긴 글귀는 'Quyết chiến, Quyết thắng'-. '결전결승

디엔비엔푸에 우뚝 선 승전 기념상(높이 12.6m). 56일간 전투 승리의 원동력인 '꿰엣찌엔 꿰엣탕' 구호가 깃발에 새겨져 있다. 군인과 소수민족 타이(Thai)족 소녀.

(決戰決勝·전쟁을 결심하면 승리를 결심한다)'
구호다. 총(항전)과 꽃(평화), 투혼의 메시
지다. 관광 가이드는 "꿰엣찌엔, 꿰엣탕은
호찌민(胡志明)의 신념이며, 지압 장군이
실천했다"고 했다. 호찌민은 베트남 건국
의 아버지다. 지압은 군 최고지휘관, 국

방장관이다. 동상 아래로 도시가 한눈에 들어온다. 디엔비엔푸는 무엉탄
(Muong Thanh) 지방의 분지(盆地)다(길이 20㎞, 폭 6㎞ 평지). 산과 계곡에
둘러싸여 있다. 멀리 공항 활주로(길이 1.8㎞)가 보인다. 계단 아래 길 건
너편에 삼성전자와 LG 간판이 있다.

디엔비엔푸는 변경이다. 왜 결전의 장소가 됐나. 제2차 세계대전 초기
프랑스는 나치 독일에 항복했다. 프랑스는 인도차이나 식민지(베트남·캄
보디아·라오스)를 포기했다. 다음은 일본의 점령·지배다. 1945년 8월 일본
은 항복한다. 프랑스는 재기했다. 그것은 미국·소련·영국의 힘이다. 그 덕
분에 인도차이나에 다시 진주한다. 그것은 식민지 복원이다. 역사의 치사
한 퇴행이다. 호찌민의 베트민(Viet Minh·비엣민, 월맹)은 1945년 8월 독립
을 선언했다. 프랑스의 옹졸한 야욕에 맞서야 했다. 공산주의 종주국 소
련의 스탈린과 중국의 마오쩌둥(毛澤東)은 호찌민을 지원했다. 미·소 냉
전이 시작됐다. 미국은 프랑스를 후원했다. 프랑스는 호찌민(군인 25만)
의 게릴라 전략에 고전했다. 호찌민은 저항의 서사시적 투혼을 생산했다.
"지금 메뚜기가 코끼리와 힘을 겨루고 있다. 하지만 내일이면 코끼리의
창자가 터질 것이다."

1953년 5월 앙리 나바르(Navarre·1898~1983) 장군이 등장했다. 프랑스
의 신임 인도차이나 주둔(44만) 사령관이다. 그의 전략은 유인·섬멸. 그
장소로 디엔비엔푸를 선정했다. 라오스(거리 35㎞)와 연결된 보급 요충지

1950년대 호찌민(왼쪽)과 지압(오른쪽). /오른쪽
타이족 여성들은 당나귀로 식량을 운반했다(디엔비엔푸 박물관 밀랍인형). /오른쪽

다. 1953년 11월 20일 프랑스 공정대(空挺隊)가 디엔비엔푸를 급습했다. 낙하대원은 9000여 명. 알제리 외인부대원도 포함됐다. 나바르는 드카스트리(Christian de Castries) 대령을 지휘관으로 임명했다.

전쟁을 결심하면 승리를 결심한다

나는 그곳의 전승기념 박물관을 찾았다. 첫 전시물은 호찌민과 지압의 밀랍인형이다. 호찌민의 지시는 명쾌했다. "전선 사령관의 지휘권은 절대적이다. 승리를 확신할 때만 싸워라." 호찌민은 최정예 5개 사단(4만 9000명)을 투입했다. 지압을 전선 총사령관으로 임명했다. 프랑스군은 7개의 진지를 구축했다. C-119 수송기로 대포와 탱크, 식량, 증원군을 공수했다. 비행장은 2차대전 때 일본군이 만든 것. 105㎜ 곡사포(24문), 155㎜ 야포(4문), M-24 채피 경(輕)전차(10대)를 배치했다. 병력 1만6200명. 전투기(F8F Bearcat)의 지원 공격. 나바르는 화력과 기동력의 우위를 믿었다. 난공불락으로 확신했다. "적군이 몰려와 우리를 포위할 것이다. 적군이 평지로 나오면 요새는 고슴도치처럼 작동한다. 그때 섬멸적 타격을 한다. 주변은 산과 계곡이다. 적군은 중형 대포를 가져오지 못한다." (마틴 윈드로우, 『마지막 계곡』 2005년)

그것은 오판이고 자만이다. 지압은 역습력으로 맞섰다. 공세적 영감은 적의 허(虛)를 찌른다. 리더십의 극적 상상력은 국민을 결속시킨다. 지압은 105㎜ 곡사포(무게 2t, 길이 6m)를 끌고 갔다. 군 주둔지 비엣 박에서 300여㎞ 거리. 도로를 뚫고 다리를 놓았다. 뗏목, 거룻배도 등장했다. 되도록 밤에 움직였다.

전시실은 그 장면을 연출한다. 진짜 대포와 밀랍인형 병사들. "디엔비엔푸 주변 높은 산은 800~1000m. 병사들은 대포를 밧줄로 묶어 한 번에 30~50㎝, 하루 50m씩 끌어 올렸다." 설명문은 우공이산(愚公移山)의 집념이다. 노랫말이 적혀 있다. "꼬렌!(힘내라) 산은 엄청나다. 우리 힘은 더 엄청나다. 계곡은 깊다. 우리의 분노는 더 깊다. 해뜨기 전에 대포를 산으로 끌자." 인형들이 살아서 노래를 부르는 듯하다. "승패는 보급에서 판가름 났다."- 전쟁사학자 찰스 슈래더(Charles.R. Shrader)의 진단이다. 그의 역작 『병참(兵站) 전쟁(A War of Logistic, 2015년 펴냄)』의 부제는 낙하산대 짐꾼. 베트민의 짐꾼 인원은 3만3000명, 보급 수단은 자전거 2만 대. 양쪽에 대나무를 걸쳐 짐차로 개조했다. 자전거는 포대자루 네 개(최대 320kg)를 실었다. 식량(총 2만7000t), 탄약을 날랐다. 밧줄, 자전거, 포대자루, 삽, 곡갱이가 전시돼 있다. 진열품은 고난과 투지를 증언한다. 사병들은 자주 생쌀을 씹었다. 쌀밥 짓기가 힘들었다. 프랑스 정찰기는 연기를 추적했다.

사령관 시압의 공세적 상상력 주효하다

/

1954년 1월 하순. 지압의 부대는 디엔비엔푸 외곽에 도착했다. 산속에 숨었다. 산 위에 대포 진지를 마련했다. 우공이산은 성취됐다. 105㎜ 곡사포(36문), 75㎜ 대포(24문), 박격포(50문), 12.7㎜ 대공화기(36문), 소련제

다연장포(12문)가 포진됐다. 화력에서 우위에 섰다. 지압은 '신속 진격'에서 '점진 공격'으로 바꿨다. 그는 "그 변경은 힘든 결정이었다. 우리가 원하는 시점과 장소를 택해야 이긴다"고 회고했다. 은닉과 위장은 계속됐다. 프랑스군의 정찰 수색은 실패했다. 3월 13일 지압의 첫 공격 명령이 떨어졌다. 산 위에서 활주로에 105mm 대포(최대 사거리 11km)를 쐈다. 프랑스군 수송기 두 대가 파손됐다. 보병의 기습이 이어졌다. 프랑스군 북부 진지(베아트리스)는 무너졌다. 진지 명칭은 지휘관 드카스트리의 애인 이름이다. 프랑스군은 충격에 빠졌다. 105mm 대포 출현을 예상하지 못한 탓이다. 전시실에 105mm 대포 실물이 놓여 있다.

프랑스군은 덫에 갇힌 신세다. 활주로 파괴로 이착륙이 어려워졌다. 낙하산 투하로 대체했다. 비와 구름에 가려져도 베트민군의 레이더 장착 대공포는 위력적이다. 프랑스군은 수송기의 고도를 높였다(2500에서 8500피트). 높은 고도의 낙하는 정확하지 않다. 그 무렵 드카스트리는 장군으로 진급했다. 그의 부인은 핑크색 축하편지를 보냈다. 편지를 담은 자루는 베트민군 진지에 떨어졌다. 낙하산 공수(8만 개 투하) 작전은 실패했다. 프랑스 항공기(전투기, 수송기, 헬기) 손실은 62대. 박물관에 적힌 글귀가 눈길을 끈다. "승리의 원천은 나라를 지키려는 불굴의 의지다." 한국 사회의 안보 불감증은 심각하다. 사드 배치는 고육지책이다. 중국의 사드 반발은 거칠다. 중국은 한국을 무시한다. 경제보복 카드를 만지작댄다. 한국의 정치인들은 대체로 눈치보기다. 중국 반응을 살핀다. 베트남의 단호함과 대비된다.

나는 마지막 격전지로 갔다. A-1 언덕(엘리안 2) 요새. 26일간 점령과 재탈환이 이어졌다. 지압의 군대도 사기가 떨어졌다. 참호전의 어려움, 죽음의 공포, 배고픔으로 사병들은 낙담했다. 하지만 프랑스군은 역전의 모멘텀을 만들지 못했다. 베트민군은 터널을 팠다. 요새 밑에서 800kg의

폭탄을 터뜨렸다. 프랑스군은 퇴각했다. 땅굴 폭파로 분화구 같은 구덩이가 생겼다. 그 옆에 전차가 전시돼 있다. 포신은 굽었다. 바퀴와 캐터필러는 망가져 있다. 미국인 관광객 제롬 필슨(59)이 사진촬영을 부탁한다. 그는 "2차대전, 한국전쟁에서 선전한 채피(Chaffee) 전차다. 이곳 우기 날씨의 진흙탕에서 무용지물이었다. 프랑스군은 채피의 명예를 더럽혔다"고 했다. 5월 7일 최후의 돌격이다. 목표는 최고 지휘본부 벙커다. 사령관 드 카스트리는 벙커에서 붙잡혔다. 그 순간이 새겨진 붉은색 조각상이 있다. 고개 숙인 사령관의 표정은 절망이다. 그것은 오만과 깔봄의 잔인한 대가다. 현장은 그 교훈을 격정적으로 표출한다. 나는 그곳에서 마틴 윈드로우의 책『마지막 계곡』을 펼쳤다. "벙커에서 지압의 군대는 승리의 깃발을 휘날렸다. 그 장면은 21년 뒤 다른 형태로 재현된다. 1975년 4월 사이공(지금 호찌민시)의 미국 대사관 옥상에서 미군 헬기의 최후 탈출이 있었다."

56일간 전투 드라마는 마감됐다. 프랑스군은 참패했다. 1차 인도차이나 전쟁의 종식이다. 프랑스군 사망·실종자는 3400여 명, 포로는 1만 1700명(부상자 4400명). 베트민군의 사망자 7900여 명, 부상자 1만5000명(프랑스의 추정 숫자)이다. 승리 다음날 5월 8일 제네바 회의가 열렸다. 프랑스는 인도차이나를 포기했다. 하지만 나라 전체는 북위 17도선으로 분리됐다. 북부는 호찌민의 베트민(월맹), 남부는 월남공화국으로 나뉘었다.

— 디엔비엔푸 · 하노이(베트남), 중앙일보 2016년 7월 16일

승전 기념식, 밀림 속에서 한 까닭
"포로 모욕 말라, 어제 적이 오늘 친구 된다"

디엔비엔푸 전투는 끝났다. 베트민군의 결정적 승리다. 드라마는 새로운 무대를 준비한다. 프랑스군의 항복 6일 뒤, 1954년 5월 13일. 최고 사령관 지압은 밀림으로 다시 들어갔다. 그곳에서 승전 기념식을 가졌다. 지압의 지휘본부 근처다. 산속 깊은 곳이다.

승전식 무대의 통상적 콘셉트는 과시다. 전투 현장의 기념식에선 포로들이 등장한다. 그것으로 승리의 쾌감은 치솟는다. 지압은 그런 상식을 깼다. 프랑스군 포로는 1만 명을 넘었다. 지압의 기념식은 포로들과 분리됐다. 그것은 호찌민의 지혜이기도 하다. "우리 군의 영웅적 행동을 찬양하라. 그러나 포로가 된 프랑스군을 모욕하지 말라─." 그것은 환희의 절제. 승리의 송가(頌歌)는 밀림 밖으로 새나가지 않았다. 그것은 나에게 울림으로 다가왔다.

무엉팡 밀림 속에 세워진 거대한 승전기념 조형물.

나는 디엔비엔푸에서 차를 탔다. 그곳을 찾아갔다. 무엉팡(Muong Phang) 마을. 계곡과 원시림, 산속에 숨어 있다. 무엉은 소수민족 타이(Thai)의 집단 거주지를 뜻한다. 디엔비엔푸에서 35㎞, 1시간30분 거리다. 좁은 2차로 산속 도로. 가파르고 울퉁불퉁하다.

마을에 들어갔다. 길 옆에 거대한 석상(石像)이 나온다. "여기서 디엔비엔푸 승리를 선언했다"는 표지판이 있다. 지압의 기념식 장소다. 기념식에 장병 1000명이 집합했다. 보병·포병보급부대, 타이족 짐꾼 여성 대표들이다. 지압은 호찌민의 '뀌엣찌엔, 뀌엣탕(결전 결승)' 정신을 되새겼다. 군인들은 그 구호를 외쳤다.

지금 그곳은 승리의 광장이다. 석상은 기념 퍼레이드 장면을 축약했다. 길이 16m, 높이 9.8m, 폭 6m. 2009년에 세웠다. 엄청난 크기다. 광장 앞쪽이 채워진다. 승리 주역 25명을 새겼다(키 높이 2.7m). 얼굴 표정들은 실감난다. 나라를 위한 헌신과 투지가 넘쳐난다. 자전거, 대포, 차량도 조각했다. 조각상 가운데 지압이 서 있다. 그곳 안내원은 60대 퇴역 군인이다. 그는 외우듯 말한다. "베트남은 전사(戰士)의 역사다. 디엔비엔푸는 승전 신화다. 이곳은 조국 수호를 위한 용기와 희생의 상징이다."

왜 이런 은밀한 곳인가. 깊은 산속과 대형 조형물은 어울리지 않는다. 임홍재 전 베트남 주재 대사의 분석은 흥미롭다. "베트남 사람들은 침략을 당하면 투쟁의식을 다지고 저항한다. 전쟁이 끝나면 상대방 강대국의 체면을 지켜주고 증오심이 생겨나지 않도록 배려한다." 밀림 속 승전 기념은 의미심장한 자기절제다. 그것은 베트남의 역사 경험에서 나온 통찰과 지혜다.

국제 관계는 미묘하다. 어제의 적은 오늘의 친구다. 오늘의 우방은 내일의 적국이다. 베트남의 위쪽 대륙은 중국. 바다에 해양 강국이 있다. 베트남은 프랑스와 미국을 물리쳤다. 그 시절 우방은 중국이다. 하지만 그 후(79년) 중국과 전쟁을 했다. 오늘의 베트남은 프랑스와 친하다. 미국과 힘을 합친다. 남중국해에서 공동으로 중국과 맞선다. 베트남은 전쟁의 사과를 요구하지 않는다. 한국에 대해서도 마찬가지다. 한국은 60년대 중반 베트남전에 참전했다. 맹호·청룡·백마부대의 활약은 돋보였다. 지압의 월맹(북베트남)군과 싸웠다. 베트남의 과거사 접근 자세는 한국과 다르다.

　나는 마을 깊숙이 들어갔다. 석상 3㎞ 떨어진 곳에 작은 주차장이 있다. 지압의 지휘본부로 올라가는 입구다. 타이족이 '장군(지압)의 숲'으로 부르는 곳. 타이족과 지압의 군대는 '물과 고기' 관계였다(타이족은 디엔비엔푸 인구의 40%). 산속의 작은 개천, 다리를 지났다. 30분쯤 걸으니 작은 공터다. 오두막 몇 채가 있다. 한 채는 지압의 지휘본부다. 본부 아래는 땅굴(길이 70m, 높이 1.7m, 폭 1.5~3m짜리)이다. 땅굴은 그들에게 전가의 보도(寶刀)다. 60년대 미국과의 전쟁에서도 주효했다. 낮 동안 지압은 산 위로 올라갔다. 디엔비엔푸 평야까지 직선거리로 8~10㎞. 프랑스군 움직임이 한눈에 들어왔다. "군사전략은 예술이다-." 지압의 전략은 진화한다. "소(小)로 대(大)를 이기고, 소(少)로 다(多)를 누르고, 질(質)로 양(量)을 패배시킨다."

　지휘본부에 지압의 간이침대가 남아 있다. 마른 짚 매트리스다. 지휘관 드카스트리의 욕조(浴槽)가 떠오른다. 마른 짚 매트리스는 욕조와 대비된다.

　디엔비엔푸로 돌아오는 길, 800m 산 중턱. 그곳에 또 다른 거대한 조형물(길이 21m, 높이 14, 폭 7m)이 있다. 105㎜ 대포를 끄는 장면이다. 사병 30명이 양쪽에서 밧줄로 끄는 모습이다. 항전의 투혼을 실감나게 묘사했다. 베트남의 국가 영혼은 그런 상징물로 단련된다.

>>> 와인 마신 프랑스군, 폐타이어 샌들 신은 베트민군

프랑스군과 베트민군은 골리앗과 다윗이었다. 보급품의 빈부(貧富) 차이도 뚜렷했다. 디엔비엔푸 전승박물관에서 확인된다. 진열품에 와인병 50개가 있다. 라벨 없는 빈 병이다. 프랑스군 C-47 다코다 수송기는 와인을 대량 공수했다. 치즈·초콜릿도 함께 진지에 공급했다. 그 옆 전시물은 와인을 마시는 프랑스군 밀랍인형이다. 전세를 비관하는 보초병의 모습이다. 현장 지휘관 드카스트리는 고급 빈티지 와인 4만8000병을 저장했다. 투입된 군인 1명당 3병꼴. 그는 귀족 가문 출신이다.

건너편 진열품은 낡은 고무 샌들이다. 검은 빛깔은 바랬다. 베트민군의 전투화다. 그들은 샌들을 신고 평균 300㎞를 행군했다. 베트민군은 가난했다. 가죽 군화는 없었다. 지압 장군도 샌들을 신었다. 드카스트리의 벙커를 점령한 군인도 마찬가지다. 샌들은 자동차의 버려진 타이어로 만들었다. 국가 지도자 호찌민도 샌들을 애용했다. 그는 "산에 오르고 물을 건널 때, 어디서나 편하다"고 했다. 프랑스군 비제아(M.M Bigeard) 중령은 "공깃밥 하나에 샌들을 신고 산을 넘는 그들의 인내심이 우리를 패배의 수렁으로 몰았다"고 회고했다. 폐(廢)타이어 샌들은 관광기념품이다. 하노이의 호찌민 박물관 뒤편에서도 판다.

프랑스군 나바르 장군.

>>> B-52와 샌들
인간의 투혼과 첨단 과학의 대립

호찌민 샌들의 신화는 계속된다. 미국과의 베트남 전쟁에서다. 우드바르-헤이지 (Steven F. Udvar-Hazy) 센터는 항공기술을 과시한다. 그곳은 미국 워싱턴 외곽에 있다. 스미스소니언 항공우주박물관의 별관이다. 그 박물관은 거대하다. 160개 기종의 항공기로 차 있다. 20세기 하늘을 누빈 전투기들, 히로시마에 원폭을 떨어뜨린 에놀라 게이(B-29), 스텔스기, 우주왕복선. 과학은 전쟁의 부산물이다. 그곳에 독특한 전시품이 있다. 호찌민 샌들과 B-52 전략폭격기다. B-52는 모형이다. 실물의 144분의 1 크기. 샌들만큼 작다. 두 진열품은 베트남전쟁 코너의 유리박스 안에 나란히 있다. B-52는 지금도 미 공군의 주력기다. 북한의 핵실험 때 등장한다. B-52는 한반도 상공을 난다. 괌 기지에서 핵폭탄을 싣고 온다. 샌들은 50년 전 북베트남(월맹)군의 전투화다. 자동차의 폐(廢)타이어로 만들었다. 호찌민 샌들 군대는 기술과학의 미군을 물리쳤다. 1960~1970년대 베트남전쟁에서다.

검은색 샌들은 볼품없다. 관람객들의 눈길은 거의 없다. 하지만 B-52와 함께 보면 격정적으로 다가온다. 정신력과 기술력의 독보적인 대조다. 샌들에서 뿜어나오는 여운은 강렬하다. 인간의 투혼은 원초적이다. 그것은 첨단 과학을 압도한다. 인간 의지는 국가 안보의 핵심 요소다. 20세기 후반 북베트남은 그것을 격렬하게 작동시켰다. 프랑스와 미국을 패퇴시켰다. 1979년 중국과의 전쟁에서 사실상 승리했다. 그 역사의 영향력은 쇠퇴하지 않는다. 그 주역은 보 구엔 지압(1911~2013)이다.

군사적 자립 태세는 국가 품격을 높인다. 의타적인 인간은 얄잡아 보인다. 국제 관계도 비슷하다. 베트남은 남중국해에서 중국과 대치한다. 중국은 베트남을 조심스럽게 다룬다. 베트남의 자생적인 저항력 때문이다. 저항 의지는 마력이다. 국가 전략을 풍요롭게 한다. 자주의 투혼은 국가운영의 공세적인 상상력을 공급한다. 군사적 대결에서 압박의 묘수를 제공한다. 평화 때는 외교의 기량을 키워준다.

사다트의 욤키푸르 기습
전쟁 결심해야 평화 얻는다

이스라엘 불패 신화는 어떻게 해체됐나

안와르 사다트는 화려한 모순이다. 그는 전쟁을 결행했다(1973년 10월, 4차 중동전쟁). 그의 대통령 시절(1970~1981)이다. 그의 이집트 군대의 초반 기습은 극적 성공이다. 전쟁 중·후반은 이스라엘의 반격과 승리다. 종전 후 그는 평화를 쟁취했다. 이집트와 이스라엘의 역사적 화해다. 전쟁과 평화의 관계는 미묘하다. 대립하면서 의존한다. 그는 두 개의 충돌하는 주제에 과감하게 접근, 성취했다. 10월 전쟁의 내막은 흥미롭다. 사다트의 '제한(制限)전쟁'론은 독특하다. 그 속에 담긴 이스라엘의 핵무기 검토 이야기는 긴박하나. 대통령 사다트는 암살당한다(1981). 그의 삶은 지도력의 결정적 순간으로 구성됐다.

카이로는 어두운 모순이다. 도시 외곽의 기자 피라미드는 압도적이고 장엄하다. 이집트 수도의 현재는 낡고 혼잡하다. 가장 오랜 문명국의 잔인한 쇠락이다. 나는 욤키푸르 '10월 전쟁 파노라마' 박물관을 찾았다.

이슬람 양식의 원통형 건물. 노획한 이스라엘군의 미국제 전차 M48이 있다. 이스라엘 전투기의 잔해에 6각형 다윗의 별이 보인다.

1973년 10월 전쟁, 혁신 전술로 초전 승리

10월 전쟁 6년 전, 나세르의 집권 때다. 1967년 '6일 전쟁'은 이집트의 치욕적 참패다. 공군은 궤멸됐다. 이스라엘 공군이 전쟁의 승패를 결정했다. 시나이 반도는 이스라엘에 빼앗겼다. 1970년 9월 대통령 나세르가 죽는다. 부통령 사다트가 대통령직을 승계했다. 그의 책무는 영토 회복과 나라의 자존심 복원이다. 그 시절은 미국·소련의 냉전시대다. 그는 중동에서 외교·군사의 지형을 바꿔 나갔다. 핵심은 중동 분쟁에 미국을 불러들이는 것. 키신저 미 국무장관은 외면했다. 미국은 이스라엘의 후원국이다. 사다트의 고뇌는 깊어졌다. 그는 "우리가 현상 타파를 위한 군사행동에 나서지 않는 한 미국이 움직일 것이라고 기대할 수 없다"고 했다. (『사다트 회고록』 1978년) 사다트 대통령은 전쟁을 결심했다. 박물관 전시물의 한 구절이 강렬하다. "영광스러운 평화를 위한 전쟁."- 함께 갔던 카이로대학의 젊은 강사 아무르 하산이 말했다. "이스라엘과의 적대적 게임에서 1대1의 대등한 전략적 균형이 이루어져야 미국은 개

'10월 전쟁 파노라마 박물관'의 조각상. 고무보트를 탄 알사카 특수부대원들의 역동적인 수에즈 운하 도하 장면.

1978년 9월 캠프 데이비드 협상 중 워싱턴 근교 펜실베이니아 주 게티즈버그 남북전쟁 공원을 방문한 사다트 대통령, 카터 미국 대통령, 이스라엘 베긴 총리, 다얀 외무장관(전쟁 때 국방장관). /왼쪽
이집트군의 수에즈 운하 도하. 물대포로 이스라엘군 모래 장벽을 허물고 있다(애니메이션). /오른쪽

입한다. 그것이 굴욕적 평화를 영광스럽게 바꾸는 조건이었다." 사다트는 전쟁 방식을 재구성했다. 제한 전쟁(limited war) 개념의 도입이다. 시나이 반도의 전체 탈환이 아니다. '6일 전쟁'의 패배는 공군과 기갑부대의 기량 부족 때문이었다. 이집트 군대의 전술 변경은 혁신적이었다. 전차 대(對) 전차, 전투기 대 전투기로 맞붙는 구도를 깼다. 미사일로 대치했다. 소련제 대전차 미사일(AT-3 새거), 로켓포(RPG-7V), 신형 지대공미사일(SA-6)을 들여와 무장했다. 철수했던 소련 군사고문단이 다시 왔다. 공격 시점은 10월 6일 토요일. 그날은 '욤키푸르(YomKippur)', 유대인의 속죄일이다. 이스라엘의 경계가 느슨해진다. 오후 2시 기습 공격이 시작됐다. 시리아군도 골란고원에서 이스라엘을 공격했다. 욤키푸르 10월 전쟁의 개막이다.

이집트의 핵심 작전은 수에즈 운하(너비 100~200m)의 도하(渡河)다. 목표물은 운하 건너편의 바 레브(Bar Lev)라인. 이스라엘군이 쌓은 15~20m 모래 장벽이다. 10만 발의 포격과 전투기 200여 대로 급습했다. 알사카 특수

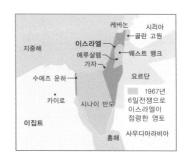

부대원 8000명이 고무보트(한 척당 7명 승선)에 올랐다. 그들은 '알라후 아크바르(신은 위대하시다)'를 외치며 노를 저었다. 박물관에 알사카의 고무보트 조각상이 있다. 설욕전의 투지가 뿜어난다. 파노라마 극장에서 '위대한 도하'의 애니메이션이 상영된다. 작전 성공 여부는 난공불락처럼 버티던 모래 장벽 허물기. 폭탄과 대형 불도저는 더뎠다. 물대포가 혁신적인 파괴 해법이었다. 서독에서 도입한 고압 펌프에서 물이 뿜어져 나왔다. 최단 2시간 만에 모래벽을 뚫었다. 이집트군 8만 명이 운하를 넘었다. 이스라엘 전투기 50여 대가 이집트군의 지대공미사일에 당했다. 이스라엘 전차 250여 대가 미사일을 맞았다.

이집트군의 수에즈 운하 기습은 경이적이었다. 시리아군도 골란고원 깊숙이 진입했다. 골다 메이어 총리의 이스라엘 지도부는 충격을 받았다. 군 정보기관 아만(Aman)의 판단은 빗나갔다. 그것은 자만과 오판 때문이다. 이집트의 공격 징후는 여러 군데에서 포착됐다. 하지만 아만의 보고서는 사다트의 전쟁 결의를 평가절하했다. 정보 실패로 메이어는 확실한 결단을 내리지 못했다.

'제한전쟁' 개념으로 이스라엘 핵 옵션 대처

전쟁 둘째 날 메이어 총리 관저. 수뇌부 회의에서 핵무기 사용 문제가 등장했다는 것이다. 국방장관 모세 다얀은 '이스라엘 제3왕국(Third Temple)의 파멸' 가능성을 거론했다. 다얀은 '6일 전쟁'의 영웅이다. 하지만 그는 낙담과 비관을 섞었다. 눈길 끄는 그 내용은 미국 CNA(해군 분석 센터 2013년)의 연구서에 담겼다. 발제자는 에브너 코언 박사. 내용은 이렇다. "다얀=전황이 생각보다 심각하다. 핵 옵션을 준비해야 한다, 갈릴리 장관=공포심에 사로잡히면 안 된다, 메이어=그런 방안은 잊어버려라,

다얀=총리의 생각이 그렇다면 받아들이겠다." 이 내용은 진실일까.

이스라엘은 핵보유국이다. 하지만 그 주제에 대한 이스라엘의 태도는 묵살과 은폐다. NCND(시인도, 부인도 않는) 자세는 계속된다. 그 때문에 다얀의 진실은 미스터리다. 양욱 수석연구위원(국방안보포럼)은 "다얀의 핵 옵션은 미국의 지원을 얻기 위한 고도의 압박으로 추정할 수 있다. 사다트가 전면전을 피하고 제한전쟁을 택한 것은 이스라엘의 핵 보복을 의식했기 때문일 수 있다"고 했다. 흥미로운 대목은 또 있다. 핵이 없는 이집트가 핵보유국(이스라엘)을 공격한 것이다. 그것은 여러 시사점을 제공한다. 핵 무장국 북한의 도발 가능성은 살아 있다. 한국의 응징 태세는 어느 수준일까. 핵이 없는 나라는 수세적이고 눈치를 본다.

이스라엘의 반격 역량이 되살아났다. 10월 25일, 전쟁의 막은 내렸다. 이스라엘은 역전승했다. 하지만 이스라엘의 불패 신화는 해체됐다. 이집트 군대의 이미지는 '용감한 진격'으로 바뀌었다. 자존심은 회복됐다. 사다트의 전략적 승리다. 사다트의 제한전쟁 목표는 이루어졌다. 중동 질서가 역동적으로 재조정되기 시작했다. 키신저의 셔틀 외교가 가동됐다. 아랍 산유국들의 석유 금수 조치가 이어졌다. 사다트는 평화 구축에 나섰다. 그는 1977년 11월 이스라엘에 갔다. 1978년 9월 사다트는 이스라엘 총리 메나헴 베긴과 함께 미국을 방문했다(카터 대통령 중재, 캠프 데이비드 협상). 리비아·시리아는 그를 아랍의 배신자로 규탄했다. 사다트의 피살은 이슬람 과격파 원리주의자의 소행이다. 죽음 후 그의 비원(悲願)이 완성됐다. 시나이반도가 이집트로 완전히 반환됐다(1982년 4월). 사다트의 성취는 모순과 역설의 드라마다.

— 카이로(이집트), 중앙일보 2017년 11월 25일

사다트의 이스라엘 방문
평화 만들 때도 전격적이었다

안와르 사다트(1918~1981)의 리더십 매력은 결단이다. 그의 삶의 절정은 10월 전쟁이다. 그는 절정의 주제를 평화로 바꿨다. 그런 전환은 용기와 신념으로 가

능하다. 전직 미국 국무장관 키신저는 이렇게 회고(2000년 미국 메릴랜드대학 연설)했다. "사다트는 평화주의자는 아니었지만 거의 예언자적(prophetic) 비전을 지녔다. 그는 유연했지만 거칠었다." 카이로의 외곽 나스르시에 이집트군 무명용사 기념비가 있다. 피라미드 형상(높이 37m)이다. 그 안에 사다트 묘지가 있다. 그는 1981년 10월 전쟁 8주년 기념 군사퍼레이드 현장에서 피살됐다. 사다트의 묘비명은 이렇게 적혀 있다. "전쟁과 평화의 영웅, 그는 평화를 위해 삶을 바쳤고 원칙을 위해 순교했다." 그곳에서 만난 70대 전직 장교는 "사다트 대통령은 전쟁을 결행할 때 과감했고 평화에 나설 때도 용감했다"고 기억했다. 전쟁을 결심하는 지도자는 평화의 역사를 만든다. 그것은 세상사를 관통하는 역설의 절정이다.

사다트는 1952년 '자유 장교단'의 군사혁명에 참가했다. 혁명의 성공 주연은 가말 나세르(1918~1970). 나세르 시대는 아랍민족주의를 분출시켰다. 그 시대의 역동성은 박정희·김종필에게 5·16의 상상력을 주었다. 1970년 나세르는 심장마비로 숨진다. 권력의 행운은 부통령 사나트에게 돌아갔다. 그때까지 그의 평판은 무해(無害)하고 평범한 조연자였다. 사다트는 내면의 권력 의지를 연마했다.

1971년 5월 반(反)사다트·친(親)소련파 각료들이 집단 사표를 냈다. 그들은 정권 붕괴를 노렸다. 사다트는 즉각 역습을 가했다. 집단 사표 수리→뉴스 방송→사표 제출자 가택연금→후임자 임명이다. 그것은 전광석화의 권력 평정이었다. 사다트의 1977년 11월 이스라엘 방문은 예측 파괴다. 그는 이스라엘 의회에서 연설했다. 그는 전직 이스라엘 총리 메이어를 만났다. 메이어는 10월 전쟁 때 적대국의 통수권자다. 두 사람의 파안대소는 강렬했다. 전쟁과 평화 사이는 극적으로 교류한다.

⟫⟫⟫ 카이로의 북한 흔적들

카이로의 '10월 전쟁 파노라마'와 시타델의 군사박물관에는 북한 냄새가 풍긴다. 상당수 벽화와 초상화들이 북한 화가의 작품이다. 사다트의 초상화 아래에 'DPR, KOREA 1993.1 황걸'이라고 적혀 있다. 건립과 개축에 북한의 지원이 있었다. 무명용사 기념비 옆에 세워진 10월 전쟁 기념화도 북한 화가가 그렸다. 북한 화풍은 사회주의 리얼리즘이다. 세밀하지만 단조롭다. 아무르 하산은 "사진 같은 화풍은 이집트의 장엄하고 상상력 풍부한 예술 전통과 어울리지 않는다. 그것은 무바라크 30년 독재의 유산"이라고 했다.

10월 전쟁 때 무바라크는 공군사령관이다 북한은 공군 조종사 20여 명을 파견했다. 사다트 사후 부통령 무바라크는 권력을 장악한다. 그 이후 무바라크와 북한 주석 김일성의 밀월시대가 열렸다. 무바라크는 북한에 스커드 미사일을 제공한 것으로 추정된다. 그는 평양에서 장기집권의 노히우를 습득했다. 하지만 지금의 엘시시 대통령 시대는 다르다. 이집트는 북한의 핵실험을 비난한다.

북한 화가가 그린 사다트 초상화와 필자.

적대에서 화해로
프랑스·독일 관계의 대전환

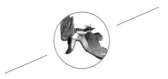

140년 2승2패 숙적은 어떻게 동반자 됐나

프랑스와 독일은 이웃이다. 화해와 협력의 동반자다. 하지만 20세기 전반까지는 숙적(宿敵)이었다. 두 나라 관계는 적대와 증오로 차 있었다. 나폴레옹 시대부터 두 세기에 걸친 약 140년간이다. 양국은 네 차례 큰 전쟁을 치른다. ① 나폴레옹의 베를린 진군(1806년, 프랑스 승리) → ② 보불 (普佛)전쟁(1870~1971년, 독일 승리) → ③ 제1차 세계대전(1914~1918년, 프랑스 승리) → ④ 히틀러의 파리 점령(제2차 세계대전 초기 1940년, 독일 승리) 이다. 보불은 프로이센(普魯西·보로서)과 프랑스(佛蘭西·불란서)의 한자 표기다. 전쟁의 결과는 4전 2승2패다. 전쟁은 참극이다. 1차대전 때 프랑스군 140만 명이 숨졌다. 젊은 세대 40%가 증발됐다. 독일의 서부전선 희생 규모도 비슷했다. 원한과 복수심은 세대로 이어졌다. 1945년 2차대전 종전 이후 대전환이 시작된다. 양국 리더십들은 과거와의 단절을 시도했다. 그리고 화해와 평화의 시대를 열었다. 두 나라는 유럽연합(EU)

1차대전 프랑스 승전비 정식 명칭은 알자스-로렌 기념비(콩피에뉴 숲, 파리서 80㎞). 긴 칼(프랑스)이 독수리(독일)의 심장을 찔러 추락시킨 형상. '조국과 정의의 수호자, 알자스-로렌의 영예로운 해방자인 프랑스의 영웅적 군인에게'라고 적혀 있다.

의 견인차다. 숙적에서 동반자로-. 그 극단적 전환의 힘은 어디에서 오는가. 그것은 한·일 관계의 롤 모델이 될 수 있는가. 2012년은 8·15 광복 67주년인 해다. 나는 그 역사의 무대를 찾아갔다. 프랑스의 콩피에뉴(Compiegne)와 베르사유(Versailles) 궁전, 랭스 대성당, 독일의 베를린 역사박물관, 프랑크푸르트-. 역사 현장은 특유의 방식으로 단서와 해법을 제공한다.

콩피에뉴 숲과 베르사유 궁전은 영광·절망 혼재

/

프랑스의 콩피에뉴와 베르사유 궁전은 기억의 장소들이다. 영욕이 뒤얽힌 역사의 절묘한 무대다. 그 기억 속에 영광은 독점되지 않는다. 수치도 일방적이지 않았다. 그곳에서 프랑스와 독일은 승패의 서사시를 교대로 썼다. 콩피에뉴는 파리에서 북동쪽, 자동차로 1시간10분 거리(80㎞)다. 작은(인구 4만 명) 도시다. 중심가 시청 주변은 고풍스러운 건물들로 차 있다. 나는 약속대로 그 지방 사학자를 만났다. 로랑 로베르(57). 관광지 자원봉사자다. 시청을 출발한 지 5분 뒤 울창한 숲이 펼쳐진다. 4차로 도로를 따라 15분쯤 가면 목적지다. 숲속에 기념 광장을 조성했다. 정식 명칭은 '콩피에뉴 휴전 숲속 빈터(la Clairiere de l'Armistice)'다.

1918년 11월, 제1차 세계대전은 막을 내렸다. 독일은 항복한다. 4년4개월의 잔혹한 전쟁은 끝났다. 프랑스 국민은 환호했다. 프랑스는 승전 의식을 갖는다. 장소는 콩피에뉴 숲. 형식은 휴전조약. 실제는 독일의 항복 서명식이다. 보불전쟁 패배 48년 만의 설욕이다. 원형의 기념 광장은 서울시청 앞 광장의 반쯤 된다. 입구의 황토색 조형물은 도발적이다. 청동의 장검과 독수리ㅡ. 승리의 월계수로 감싼 긴 칼이 독수리의 심장을 찌른다. 독수리는 거꾸로 쓰러져 처박힌 형상이다.

독수리는 제국 독일의 상징이다. 칼은 연합국을 의미한다. 프랑스의 승전비다. 명칭은 알자스-로렌(Alsace-Lorraine) 기념비ㅡ.

알자스-로렌은 만성적인 영토 분쟁 지역이다. 전승국이 교대로 주인이 된다. 프랑스는 1차대전 승리로 그 지역을 되찾았다. 로베르는 "알자

1919년 6월 베르사유 궁전에서 1차대전 승전국 대표들이 독일을 응징하는 조약을 체결하고 있다.

스-로렌 획득은 영토 집념 이상의 의미를 갖고 있었다. 이 기념비는 상대방에 대한 우월감과 복수욕의 과격한 표출"이라고 말한다. 나는 독수리 조각을 살폈다. 제국의 독수리(Reichsadler)다. 독일 황제(Kaiser)와 제후, 장군들의 헬멧을 장식한 독수리다. 카이저의 권위는 독수리의 웅비하는 날개 속에서 펼쳐졌다. 하지만 콩피에뉴 숲에서 날개는 처참하게 꺾였다. 그 승전 조형물의 화법은 원색적인 직설이다.

숲속 빈터의 중간에 놓인 둥근 화강암에 글귀가 새겨져 있다. "이곳에서 제국 독일의 범죄적 자존심을 굴복시켰다. 이는 자유 민중이 노예로 속박당하지 않기 위해서 싸운 승리를 말한다." 그 어휘들로 콩피에뉴 숲은 정의의 성전(聖殿)이 된다. 성전의 글귀는 대중을 격발시키는 단어를 채집한다. 프랑스의 제1차 세계대전 영웅 포슈(F. Foch) 원수의 동상도 서 있다. 농상 얼굴은 여유 있는 위엄이다. 광장 끝 쪽에 2층 박물관이 있다. 그 앞에 자그마한 르노 F-17 탱크가 놓여 있다. 회전 포탑이 최초로 탑재된 탱크의 원조다. 광장은 주말인데도 조용하다. 접근성이 떨어지는 것도 그 이유다. 박물관 입장료는 4유로다. 콩피에뉴 전문가인 로베르는 "여기가 기억을 소환하는 장소임을 실감할 것이다. 특별한 전시물을 만나게 된다"고 말했다. 박물관 특별 전시물은 열차 객차다. 휴전 조인식 객차(Le Wagon de L'Armistice)-. 그 객차에서 1, 2차대전 두 차례 프랑스와 독일은 휴전조약을 맺었다.

　전쟁 5년째인 1918년 늦가을, 독일은 전선을 포기했다. 연합군 총사령관 포슈는 은밀한 휴전 장소를 물색했다. 기자들을 피하고 독일 대표를 보호하기 위해서였다. 포슈는 콩피에뉴 숲 빈터에 철로를 연결했다. 그의 전용 객차를 옮겨놓았다. 로베르의 목소리는 진지해진다. "이제 객차 속으로의 시간 여행이다. 이 객차만큼 승리와 절망의 순간을 담은 유물은 없다."- 11월 11일 콩피에뉴 숲속 객차-. 휴전 조인식이 열렸다. 독일 대표는 휴전 조건을 물었다. 포슈는 "조건은 없다"고 일축했다. 그것은 무조건 항복하라는 위압적 명령이다. 독일 대표단에게 굴욕의 탈출구는 없었다. 그리고 7개월 뒤 1919년 6월 베르사유 조약으로 이어진다. 베르사유 조약은 독일을 험악하게 압박했다. 독일 바이마르 공화국의 정치적 불안은 만성적이었다. 히틀러는 원한의 열정을 생산했다. 절치부심의 복수욕을 퍼뜨렸다. 그 속에서 나치는 성장하고 집권한다.

1871년 1월 프랑스 영광의 상징인 베르사유 궁전에서 비스마르크(흰색 복장)가 주도한 빌헬름 1세 황제 즉위식. 보불전쟁 승리와 독일 통일을 과시한다.

1918년 11월 1차대전 종전. 콩피에뉴 숲에서 독일 항복 조인식. 휴전 협상 대표인 프랑스군 원수 포슈(오른쪽 둘째)
와 연합국 대표들. 열차 객차에서 항복 조인식이 열렸다. /위
1940년 6월 2차대전 초기, 콩피에뉴 숲에서 히틀러 '따라 하기' 복수. 히틀러는 1차대전 수모를 설욕하려고 같은 객
차에서 프랑스의 항복을 받는다. 히틀러(왼쪽 셋째) 등 나치 수뇌부. /아래

독일은 다시 전쟁을 시작했다. 2차대전 초기, 1940년 5월 프랑스를 침
공했다. 프랑스 수뇌부는 마지노선의 철벽 신화에 의존했다. 독일의 전
략은 프랑스의 허를 찔렀다. 마지노선을 우회해 프랑스 영토를 유린했다.
6주 만에 프랑스는 항복한다. 나치 총통 히틀러는 휴전 장소로 콩피에뉴
숲을 선택했다. 로베르는 히틀러의 상상력을 해부한다. "히틀러는 복수
의 드라마를 기습하듯 연출했다. 연출 방식은 같은 장소에서 같은 의식
(儀式)이다. 치욕과 수모를 프랑스에 되돌리는 극적인 반전을 노렸다."-
국가적 기억의 장소는 통치의 심리 무기다. 히틀러는 역사의 민감한 소
재를 대중 장악의 소재로 활용했다. 독일 국민은 국가적 굴욕을 청산한
그에게 열광했다. 히틀러는 항복 조인식을 찾았다. 독일군은 박물관 속
에 있던 객차를 숲속 빈터로 끌어냈다. 하켄크로이츠(Hakenkreuz·갈고리

콩피에뉴 박물관에 전시된 휴전 조약 객차.

십자가) 현수막으로 알자스-로렌 승전비를 덮었다. 박물관 한쪽에 히틀러 사진들이 걸려 있다. "히틀러 얼굴은 경멸과 분노, 증오와 복수, 환희와 쾌감이 뒤엉켜 광채를 뿜어내고 있다."- 미국인 기자 윌리엄 시러(『제3제 국의 흥망』저자)의 기사도 눈에 띈다.

히틀러는 객차에 올랐다. 22년 전의 휴전 현장 그대로다. 승자와 패자 의 위치만 바꿨다. 히틀러는 의자에 앉는다. 지난번 승자인 포슈의 자리 다. 히틀러가 연출한 '따라 하기 복수'는 완결된다.

객차 안에서 기묘한 공기가 퍼져 나온다. 상호 경멸과 분노, 희열과 낙 담이 뒤엉켜 새어나온 듯하다.

리더십 결단으로 과거와 단절했다

나는 파리 남서쪽 근교로 이동했다. 그곳의 베르사유 궁전은 영욕의 추억을 간직하고 있다. 탐사는 베르너(A. von Werner)의 그림부터가 적절 하다. '베르사유에서 황제선언'-. 그 그림은 베를린의 역사박물관에 전 시돼 있다(원본은 비스마르크 박물관). 베르너는 1871년 1월 18일 베르사유 궁전 모습을 사진처럼 화폭에 담았다. 프로이센 왕 빌헬름 1세가 통일 독 일제국 황제로 즉위하는 광경이다. 그 기획자는 철혈 재상 비스마르크(O. von Bismark). 1870년 시작한 보불전쟁에서 프랑스는 패퇴했다. 황제 나폴레옹 3세(나폴레옹 1세 조카)는 국경 근처 세당에서 항복했다. 참모총장 몰트케(H. von Moltke)의 프로이센군은 파리 외곽 베르사유 궁전으로 진입했다. 루이 14세가 지은 그 궁전은 프랑스 왕정의 권위와 자존심을 상징한다. 비스마르크는 궁전의 '거울의 방'을 황제 선포식전으로 선정했다. 그 방(73m×10.5m, 높이 13m)의 거울과 샹들리에가 뿜어내는 사치와 화려함은 압도적이다. 그 장소 선택 의도는 복합적이었다. 프랑스의 자존심을 짓밟는 시위였다. 프랑스에 대한 독일 국민의 열등감을 씻는 의식이기도 했다. 그때 독일은 수십 개 작은 나라로 쪼개져 있었다. 통일의 요건은 프랑스의 영향력 제거다.

그 65년 전, 1806년 나폴레옹 1세는 프로이센군을 대파한다. 그의 베를린 입성은 독일의 집단 기억 속에 짙은 그림자를 드리웠다. 프랑스군은 브란덴부르크 문 위의 '콰드리가(Quadriga)'를 빼앗는다(8년 뒤 반환). 베르사유 궁전에는 베를린 입성 광경을 포착한 그림이 걸려 있다. 비스마르크의 베르사유 선택은 그 수치에 대한 반격이었다. 프로이센군은 거울의 방을 야전병원으로도 사용했다. 보불전쟁은 프로이센 중심의 독일을 유럽의 최강국으로 등장시켰다. 역사는 다시 소용돌이친다. 이번에는 프랑스의 와신상담 차례다. 1차대전의 종결은 1919년 6월 베르사유에서의 조약 체결이다. 베르사유 궁전은 프랑스의 힘과 영광으로 복귀한다. '거울의 방' 한쪽에 그 역사를 기억하는 유리 공간이 있다(8m×4m, 높이 3.5m 정도). 그 공간은 관광객이 몰리는 성수기엔 치운다. 그 속에 조약 서명 때 쓰인 수려한 책상과 의자가 전시돼 있다. 유리 벽에 연합국 대표들의 얼굴을 새겼다. 영국 화가 오르펜(W. Orpen)의 조인식 그림(런던 전쟁박물관 소장)을 복사해 붙였다. 프랑스 총리 클레망소는 독일을 거칠게 옥죈다. 독일의 군사·경제적 재기를 막는 기능으로 조약을 작동시켰다. 전후 프랑스 사회는 허술해졌다. 전쟁의 잔혹함은 평화 열망을 고조시켰다.

정치권은 좌우로 분열됐다. 전쟁 의지는 약화됐다. 그런 속에서 평화는 썩고 비굴해졌다. 히틀러의 공갈과 선동은 허점을 파고들었다. 히틀러는 베르사유 조약 파기를 권력 쟁취의 소재로 삼았다. 나는 로베르가 보낸 e 메일을 읽었다. "나폴레옹부터 따지면 2차대전 종전(1945)까지 약 140년, 보불전쟁부터 70여 년간 굴욕과 설욕의 역사가 양국 사이에 숙명처럼 펼쳐졌다. 패권·팽창의 제국주의 시대는 그 숙명을 강화했다. 콩피에뉴 기념물은 그 숙명의 기억장치이면서도 그 운명을 극복하라는 메시지다." 그 시대 양국 관계의 우선적 속성은 우월과 지배, 복수와 응징, 불신과 경멸이다. 베르사유 궁전에 담긴 이력은 그 숙명을 기억나게 한다. 콩피에뉴 객차는 그 숙명의 직설적인 잔해다. 그 회상의 창고는 양국 관계를 화해와 우호로 바꾸라는 현대사의 패러독스로 존재한다.

— 콩피에뉴 · 베르사유 · 랭스(프랑스), 베를린(독일), 중앙일보 2012년 8월 11일

[적대와 갈등의 두 나라 4전 2승2패]

전쟁	연도(전승국)	승패 처리와 전개
나폴레옹 1세, 베를린 점령	1806.10.27(프랑스)	*프로이센, 영토 축소와 1억2000프랑 배상금(틸지트 조약), 콰드리가 노획
보불 전쟁 (프로이센-프랑스)	1870~71(독일)	*베르사유 궁전, 통일독일제국 선포(1871.1.18) *알자스-로렌 소유, 프랑스 배상금 50억 프랑(프랑크푸르트 조약)
제1차 세계대전	1914~1918(프랑스)	*콩피에뉴 숲 휴전 조인(1918.11.11) *베르사유 강화조약 체결(1919.6.28), 알자스-로렌 탈환, 독일 군비 대폭 축소, 배상금 200억 금화마르크
제2차 세계대전 초기	1940.5~6(독일)	*콩피에뉴 숲 휴전 조인(1940.6.22) 히틀러 설욕, 알자스-로렌 점령

[프랑스·독일 화해협력 정상 회동]

프랑스 대통령-독일 총리	시간, 장소	드골-아데나워 1962.7.8 랭스 대성당
드골-아데나워	1962.7.8 랭스 대성당	공동 미사(화해의 역사적 상징)
드골-아데나워	1963.1.22 파리 엘리제궁	엘리제 조약(동반자 시대 개막)
미테랑-콜	1984.9.22 프랑스 베르됭	1차대전 지옥의 격전지(화해의 전진)
시라크-슈뢰더 (국회의원-연방하원의원)	2003.1.22 프랑스 베르사유 궁전 극장	엘리제 조약 40주년 기념, 양국 의원 합동 회의(동반자 강화)
사르코지-메르켈	2009.11.11 파리 개선문	프랑스 1차대전 종전 기념식 (독일 총리 첫 참석)
올랑드-메르켈	2012.7.8 랭스 대성당	화해 50주년 기념식
마크롱-메르켈	2018.11.11 콩피에뉴 숲	1차대전 종전 100주년

랭스 대성당 석판 묵시록적 화해 결의
드골과 아데나워의 용단

프랑스 랭스의 대성당은 역사 전환의 장소다. 그 추억은 콩피에뉴 숲과 다르다. 프랑스와 독일 사이 화해(reconciliation, Versöhnung)의 출발지다.

1962년 7월 8일 프랑스 대통령 샤를 드골과 독일 총리(당시 서독) 콘라트 아데나워는 랭스 대성당 미사에 함께 참석했다. 역사의 새 지평을 여는 선언적 광경이다. 북동부 샹파뉴 지방의 랭스 대성당은 프랑스의 성지(聖地)다. 성당 정문 바닥에 기념 석판이 있다. "아데나워와 나는 대성당에서 화해를 맹세했다" 샤를 드골. 1962.7.8 주일(主日) 11시 02분. 분 단위까지 적은 그 단선적 결의는 묵시록적 감흥을 준다. 1963년 1월 22일 파리 엘리제궁, 아데나워와 드골은 다시 만났다. 화해 협력의 엘리제 조약에 서명했다. 2차대전 이후 냉전시대에 유럽은 쇠퇴를 경험했다. 두 사람은 역사의 동반자가 되기로 결심했다. 국력의 재도약을 위해 조약을 맺은 것이다. 독일과 프랑스는 '가깝고도 가까운 나라'로 새출발했다. 유럽연합(EU)을 이끄는 쌍두마차다. 여론조사에서 양국 사람은 가장 친한 나라로 상대방을 꼽는다. 올해 두 나라는 유럽 재정위기 해법을 놓고 갈등을 겪고 있다. 하지만 동반자로서의 운명은 견고하다.

한·일 관계는 여전히 '가깝고도 먼 나라'다. 우선적 원인은 일본의 역사 접근 태도다. 식민지사에 대한 일본 지도층의 반성·사과는 지지부진하다. 일본의 집요한 독도 욕심은 그 연장선이다. 이는 독일 리더십의 진정한 사과 자세와 다르다. 국가 간 화해 심리는 비슷한 국력을 확인하려 한다. 독일·프랑스의 전쟁 승부는 2승2패였다.

한·일은 임진왜란, 강제병합만 따지면 일본의 승리다. 하지만 한국의 부국강병은 세계사의 특별한 성취다. 삼성전자와 현대차의 전진, 88올림픽에서의 비약, 젊은 세대 경쟁력은 높아진 국력을 드러낸다. 동북아의 장래는 불투명하다. 북한 체제의 불안정성, 중국의 위세는 정세의 불확실성을 높인다. 한국은 중국과 친해야 한다. 일본과도 가까워야 한다. 진정한 친선은 한·일 지도자들의 역사적 결단을 필요로 한다. 프랑스·독일 리더십의 비전과 전략적 용기는 롤 모델이다. 일본 지도층은 과거사와 진솔하고 대담한 결별을 해야 한다. 한국과 일본은 21세기 한·중·일 협력시대를 함께 열어야 한다.

드골(왼쪽)과 아데나워.

4장

X

망국과 부활의 외교 현장

잃어버린 역사의 귀환
대한제국 워싱턴 공사관

부국강병 없는 외교는 좌절한다

그곳은 비감(悲感)을 생산한다. 힘없고 가난한 나라 조선, 고종의 자주 외교 몸부림, 강대국의 위압과 거드름, 대한제국의 허무한 멸망-. 황제의 분투는 처절했다. 하지만 좌절은 절망적이었다. 그곳은 미국 워싱턴의 조선 공사관이다. 약소국의 저항과 낙담이 담긴 기억의 장소다. 대한제국 황제 고종의 기대와 회한이 넘쳐나는 곳. 황제의 공사관은 고스란히 남아 있다.

19세기 말 한반도 정세는 소용돌이였다. 고종은 밀명으로 국제질서에 도전했다. "미국에 상주 공사관을 개설하라-." 어명은 은밀하고 엄중했다. 내탕금(內帑金·황제 통치자금)을 내린다. 거액인 2만5000달러다. 헐벗은 나라의 절규 같은 투자다. 그 돈으로 반듯한 건물을 샀다(매매 완료 1891년 11월). 조선의 유일한 해외 상주 공관이다. 조선은 강대국에 외교로 저항했다. 황제의 자주 집념은 활로를 찾는 듯했다. 하지만 중국(청나라)·일본·

워싱턴 대한제국 공사관. 원형 복원공사를 마친 2018년 5월 역사박물관으로 재개관했다.

러시아의 탐욕은 거칠고 치열했다. 황제는 실패한다. 그리고 1910년 8월 29일 경술국치(庚戌國恥), 망국이다. 일본은 그 건물을 강탈한다. 역사는 비정하다. 망국은 공사관을 기억 속에서 증발시켰다. 그 공관은 오랜 기간 우리 역사에서 사라졌다. 망해버린 제국의 잃어버린 공관-.

공사관은 살아 있었다. 1980년대 생존 소식이 조금씩 전해졌다. 국내외 사학자들의 학문적 성취다. 아쉽게도 그 파장은 크지 못했다. 2000년대 들어 매입 논의가 본격 시작됐다. 그 과정은 길고 지루했다. 2012년

8월에 건물을 다시 샀다. 망국 102년 만이다. 정부의 구입자금은 350만 달러(약 39억5000만원). 워싱턴 공사관은 빼앗긴 주권의 상징이다. 주권 회복의 피곤하고 긴 여정은 완결됐다. 황제의 공사관은 고혹적이다. 워싱턴의 중심 백악관에서 가깝다. 북동쪽으로 자동차로 10분 거리다. 매사추세츠 외교가의 끝 쪽이다. 나는 그곳에 20여 차례 가보았다. 정부가 공사관 매입을 발표한 21일-. 1990년대 말 그 건물과 처음 대면할 때의 기억이 떠올랐다. 로건 서클-. 워싱턴의 13번가(街), 로드아일랜드·버몬트 애비뉴가 만나는 원형의 순환교차로다. 나는 서클 근처에 차를 세웠다. 카메라와 가방을 둘러멨다. 가방 속에 워싱턴 역사 서류, 건물(주소=15 Logan Circle NW Washington D.C.) 관련 미국 국립문서보관서 (National Archives) 자료, 사진이 들어 있었다. 서클 한복판에 조그만 공원이 있다. 공원 한복판에 존

대한제국 황제 고종. /위
구입 초기인 1890년대 후반의 공사관 모습. '大朝鮮駐箚 美國華盛頓 公使館(대조선주차 미국화성돈 공사관)'이라고 씌어 있다. /아래

로건의 동상이 서 있다. 로건은 19세기 중순 미국 내전(남북전쟁) 때 북군 장군이다. 워싱턴 중심가는 남북전쟁 공훈 서열대로 동상이 서 있다. 서클 주변은 30여 채의 비슷한 건물들로 둘러싸여 있다. 3~4층 타운 하우스들이다. 100~120년 된 빅토리아풍의 아담하고 예쁜 적갈색 건물들이다. 깔끔한 고풍의 정경은 한 폭의 수채화다. 나는 워싱턴시의 건설자료를 꺼내 다시 읽었다. "로건 서클-. 워싱턴에서 독특한 건축미를 간직한 곳, 비슷한 시기에 유사한 양식으로 수십 채를 건립, 빅토리아풍의 외양을 집단적으로 과시, 역사보존지구."

집들을 한 채씩 훑어보았다. 번지수('15')가 적힌 집 앞에 섰다. 주소가

틀림없다. 한 세기 넘은 빛바랜 사진을 꺼냈다. 사진 오른쪽 위에 "대조선 주차 미국 화성돈 공사관(大朝鮮 駐箚 美國 華盛頓 公使館)"이라고 써 있다. 화성돈은 워싱턴의 한자어. 나는 뚫어지게 살피며 대조했다. 외관은 똑같았다. 3층짜리 빅토리아 양식의 겉모습, 창의 위치와 모양도 같았다. 점차 숨을 죽였다. 멋을 낸 굴뚝의 위치도 같았다. 태극기가 걸렸던 옥상도 같은 외양이었다. 건물을 다시 쳐다보았다. 그 건물은 미소를 띤 채 미려(美麗)함을 드러낸다. 세련된 건축미를 은근한 매력으로 뽐내고 있었다. 감동이 몰려온다. 가난한 조선이 어떻게 이런 아름다운 건물을 마련했는가. 약소국의 설움을 딛고 어떻게 자주 외교를 펼쳤는가. 황제의 고뇌와 절망이 겹쳐 있는 곳, 공관이 어떻게 온전하게 남아 있었을까. 그것은 역사의 기적이다. 여러 상념이 폐부를 찌르며 맴돈다. 감동은 실망으로 바뀐다. 정부는 왜 공사관을 방치하는가. 공관의 역사적 상징성은 탁월하다. 문화재적 가치의 희귀·차별성은 월등하다. 2000년대 초 가격은 강남 고급 아파트 30평 정도(100만 달러 수준)였다. 경제부국을 이뤘다면서 왜 서둘러 사지 못하는가. 역사의식을 다듬고 달려든 정부 관계자들

[구한말 정세와 공사관]	
1882.5	조·미 수호통상조약
1883.3	푸트(Foote) 미국 공사, 고종에 신임장 제정
1883.6~9	민영익의 보빙사절단 미국 방문
1888.1	첫 주미공사 박정양 워싱턴 부임. 클리블랜드 대통령에게 신임장 제정
1891.11	워싱턴에 주미공사관 공관 매입(로건 서클)
1894~95	청일전쟁 일본 승리
1904~05	러일전쟁 시작, 일본 승리
1905.9	포츠머스 러·일 평화조약
1905.11	을사늑약. 일본, 조선의 외교권 박탈
1905.12	워싱턴 대한제국 공관 폐쇄, 일본에 공사관 양도(김윤정 공사)
1910.8.29	한·일 강제병합, 단돈 5달러에 공사관을 일본에 넘김(6월). 일본 10달러에 팜

은 적었다.

망국, 식민지, 6·25 현대사 격동에 기억에서 증발

나는 상념을 잠시 접었다. 그 건물은 타임머신이 된다. 나를 한 세기
전 역사로 집어넣는다. 1882년 임오군란, 1884년 갑신정변은 한반도 질
서를 재구성한다. 청나라(중국)의 영향력은 새삼 커졌다. 청과 조선은 실
질적 종속관계가 된다. 청의 위안스카이(袁世凱)는 총독처럼 행세했다. 그
의 나이는 20대 후반. 직책은 '주찰 조선총리교섭통상사의(駐紮 朝鮮總理
交涉通商事宜)'. 긴 이름은 중국이 조선의 종주국임을 과시하려는 의도다.
그의 간섭과 개입은 불손하고 험악했다. 고종은 질렸다. 조선은 중국에서
벗어나려고 몸부림쳤다. 1894년 청일전쟁(청나라 패배)까지 그런 상황이
이어졌다. 고종의 외교적 감수성은 미국에 꽂혔다. 두 가지에 의존했다.
하나는 청나라 외교관 황준헌의 조선책략. "미국은 남의 땅을 탐하지 않
는다"는 구절이다. 다른 하나는 조·미 수호통상조약. 그 조약의 거중조정
(居中調整·good offices·분쟁해결) 항목에 기대했다. 고종은 미국을 조정자
로 삼아 중국·일본·러시아를 견제하려고 나선다.

고종은 워싱턴 외교가에 뛰어들기로 작정했다. 상주 전권공사에 박정
양을 파견했다(1888년 1월 클리블랜드 대통령에게 신임장 제정). 공사관 개설
요원 중에 이완용도 있었다. 친일 매국노 이완용(3대 주미 서리공사)은 그
때 개화·친미파였다. 고종의 의도는 벽에 부닥쳤다. 중국은 영약(另約, 특
별한 약속) 3단을 걸어 방해했다. 조선은 주미 외교관의 격을 낮췄다. 전권
공사 대신 임시 서리공사를 파견했다. 하지만 고종의 의지는 집요해졌다.
수난과 착오는 고종의 외교 리더십을 연마시켰다. 고종은 건물을 사기로
결심한다. 그때까지 주요국의 조선 외교관들은 전세 건물에 들어 있었다.

1891년 11월 서리공사 이채연은 매매계약서를 체결했다. "본 부동산은 2만 5000달러로 조선공사에 매도하며…"로 시작하는 서류는 워싱턴 시정부 문서철에 남아 있다. 서류에는 내역(지하 1층에 지상 3층, 대지 70평, 연면적 165평)이 기록돼 있다. 지은 지 14년 됐다. 대한제국 실소유의 유일한 해외 공관 건물이 생긴 것이다. 이채연은 공사관 옥상에 태극기를 게양했다. 공관 정당(正堂·로비) 벽에도 태극기를 걸고 어진(御眞·고종 사진)과 예진(睿眞·황태자 순종 사진)을 붙였다. 초하루와 보름 어진 앞에

첫 주미공사 박정양.

모였다. 황제가 염원한 자주외교의 실천을 다짐했다. 공사관 규모는 10여 명. 공사·참사관·외국인 서기관·보조원·흑인 하인 등이다. 공사관은 지금으론 대사관, 공사는 대사다. 망국까지 13명 정도의 공관장이 워싱턴에서 활약했다. 제국주의 열강 시대다. 워싱턴에 전 세계 31개국 상주 공사관이 있었다. 이채연 공사는 황제의 전권으로 워싱턴 외교가에 이름을 냈다. 미국 블레인(Blaine) 국무장관에게 "본 공사관 건물 구입을 계기로 양국 간 유대는 더욱 긴밀해질 것"이라는 공문을 보냈다.

청나라 굴레 벗어나려고 설치, 을사늑약으로 폐쇄

고종의 도전은 한계를 드러냈다. 부국강병 없는 줄타기 외교의 비극이다. 1904년 러·일전쟁이 시작됐다. 러시아는 패배했다. 1905년 9월 미국 포츠머스항에서 휴전조약이 체결됐다. 포츠머스조약은 일본의 야욕을 거침없게 한다. 그해 11월 을사늑약으로 조선의 외교권은 상실된다. 서울의 미국공사관도 폐쇄된다. 고종의 거중조정 기대는 무너졌다. 미국 외교관들은 서구 열강 중 제일 먼저 철수한다. 국제정치의 생리는 냉

혹하다. 워싱턴의 김윤정 서리공사는 공사관을 일본에 넘겨준다. 5년 뒤인 1910년 8월 29일 한·일 강제병합. 공관의 운명은 다했다. 일본은 병합 두 달 전 이 건물을 단돈 5달러에 산다. 강탈의 형식적인 서류 정리다. 양도인은 고종(한국 태황제 폐하·太皇帝陛下), 양수인은 주미 일본공사 우치다 고사이(內田康哉), 궁내부 특진관 민병석 등이 연좌 서명했다. 경술국치 이틀 후 우치다는 미국 민간인(풀턴)에게 건물을 처분한다. 매매가 10달러다.

　나라의 비극은 공관의 비운이다. 일제강점기, 해방과 6·25전쟁, 산업화와 민주화, 격동의 현대사 속에서 공관은 잊혀졌다. 재개발되거나 헐렸을 것으로 짐작됐다. 어느 날 그 건물은 살아 숨 쉬며 등장했다. 비운 속 기적이다. 공사관은 왜 생존해 있는가. 후손들에게 역사의 교훈을 주려는 것인가. 21세기 한반도 정세는 구한말과 비슷하게 짜이고 있다. 한·중·일 사이의 갈등과 대립은 겹쳐 있다. 한국은 허약한 조선과 다르다. 하지만 지정학적 운명은 변하지 않는다. 대륙과 해양세력의 교차점이다. 한국은 이웃 나라들과 골고루 친해야 한다. 동북아 장래는 불투명하다. 북한의 핵 야욕은 거침없다. 대륙이 융성할 때 반도는 허약했다. 중국은 미국과 함께 최강이다. 일본의 미흡한 과거사 반성은 만성적인 정세 불안 요소다. 일본의 독도 야심은 계속된다. 부국강병만이 나라와 국민의 안전을 유지한다. 국가 지도자의 역사적 상상력과 외교 비전만이 나라를 키운다. 공사관

1903년에 찍은 공사관 내부. 태극기가 정당(正堂) 내벽을 휘장처럼 감싸고 있다. 사무실 안에 샹들리에와 태극 문양의 소파가 설치돼 있다.

은 그 교훈으로 비운의 서사시를 마감한다.

― 워싱턴(미국), 중앙일보 2012년 8월 25일

>>> 박보균 대기자와 국민훈장 모란장

워싱턴 DC 백악관에서 자동차로 10분 거리에 있는 요지
다. 중앙일보 박보균 대기자는 그곳에서 아담하면서 미려
한 건물 앞에 섰다. 그는 가방에서 한 세기가 넘는 빛바랜
사진을 떨리는 가슴을 억누르며 꺼냈다.
"틀림없다. 고종의 공사관이다. 130년 된 빅토리아풍 건
물이 온전하게 살아 있었다. 감격, 충격, 비감의 여러 상념이 나를 한창 붙잡았
다." 공사관의 실존 사실을 확인한 순간, 박보균 대기자는 그렇게 회고했다. 그는
지난달 20일 정부로부터 국민훈장(모란장)을 받았다. 대한제국 공사관의 환수에
기여한 최고의 공로를 인정받은 것이다. 그는 2000년 전후부터 20여 차례 현장
을 방문해 자료를 수집하고 칼럼 집필과 관계자를 만나고 강연을 하면서 공사관
의 역사적 의미를 전파했다.

― 기자협회보, 2013년 9월 4일자 요약

카이로회담의 신화와 진실
'한국 독립 조항' 누가 넣었나

루스벨트가 주연, 장제스는 소극적 조연

카이로회담(Cairo Conference)은 세계사의 이정표다. 20세기 한국사 전개의 극적 전환점이다. 회담은 70년 전(1943년 11월 22~26일)에 열렸다. 회담은 이렇게 기억된다. "카이로회담에서 식민지 한국의 독립 문제를 국제사회 정상들이 처음 논의했다."- 이 대목은 역사적 사실이다. "선언문에 한국 독립 문구가 들어간 것은 중국 장제스(蔣介石) 역할 덕분이다." 이것은 대다수 한국인의 상식이다. 하지만 진실과 어긋나는 신화다. 카이로 무대에는 미국 대통령 프랭클린 루스벨트(Franklin D. Roosevelt), 영국 총리 윈스턴 처칠(Winston Churchill), 중국 총통(總統) 장제스가 출연했다. 그 시대 국제정치의 세 거두(巨頭)다. 선언문은 '한국의 자유독립'을 별도로 결의한다. 전 세계 수십 개 식민지 중 유일하다. 그 전까지 한국은 '잊혀진 나라'였다. 행운의 역사 드라마다. 한국 문제의 연출과 주연은 루스벨트다. 장제스는 조연이었다. 2013년 11월 말은 회담 개최 70주년이다.

회담 본부였던 메나하우스 호텔은 지금도 운영 중이다. 뒤쪽으로 거대한 쿠푸왕 피라미드가 솟아 있다.

70년 세월은 기자적 감수성을 자극한다. 나는 회담 현장을 추적하고 실체를 해부했다. 한국 독립을 논의한 카이로의 루스벨트 숙소를 찾아냈다. 언론 사상 처음이다. 숙소는 반세기 이상 베일에 가려 있었다.

일본 패망 후 강대국의 동북아 새판 짜기

이집트 수도 카이로는 장구하다. 그 서사(敍事) 속에 카이로회담 장소가 남아 있다. 메나 하우스(Mena House) 호텔, 루스벨트 숙소-. 메나 하우스 호텔은 회담 본부였다. 주요 회담은 근처 루스벨트 숙소에서 진행됐다. 호텔은 카이로 외곽의 기자(Giza) 피라미드 관광지에 있다. 2013년 10월 나는 호텔을 찾았다. 호텔 앞 피라미드로 가는 길에 장갑차 두 대가 서 있다. 축출된 대통령 무함마드 무르시 옹호 시위가 틈틈이 계속된다. 장갑차 임무는 관광지 경비. 정국 불안으로 피라미드 주변은 한적했다. 종업원이 회담의 유산으로 나를 안내한다. 고대 이집트 왕국의 문양, 파라오풍을 덧칠한 샹들리에와 장식, 130년쯤 된 호텔은 화려함을 과시한

[카이로회담 전후]

· 1937년 7월 중일전쟁 시작
· 1939년 9월 독일, 폴란드 침공 제2차 세계대전 시작
· 1941년 12월 일본 진주만 기습 태평양전쟁 개시
· 1942년 2월 루스벨트, 한국 첫 공개 언급(라디오 연설)
· 1943년 11월 22일 카이로(이집트) 미·영·중 회담 시작,
  루스벨트+처칠+장제스
  23일 루스벨트와 장제스, 양자 비공식 만찬 회담(중국
  의 영토·지위 회복, 한국 독립 보장)
  24일 홉킨스, 카이로 선언 초안 작성
  26일 카이로 선언문 합의, 회담 종료
  28일 테헤란(이란) 회담 시작, 루스벨트+처칠+스탈린
  (스탈린, 카이로 합의 인정)
  12월 1일 카이로 선언문 발표
· 1945년 2월 얄타(소련)회담, 루스벨트+처칠+스탈린
· 1945년 7월 포츠담(독일)회담, 트루먼+애틀리(회담
  중 처칠 교체)+스탈린
· 1945년 8월 일본 패망, 한국 8·15 해방

다. 처칠 스위트(632호)-. 처칠이 회담 때 쓰던 방이다. 그것을 기념했다. 처칠 룸과 복도 벽에 액자가 걸려 있다. 역사 앨범에 등장하는 회담 사진 들이다. 루스벨트, 처칠, 장제스와 부인 쏭메이링(宋美齡·송미령)이다. 처칠 룸 창문 밖은 숨막히는 장관이다. 쿠푸왕의 거대한 피라미드가 코앞에 놓인다. 사진과 피라미드는 과거로의 초대다. 나는 70년 전 이집트로 진입했다.

1943년 늦가을, 제2차 세계대전의 판도는 연합국 승세로 굳어졌다. 추축(樞軸)국은 헝클어졌다. 이탈리아는 항복했다. 무솔리니는 패주했다. 히틀러의 독일은 소련에 밀리기 시작했다. 태평양전쟁에서 일본의 패배 는 뚜렷해졌다. 루스벨트는 연합국의 정상들을 모았다. 전략 합의가 필 요했다. 독일·일본과의 전쟁 마무리(군사), 전쟁 후 세계의 신질서를 짜 는(외교) 문제였다. 11월 말에 두 개의 회담이 연이어 소집됐다. 카이로

카이로회담의 세 거두(1943년 11월 25일 낮 메나 빌라). 중국 총통 장제스(蔣介石), 미국 대통령 루스벨트, 영국 총리 처칠(왼쪽부터). 장제스 부인 쑹메이링(宋美齡)은 치마에 옆트임을 주는 중국 전통의상을 입었다. 뒷줄은 중국(商震, 林蔚), 미국(Somervell, Stilwell, Arnold), 영국(Dill, Mountbatten, Wiart)의 군 수뇌부(왼쪽부터).

(이집트)→테헤란(이란) 회담이다. 11월 22일 월요일 오전 9시35분 루스벨트는 카이로에 들어갔다. 대서양→지중해를 거친 12일 여정의 끝이었다. 장제스와 처칠은 전날 도착했다. 섹스턴트(Sextant, 6분의 1)-. 회담 코드 네임이다. 독일 공군의 기습에 대비했다. 메나 하우스 일대는 대공포, 경호 경비로 삼엄했다. 회담장엔 3개국 100여 명의 군 수뇌부, 외교관, 수행원들로 북적거렸다. 회담장은 긴장감이 감돌았다. 세 사람의 입장은 엇갈렸다. 의제는 일본 문제에 맞춰졌다. 처칠은 불만이었다. 그는 루스벨트의 장제스 대접도 과도하다고 싫어했다. 중일전쟁(1937) 개전 이래 장제스 정부는 거듭 패퇴했다. 내륙의 충칭(重慶·중경)으로 밀려났다. 회담은 일본의 무조건 항복, 중국 영토 회복, 국민당 군대 지원 문제에 집중됐다. 버마 상륙작전도 대립했다. 루스벨트와 처칠의 갈등 한복판은 식민지였다. 루스벨트는 국제질서 재편의 바탕을 식민지 해체에 맞췄다. 처칠 입장은 대영제국 부활, 식민지 유지였다.

루스벨트 "장제스는 한국 재점령의 야심 가져"

/

한국 독립 문제는 의외의 만남에서 논의됐다. 도착 다음 날인 23일 저녁, 루스벨트는 숙소로 장제스 부부를 초청했다. 숙소는 메나 하우스 호텔에서 10㎞쯤 떨어졌다. 처칠은 초청받지 않았다. 홉킨스 보좌관이 배석했다. 루스벨트의 아들 무관 엘리엇(Elliott·당시 33세·중령)이 만찬에 합류했다. 쑹메이링은 통역이었다. 총통의 고문 외교관이기도 했다. 회담은 세 시간(오후 8~11시)가량 진행됐다. 루스벨트는 일본 패전 뒤 중국의 영토 회복을 약속했다. 중국은 청일전쟁(1894~1895)이래 일본에 빼앗긴 영토(만주, 대만, 팽호도)를 돌려받기로 했다. 루스벨트는 중국에 세계 경찰국가의 지위를 준다고 했다. 미국·영국·소련의 강대국 반열에 올려줬다. 카이로의 최대 수혜자는 장제스로 기록된다. 루스벨트-장제스 만남에서 한국은 부수적으로 거론됐다. 누가 한국 독립 문제를 주도했을까. 그 대화에 대한 미국의 공식 기록은 없다. 비공식 만찬이었기 때문이다. 반면에 장제스는 정리해 두었다. 중화민국(대만) 정부는 1956년 미국 국무부에 그 내용(영어 번역)을 보냈다. 장제스의 국민당 정부는 1949년 마오쩌둥(毛澤東)의 공산당에 패배했다. 대만으로 밀려난다. 대만 자료에 한국

메나 하우스 호텔 정원 뒤 피라미드. 70년 전 뉴욕타임스의 카이로회담 기사를 읽는 필자.

관련 부분이 있다. "루스벨트 대통령은 한국·인도차이나, 다른 식민 지역의 장래 지위에 대한 상호 이해를 같이해야 한다는 의견을 제시했다. 장제스 총통은 동의하면서 한국에 독립을 허용할 필요성을 강조했다(蔣謂朝鮮應豫獨立)." 중국 기록도 "한국 독립 문제에 대하여 총통은 특별한 노력을 경주했고 루스벨트에게 우리 주장을 찬조해 달라고 요구했다"고 강조한다(張其〈5441〉, 開羅會談紀實). 그 기록들은 진실인가, 과장인가, 일부만 사실인가-. 카이로회담의 미국 국무부 기록(FRUS·Foreign Relations of the United States)은 1960년대부터 비밀이 해제되었다. 나는 두 나라 기록을 비교했다. 상당한 차이가 난다. FRUS의 11월 24일 기록은 충격적이다. 루스벨트는 24일 오전 11시 빌라에서 처칠과 만난다. 그리고 전날 밤 장제스와의 요담 내용을 이렇게 설명한다. "총통(장제스)은 전날 있었던 토의 내용에 대해 매우 만족한 듯하다. 중국이 만주와 한국의 재점령을 포함한 광범위한 야심을 갖고 있는 것은 의심할 여지 없다(There was no doubt that China had wide aspirations which included the re-occupation of Manchuria and Korea)." 한국 재점령에 대한 광범위한 야심-. 그것은 치명적인 의문을 던진다. "장제스가 한국 독립 조항을 이끌었다"는 믿음과 상식을 무너뜨린다. 그것은 김구의 임정(臨政)에 대한 배신이 아닌가. '야심'은 청일전쟁 이전 질서로의 복귀다. 청일전쟁 이전까지 중국은 수천 년 한반도를 속령(屬領)으로 취급했다. 엘리엇의 증언은 결정적이다. "대통령이 한국을 포함해 일본 점령 지역에 대한 전후 배치에 대해 물었다. 장제스는 한국 운명에 별로 관심이 없는 듯했다." (엘리엇 회고록, 『As He Saw It』, 1974년).

미국 연구서들은 거의 장제스 역할을 평가절하한다. 카이로 회담의 최고 전문가는 하이퍼만(Ronald I. Heiferman·퀴닉피악대학 아시아연구소장) 교수다. 그의 2011년 저서(The Cairo Conference of 1943)는 이렇게 분석한다. "카이로선언에 한국의 전후 운명에 대한 언급이 포함된 것은 부가물(addendum)이다. 3인 회담에서 별달리 자세히 거론되지 않았다. 다만 루스벨트와 장제스의 사적 대화에서 논의되었다. 처칠은 한국 문제에 거의 관심이 없었다. 장제스는 당연히 처칠보다 관심이 많았어야 한다. 하지만 이웃나라의 운명에 대해 관심을 더 많이 표명하지 않았다." 루스벨트의 판단, 엘리엇의 증언, 하이퍼만의 분석은 설득과 파괴력이 있다. 하이퍼만은 장제스의 행태를 위선으로 평가하는 듯하다.

장제스, 김구의 염원을 제대로 반영 안 해

장제스 정부는 임시정부를 지원했다. 그는 윤봉길 의거를 찬탄했다. 하지만 후원은 제한적이고 흔쾌히 하지 않았다. 국민당은 임정 내부의 분열상을 과장했다. 장제스는 임시정부를 공식 망명정부로 승인하지 않았다. 일본 패전 때까지 주석 김구의 염원을 끝내 외면했다. 이에 대해 임정 외교부장 조소앙은 불만과 한탄을 했다. 고스(Clarence E. Gauss) 중국 주재 미국 대사의 이런 비밀 전문이 있다(FRUS 1942. 2. 12.). "나(고스 대사)는 임시정부 외교부장의 요청으로 비공식적으로 그를 만났다. 중국 정부가 왜 한국 임시정부를 승인하지 않느냐고 그(조소앙)에게 물었다. 그는 귀엣말로 말했다. 일본 패전 후 한국을 중국의 종주권(宗主權·Suzerainty) 아래 두려는 중국의 욕망(desire) 때문일 것이라고 했다." 종주권 욕망과 광범위한 야심-. 그것은 같은 맥락이다. 구대열 이화여대 명예교수는 이렇게 정리한다. "장제스의 우선 관심은 한반도에서 중국의 영향력 복귀였다. 장제스의 한국 독립 거론은 원론적, 표면적이었다. 한국 독립 조항은 루스벨트가 오랫동안 구상한 일반 원칙과 전략의 실천이다." 나는 루스벨트 빌라를 살폈다. 파라오 미라 그림도 있다. 빌라 어디에 회담 사연이 미라로 남겨져 있지 않을까. 역사에서 사라진 건물이다. 그 사연을 기억하지 못한다. 나는 우울했다. 결론은 내려야 했다. "장제스는 동북아에서 중화대국의 부활에 초점을 맞췄다. 그 틀에서 한국 독립 문제를 거론했을 뿐이다. 한국 독립 보장을 주도했다는 장제스 역할론의 대만 기록은 일방적이다. 심한 과장이다. 역할론 신화의 오랜 수명은 끝났다."

신탁통치는 식민지 해체의 루스벨트 방식

/

11월 26일 4박5일의 카이로회담이 끝났다. 세 정상은 제국 일본의 해체와 식민지 해방 문제를 정리했다. 장제스는 중국으로 돌아갔다. 루스벨트와 처칠은 27일 테헤란으로 갔다. 소련 원수 이오시프 스탈린(Joseph Stalin)을 만났다. 스탈린은 카이로회담 내용에 동의한다. 12월 1일 카이로선언이 발표된다. 한국 독립 보장은 삼국 정상의 결의다. "앞의 세 강대국은 한국인의 노예 상태에 유념하고, 적당한 절차를 거쳐 한국은 자유롭고 독립할 것임을 결의한다(The aforesaid three great powers, mindful of the enslavement of the people of Korea, are determined that in due course Korea shall become free and independent)."

나는 메나 하우스 호텔로 돌아갔다. 화려한 회의장은 지금도 사용된다. 호텔 정원을 걸었다. 70년 전 '뉴욕타임스'(1943년 12월 2일자) 기사를 꺼냈다. 1면 전체에 카이로선언이 소개됐다. 통단의 세 줄 제목('일본 격퇴설계')이다. 한국 문제는 별도 제목 '자유 한국을 공약(PLEDGE FREE KOREA)'이다. 식민지 조선은 보도 통제됐다. 해외 거주, 망명 한국인들은 카이로선언을 알았다. 그때까지 조국의 해방은 상상할 수 없었다. 그들의 감정은 복잡했을 것이다. 생소함, 충격, 감동이 전율 속에서 엮어졌을 것이다. 세 정상의 한국 독립 결의는 한계를 지녔다. '인 듀 코스(in due

카이로선언을 다룬 70년 전 '뉴욕타임스' 1면. 한국 독립은 별도 작은 제목(PLEDGE FREE KOREA, 자유 한국 공약).

course, 적당한 절차)' 때문이다. 그 구절은 실망과 저항을 낳았다. 회담 직후 충칭의 임시정부 요인들은 반발했다. 그들은 미 대사관을 찾았다. 해명을 요구했다. "전후 한국이 중국의 위임 통치(mandate)를 받을 수 있다는 루머가 중국 신문에 실리면서 한국인들을 혼란시키고 있다. 한국인들은 카이로선언 축하 모임을 취소했다."(FRUS 1943.12.7) 한국인들은 중국의 신탁통치를 먼저 의심했다.

루스벨트의 한국 관심은 언제부터인가. 태평양전쟁 70여 일 뒤(1942년 2월 23일) 그는 한국을 처음 언급했다. 라디오 연설문(워싱턴 생일기념)에서 "한국 국민이 당하는 일본의 가혹한 압제"에 동정을 표시했다. 그는 식민지 한국의 처리 문제를 재조명하기 시작했다. 미국에서 이승만 독립 외교는 활기를 띤다. 1941년 6월 그는 『일본 내막기(Japan Inside Out)』를 냈다. 그 책은 일본의 미국 공격을 예측했다. 미국 오피니언 그룹에서 주목했다. 이승만은 미 국무부에 임시정부 승인을 줄기차게 요구했다. 국무부는 이승만을 외면한다. 카이로회담은 루스벨트 뉴딜의 국제판이다. 뉴딜은 개혁과 공동 번영이다. 그리고 대서양 헌장(1941년 8월 처칠과의 공동 선언) 정신의 반영이다. 그 핵심 정신은 강탈된 주권과 자치의 회복이다. 영국 식민주의에 대한 루스벨트의 불신은 깊었다. 뉴딜의 세계 신질서 구축 수단은 식민지 해체였다. 그는 속도를 조절했다. 과거 영국 식민지

인도·버마는 건드리지 않았다. 일본의 점령지 중국, 식민지 한국에 초점을 맞췄다.

신탁통치는 식민지 퇴출의 루스벨트 방식이다. 여기에 완전 독립으로 가는 중간에 후견(後見·tutelage) 체제를 둔다는 것이다. 그의 신탁통치 구상은 배타적 독점의 견제 목적도 있다. 김학준 동북아역사재단 이사장은 "루스벨트는 한반도에 대한 중국·소련 등 열강의 상충하는 야심을 중화시키기 위한 국제관리 방식이 긴요하다고 생각했다"고 분석했다.

이승만과 김구의 독립 열정과 전략은 감동적이고 치열했다. 1943년 7월 김구는 장제스를 면담했다. 장제스는 한국 독립의 관철을 위해 노력할 것을 약속했다. 그해 5월 이승만은 루스벨트에게 편지를 보냈다. "일본 팽창주의를 저지할 민족은 한국뿐"이라고 역설했다. 장제스는 김구의 염원을 제대로 반영하지 않았다. 이승만 염원에 대해 루스벨트는 제대로 반응을 표출하지 않았다. 국제정치는 강대국의 국익 경연 무대다.

처칠과 루스벨트는 스핑크스를 찾았다. "해 질 무렵 스핑크스는 아무 말 없이 신비스러운 미소를 띨 뿐이다."(처칠 회고록) 나는 피라미드 앞 스핑크스를 살폈다. 수천 년 기묘한 미소는 한결같다. 카이로선언은 그렇게 살아 숨 쉰다. 2013년 센카쿠 열도(중국명 댜오위다오)를 둘러싼 중국과 일본의 갈등은 커진다. 중국은 영유권의 근거로 카이로선언을 든다. 일본은 청일전쟁 전부터 센카쿠 열도가 자기 영토였다고 반박한다. 한반도의 지정학적 가치는 70년 전보다 높다. 장제스의 중화(中華)대국 열망은 승계된다. 21세기 공산 중국의 후손 지도자들이 실천하고 있다. 군사력 강화의 일본 야심은 재생된다. 부국강병, 리더십의 역사적 상상력과 전략, 국민적 지혜와 각성이 우리에게 절실하다.

— 카이로(이집트), 중앙일보 2013년 11월 16일

최초 발굴… 루스벨트 숙소 메나 빌라
한국 독립 문제 첫 논의했다

1943년 11월 25일 낮 12시 루스벨트의 숙소인 메나 빌라(Mena Villa). 루스벨트·처칠·장제스가 빌라 정원에 모였다. 3개국 수행원 50여 명도 함께했다. 포토 섹션을 위해서다. 첫 기념사진은 빅 스리(Big Three). 이어서 쑹메이링이 처칠 옆에 앉았다. 쑹메이링은 유창한 영어, 미모와 패션, 사교술로 외교가의 스타였다. 3개국 군 지휘관들이 다음 차례. 미국 마셜 원수, 영국 마운트배튼 제독, 중국 상전(商震) 장군이 뒤에 섰다. 카이로에 뜬 별(3국의 40여 장군·제독)은 100여 개였다. 이어서 보좌관 홉킨스, 영국 외무장관 이든(Eden), 중국 비서실장 왕충후이(王寵惠)가 렌즈에 담겼다. 군사·외교 실무회담 장소는 메나 하우스 호텔. 3국 정상의 주요 회담은 빌라에서 열렸다. 호텔에서 8㎞쯤 떨어졌다. 보안 강화, 루스벨트의 휠체어를 배려한 것이었다. FRUS에 따르면 빌라는 미국대사 커크(Alexander Kirk) 저택이다(임대로 추정). 그리고 "빌라는 중간 크기, 아름다운 가구를 갖췄고, 테라스와 뒤편에 멋진 정원이 있다"고 기록했다. 그날 저녁 빌라에서 추수감사절 칠면조 파티를 했다.

회담 후 빌라는 반세기 이상 잊었다. 외국의 관련 사이트, 연구서, 기사 어디에도 빌라의 운명은 없다. 철저한 회담 기밀 유지와 대통령 경호 탓에 숙소는 감춰졌다. 그 후 세계사의 격동이 겹쳐 빌라의 사연은 사라졌다. 나는 그곳을 찾아야 했다. 역사적 사진의 현장, 한국 독립 문제가 국제무대에 첫 등장한 곳이다. 메나 빌라는 남아 있었다. 기적과 행운이다. 3층 석조 건물은 낡았다. 빛이 바랬다. 1층은 전면 수리 중이다. 하지만 빅토리아풍 외관의 수려한 잔재가 드러난다. FRUS 일지와 같다. 나는 건물 안 2층에 들어갔다. 루스벨트와 장제스의 만찬 장소로 추정되는 곳이다. 이집트 고풍의 장식들은 그대로라고 한다. 장제스는 엄청난 이득을 챙겼다. 그는 득의의 미소를 지었을 것이다. 기념사진 장소였던 정원은 잘 관리되고 있다. 빌라 소유자는 70년 전 갑부인 주인(Mahmoud Talaat)의 손자다. 그는 "집의 유래를 아는 사람은 거의 없다. 미국 자료에도 없다. 어떻게 알았느냐"며 의아해 한다. 가족사의 자부심만큼은 드러냈다. "여러 기록엔 루스벨트가 메나 하우스에 묵고 회담한 것으로 돼 있다. 그것은 경호와 보안 유지 때문이었다. 하지만 은밀한 다른 거처가 필요했다. 귀국 때 루스벨트는 우리 조부에게 전화를 걸어 감사 인사를 했다."

〉〉〉 카이로 초안 작성한 홉킨스
루스벨트 철학에 익숙한 대통령 복심

카이로 선언문의 기안자는 해리 홉킨스(Harry L. Hopkins, 1890~1946)다. 직책은 대통령 보좌관이다. 여러 별명이 그에게 따른다. 대통령 복심(腹心), 권력 이면의 미스터리, 백악관 2인자-. 선언문 초안은 3국 공동으로 작성한 게 아니다. 홉킨스 단독 작품이다. 초안에 핵심이 거의 들어 있다. 일본의 무조건 항복과 식민지 반환, 중국 영토 회복, 한국 독립 결의다. 홉킨스는 회담 사흘째인 11월 24일 루스벨트 빌라에서 초안을 구술했다(FRUS 기밀문서). "그는 사전 준비된 노트나 쪽지 없이 구술했다."

  홉킨스는 루스벨트의 전쟁철학, 전략, 언어에 익숙했다. 루스벨트는 국무부 관료를 불신했다. 그는 외교현장에 홉킨스를 등장시켰다. 대통령 특사로 내보냈다. 루스벨트와 장제스의 대담 배석자도 홉킨스였다. 언론인 출신 정일화 박사는 "선언문에 수많은 식민지 중 한국의 독립만 들어간 것은 신비스럽다. 홉킨스의 공로"라고 평가했다.

초안 작성은 루스벨트의 지시다. 루스벨트는 초안을 일부 수정했다. 장제스는 수정안에 만족했다. 처칠은 불만이었다. '인 듀 코스(in due course)'는 처칠의 모호한 외교 수사(修辭)다. 홉킨스 초안은 '가능한 한 빠른 시기(at the earliest possible moment)'였다. 루스벨트가 '적절한 시기(at the proper moment)'로 고쳤다. 그것을 처칠이 바꾼 것이다. 처칠은 한국을 거의 몰랐다. 그 대목은 해방정국 갈등의 원천이다.

용어 변화는 별 의미 없다. 루스벨트는 이미 한국 독립과 신탁통치를 염두에 두었다. 회담 8개월 전 루스벨트는 영국 외무장관 이든에게 그 구상을 비췄다.

루스벨트와 홉킨스는 기묘한 조합이다. 출신과 경력, 성향이 대조적이다. 부유한 집안의 하버드대학 출신, 뉴욕 주지사를 지낸 루스벨트. 홉킨스는 중부 벽촌(아이오와주의 수)에서 태어나 그린넬대학을 나왔다. 그는 뉴욕에서 빈민구제의 시민운동가로 활약했다. 그가 뉴딜 정책의 디자이너로 나서는 발판이다. 루스벨트는 그를 연방긴급구호청장, 상무장관으로 중용했다. 홉킨스는 스탈린의 대독일 전쟁 지원에 앞장섰다. 그로 인해 좌파 친소주의자라는 의심도 받았다.

루스벨트(왼쪽)와 그의 린치핀(최측근) 홉킨스.

속임수 천재 스탈린
공산주의 협상술의 원형

테헤란회담 강대국 정상들의 외교 기량

네 개의 회담은 역사의 결정적인 풍광이다. 그 장면은 제2차 세계대전 후반에 펼쳐졌다. 그곳은 연합국 정상들의 리더십 경쟁과 결속 무대였다. '네 개'는 카이로 → 테헤란 → 얄타 → 포츠담 회담(1943.11~45.7)이다. 그 속에서 최고의 국제정치 드라마가 전개됐다. 주제는 전쟁과 평화다. 거기서 나치독일과 제국주의 일본을 패망시킬 거대한 전략 구도가 만들어졌다. 회담에선 전쟁 이후 세계 질서도 설계됐다. 식민지 한국의 독립 문제도 다뤄졌다. 그 이슈는 작고 부수적 의제였다. 하지만 우리를 긴장시킨 순간들이었다.

나는 그 무대를 찾아다녔다. 카이로(이집트, 메나하우스 호텔과 옛 미국대사 공관)·테헤란(이란, 소련 대사관)·얄타(흑해 연안의 리바디아 궁전)·포츠담(독일, 체칠리엔호프 궁전) 회담 장소에 갔다. 역사의 허실은 기억의 현장에 존재한다.

1943년 11월 테헤란회담의 장소인 러시아(옛 소련) 대사관 경내 메인 빌딩의 현재 모습.
우측 하단은 회담 기념사진. 건물 위 삼각형 페디먼트(소련 문양 새김)는 1990년대 소련 붕괴 후 철거됐다. 아치형
창문과 둥근 기둥은 각진 형태로 바꿨다.

그중에서 테헤란과 얄타회담의 주역은 빅
스리(Big Three)다. 미국 대통령 프랭클린 D.
루스벨트(FDR), 소련(현 러시아) 공산당 서기
장 이오시프 스탈린, 영국 총리 윈스턴 처칠.
그들의 통치술과 권력의지, 대중 동원 역량
은 특출했다. 테헤란회담은 그런 리더십의

첫 경연장이었다. 세 사람의 합동 모임은 처음이다. 스탈린은 교묘했다
그의 거래·담판은 공산주의 협상술의 원형이다. 그 기량은 노하우로 전
수됐다. 북한의 외교기법에 담겼다. 그 장면들은 역사의 감수성을 자극한
다. 나는 테헤란(이란 수도)으로 떠났다. 테헤란회담은 그곳의 소련 대사
관에서 열렸다. 지금은 러시아 대사관이다.

테헤란의 색깔은 무겁고 낯설다. 검은색 차도르는 여성의 발목까지 가

연합국 정상 세 사람이 건물 밖 로비에서 사진을 찍었다. (왼쪽부터) 스탈린 · 루스벨트 · 처칠. 뒷줄 왼쪽부터 홉킨스 (미국 대통령 보좌관), 몰로토프(소련 외상), 이든(영국 외무장관).

린다. 이란의 이미지는 소용돌이다. 1979년 호메이니 이슬람 혁명, 팔레비왕조 몰락, 이란과 이라크의 전쟁. 이란과 북한의 핵·미사일 거래, 2015년 이란과 서방국가 간의 핵 합의와 경제 제재의 해제. 2017년 12월 미국 대통령 트럼프는 이란을 불량국가로 지목했다. 하지만 도시의 내면은 다른 색이다. 이란은 옛 페르시아다. 이란은 이슬람 공화국이다. 하지만 아랍이 아니다. 종족·언어가 다르다. 이란인의 조상은 아리안이다. 이란의 말·글은 페르시아어다. 국립박물관에 가면 테헤란과 친숙해진다. 페르시아 문명과 역사는 깊고 찬란하다. 테헤란의 국립박물관과 골레스턴 궁전에서 그것을 실감한다.

한국 기자로 처음 현장에, 그 시절 회담장은 그대로

2차대전 전세는 연합국 우세로 기울었다. 1943년 11월 28일 테헤란 회담 무렵이다. 그해 2월 스탈린그라드(러시아 볼고그라드) 전투는 거대한 전환점이었다. 스탈린의 소련은 히틀러의 독일을 격퇴했다. 동부전선의 독·소전은 나치즘 대 공산주의 충돌이다. 잔혹한 독재자들의 결투는 참혹한 유혈극이었다.

테헤란의 러시아 대사관은 도심 한복판이다. 경내는 넓고 크다. 나의 테헤란회담 현장 방문은 한국 언론으론 처음이다. 대사관 경내를 차로 이동했다. 작은 호수를 지나니 메인 빌딩이다. 대사관 직원이 '역사적 기념 유산'이라고 했다. 나는 빛바랜 사진을 꺼내 보았다. 스탈린은 소련군 대원수 차림이다. 처칠은 공군 장군 복장이다. 그는 육군 장교 출신이다. 영국 공군은 나치 공군의 본토 공략을 막아냈다. 그의 공군 차림은 그런 자부심을 드러낸다.

옛 건물은 살아 있었다. 간결하고 중후함을 드러내는 기본 골격은 그 대로다. 건물 위쪽이 달라졌다. 삼각형 페디먼트(pediment)가 없어졌다. 페디먼트(박공)는 그리스 신전 양식의 특징이다. 거기에 소련의 국가 문양(낫과 망치)이 과시하듯 새겨져 있었다. 대사관 직원은 "1990년대 초반 소련의 해체, 나라가 러시아로 재출발하면서 공산주의 문양을 떼어냈다. 그 과정에서 페디먼트도 철거됐다"고 했다.

왜 테헤란인가. 미·영·소 세 정상은 왜 이란에서 모였을까. 그것은 스탈린의 치밀한 연출이다. 그는 자신의 통제 가능한 공간을 선택했다. "그 무렵 영국과 소련이 이란의 친(親)나치독일 움직임을 막으려고 테헤란을 공동 점령했다. 이란은 대륙과 연결되는 소련의 영향권에 있었다." 현지 무역업자 카림 아즈문의 설명이다. 그는 나의 테헤란 안내자다. 루스벨트는 스탈린을 만나려고 애썼다. 그 열망은 장소의 영향력을 잊게 했다. 루스벨트는 테헤란 만남을 수용했다. 테헤란 회담 직전에 카이로회담이 있었다. 카이로에는 중국의 국민당 정부 총통 장제스(蔣介石)가 왔다.

루스벨트와 처칠은 카이로에서 비행기로 떠났다. 스탈린은 열차로 출발했다. 스탈린의 의심은 많았다. 그는 수도 모스크바를 떠나지 않으려 했다. 비행기 여행도 꺼렸다. 그것은 권력과 신상의 안전 때문이다. 스탈린의 여정은 모스크바~스탈린그라드~바쿠(현 아제르바이잔 수도)다. 그는 바쿠에선 비행기를 탔다. 그 옆의 나라 조지아(옛 그루지야)의 고리는 스탈린 고향이다. 그곳 박물관에 그가 탔던 전용 객차가 있다. '움직이는 크렘린, 무게 83t 방탄'이라는 설명이 붙어 있다.

그때 연합국 정상에 대한 독일군의 암살 작전 소문이 퍼졌다. 테헤란 경호에 비상이 걸렸다. 소련 외무장관 몰로토프가 미국 측에 거처 변경을 권유했다. 루스벨트는 숙소를 소련 대사관으로 옮겼다. 영국 공사관은 소련 대사관의 길 건너편. 처칠은 그곳에 묵었다. 공간 압축은 회담의 효율성을 높였다. 하지만 루스벨트의 숙소에 도청장치가 있었다. 도청은 스탈린의 비밀병기다. 도청은 스탈린의 회담 주도력을 높여주었다. 대사관 파티에서 스탈린은 소련제 보드카를 권했다. 미국·영국의 장군·보좌관들을 술로 환대한 것이다. 그는 자신의 보드카 잔에 화이트 와인을 넣어 마셨다. 스탈린은 독주에 취한 상대방의 말실수를 놓치지 않았다.

회담장 선정 사연은 6·25 한국전쟁의 휴전회담을 내게 떠올린다. 회담의 미국 대표는 C. 터너 조 제독이다. 회담은 그에게 좌절과 고뇌였다. 그는 그 경험을 회고록(『공산주의자들은 어떻게 협상하는가』)에 옮겼다. "공산주의자들은 세심하게 무대를 설정(stage setting)한다. 유리한 협상조건을 만들기 위해 물리적으로 통제할 수 있는 장소를 택한다." 휴전 회담의 첫 장소는 개성이다. 중국과 북한이 제안한 곳이다. 그곳은 공산군 통솔 아래 있었다. 미국은 뒤늦게 장소의 미묘한 영향력을 깨달았다.

대사관 직원이 나를 안내했다. 경내에 알렉산드르 그리보예도프 (Александр Грибоедов)의 동상이 있다. 19세기 초반 러시아의 극작가다. 그는 테헤란(옛 페르시아 시절) 주재 외교관이었다. 의자에 앉은 형상의 아담한 그 조각물은 러시아와 이란의 오랜 인연을 과시한다.

나는 메인 빌딩 안으로 들어갔다. 벽에 흑백 사진이 30장쯤 붙어 있다.

B3용지 크기다. 회담의 주요 장면들이다. 대사관 직원은 "메인 홀은 회담장이었고 벽난로 위치 등 공간구조는 1943년 그때와 비슷하다. 소파·샹들리에·문양이 바뀌었을 뿐"이라고 했다. 러시아의 쌍두 독수리 문양이 벽에 붙어 있다. 사진 속 풍경은 나를 그 시대로 밀어 넣는다.

1943년 메인 홀의 둥근 테이블에 세 나라 깃발이 꽂혔다. 짧은 개막 연설이 이어졌다. 스탈린은 "역사는 우리에게 위대한 기회를 주었다"고 했다. 공산주의 언어는 서사시적 요소를 담는다. 그 힘으로 시선을 잡는다. 2018년 6·12 싱가포르 회담에서 북한 지도자 김정은의 말도 그랬다. "세상은 아마 중대한 변화를 보게 될 것이다." 미국 대통령 트럼프의 어휘는 상투적 인사말이었다.

루스벨트에게 처칠은 늙은 제국주의자

회담 이전부터 루스벨트와 처칠의 관계는 미묘해졌다. 직전의 카이로 회담에서 루스벨트는 처칠에 대한 불신을 은연중 드러냈다. 루스벨트는 영국을 '식민 강대국(Colonial Power)'으로 규정했다. 그는 "영국의 식민주의가 전후 평화에 주요한 장애물이 될 것"으로 판단했다. 처칠은 의표를 찔린 듯했다. 카이로에서 테헤란으로 떠날 때 루스벨트는 들뜬 기분이었다. 하지만 처칠은 언짢은 상태로 출발했다.

루스벨트의 구상은 테헤란회담에서 본격적으로 표출됐다. 전쟁 종료 후에 세계 질서를 어떻게 구축하고 관리할 것인가. 그의 접근 자세는 국제 판도의 전면 개조였다. 미국 역사학자 조지 맥짐시는 "루스벨트가 생각한 종전 후 국제건축물의 쐐기돌(keystone)은 소련이고, 영국은 부차적(incidental) 존재였다(『the Presidency of FDR』)." 루스벨트의 정책은 뉴딜이다. 뉴딜은 해체와 개혁, 공동번영이다. 뉴딜은 국내에서 성공했다. 그는 그것을 국제정치에 투사했다. 개혁 대상은 유럽 식민주의다. 그에게 처칠은 제국주의자였다.

"루스벨트는 처칠을 우회(bypass)하고 싶었다. 그가 보기에 처칠은 미국의 이데올로기적 이상주의 (ideological idealism)를 이해하지 못하는 구제 불가능(incorrigible)한 늙은 제국주의자였다(영국 역사가 폴 존슨『모던 타임스』)." 처칠은 대영제국의 해체를 거부했다. 두 사람 사이에 긴장감이 흘렀다. 하지만 처칠은 좌절과 낭패감을 맛보았다. 그것은 국제정치에서 힘의 원리가 낳은 결과였다.

루스벨트는 자신의 설득력을 과신했다. 그는 처칠을 경계했지만 스탈린에겐 우호적이었다. 그 때문에 "루스벨트는 처칠과 논쟁할 때 과시하듯 허세를 부리면서(ostentatiously) 스탈린 편에 서 있었다(로버트 달렉, 『프랭클린 D. 루스벨트와 미국 외교정책』)."

루스벨트는 스탈린을 다룰 수 있다고 믿었다. "내가 노블레스 오블리주를 보인다면 스탈린은 민주주의와 세계 평화를 위해 함께 일할 것이다(폴 존슨『모던 타임스』)." 그것은 치명적인 허영심과 어리석은 낙관의 산물이었다. 대통령 주변에 좌파·진보주의 참모들이 상당수 포진했다. 국무부 고위 관리 앨저 히스는 소련 첩자라는 의심을 받고 있었다. 그들 대다수가 소련에 유리하도록 미국 외교정책을 짰다.

드러내고 감추는 스탈린, 루스벨트의 허영심을 활용

스탈린은 교활했다. 그는 속임수의 천재다. 소련 공산당의 교묘한 권력 투쟁에서 승리한 스탈린이다. 그는 루스벨트의 허점을 노련하게 파고들었다. 그는 루스벨트의 허영심을 회유와 압박 도구로 재활용했다. 스탈린의 연기력은 탁월했다. 러시아사 전문가인 로버트 서비스의 저서(『스탈린』)는 이렇게 분석한다. "스탈린은 어떤 면을 드러내기도 하고, 어떤 면은 감춘다. 그는 자신을 나누고 다시 쪼개는(divide and subdivide) 능력을 가졌다." 스탈린의 정체는 복잡하고 다면적이다. 북한의 협상 전술은 벼랑 끝과 살라미 방식이다. 북한은 비핵화의 의미를 쪼갠다. 그들은 실천 과정을 단계별로 나눈다. 미국은 그 수법에 오랜 세월 당했다.

대군주(overlord)작전-. 독일과의 전쟁 제2전선 코드네임이다. 스탈린은 동부전선의 부담을 덜어달라고 했다. 서부전선에서 미·영군의 공격 요청이다. 상륙 지점을 놓고 의견이 갈렸다. 처칠의 제안은 지중해 동쪽. 스탈린은 프랑스 북부. 루스벨트는 스탈린 편에 섰다. 그것으로 노르망디 상륙작전(1944년 6월)이 결정됐다.

처칠은 스탈린의 야욕을 견제했다. 처칠은 국제정치학의 노련한 연출자다. 하지만 발언권은 약해졌다. 외교는 국력의 연장이다. 미국의 존재감은 확고했다. 미국은 연합국의 전쟁 물주다. 루스벨트는 소련과 영국에 군수품을 대량 지원했다. 독일의 결정적 패퇴는 동부전선 소련의 저항력 덕

처칠이 스탈린에게 전달한 '스탈린그라드 승전 축하' 보검(러시아 스탈린그라드전투박물관 전시). /왼쪽
소련군 원수 보로실로프가 보검을 루스벨트(앉은 사람)에게 보여주고 있다. 스탈린(왼쪽)과 처칠(오른쪽)이 지켜보고 있다. /오른쪽

분이다. 소련군 희생자는 압도적으로 많았다. 처칠의 영국은 하위 파트너로 강등되었다. 영국의 군사력은 미국·소련에 비해 열세였기 때문이다.

스탈린은 나치 히틀러에 대한 증오를 이렇게 표시했다. "독일의 군사력을 뿌리 뽑기 위하여 히틀러의 장교 5만 명을 처형해야 한다." 그런 극단적 말에 처칠은 화를 내며 응수했다. "그런 비행(非行)은 나의 명예를 더럽힌다."

대사관 직원이 전시된 회담 사진을 가리킨다. 그가 읽은 설명문은 흥미롭다. "회담 둘째 날(1943년 11월 29일) 대사관 볼룸에서 열린 보검(寶劍) 전달식이 회담의 결속과 격조를 높였다. 소련·영국군 의장병들이 도열했다." 스탈린그라드 승전 기념 보검-. 그 칼은 존경과 우호를 노래한다. 영국 국왕 조지 6세의 선물이다. 길이 1.25m, 손잡이는 18캐럿 금줄. 칼자루는 수정, 칼집은 페르시안 양가죽이다. 처칠은 보검을 스탈린에게 전달했다. 스탈린은 칼집에 입을 맞췄다. 칼의 앞뒤 면에 러시아어와 영어 글귀가 새겨져 있다. "강철 심장의 스탈린그라드 시민들에게 영국민의 깊은 존경의 표상으로." 보검은 절정의 순간을 장식했다. 소련군 원수 보로실로프가 실수로 보검을 떨어뜨렸다. 그는 루스벨트에게 보검을 보여주었다. 하반신 불수의 루스벨트는 바퀴 달린 휠체어에 앉아 있었다.

테헤란회담에서 소련의 태평양전쟁(대일전) 참전 원칙이 정해졌다. 후진국 독립 후의 신탁통치 문제가 다시 거론됐다. 그것은 식민지 해체의 루스벨트 방식이다. 그 이전 카이로선언문에 한국 독립 조항이 들어갔다. 그것은 루스벨트 주도 작품이다. 장제스는 조연이다. 한국 독립 조항을 장제스가 이끌었다는 기록은 과장된 신화다.

나흘 뒤 회담이 끝났다. 루스벨트는 득의에 찼다. 루스벨트의 친근감 표시는 이어졌다. 그는 스탈린을 조 아저씨(Uncle Joe)라고 불렀다. 그것은 한심한 역설로 작용했다. 스탈린의 사기행각을 뒷받침해 준 꼴이었다.

테헤란회담 1년3개월(1945년2월) 뒤다. 얄타에서 세 사람은 다시 만났다. 회담 환경이 달라졌다. 스탈린의 탐욕은 거칠고 노골적이었다. 루스벨트는 쇠약해졌다. 그는 새로운 제국 소련의 팽창을 막지 못했다. 루스벨트는 스탈린에게 농락당했다. 루스벨트는 그것을 깨달았다. 그는 죽기(45년 4월) 전에 탄식했다. "스탈린은 회담에서 했던 약속을 지키지 않았다. 더 이상 그와 같이 일을 못하겠다."

— 테헤란(이란)·볼고그라드(러시아)·고리(조지아), 중앙SUNDAY 2018년 9월 1일

냉전의 상징 얄타회담
분단의 씨앗이 뿌려지다

루스벨트와 스탈린, 한반도 운명을 가르다

얄타(Yalta)는 이중적이다. 겉 인상은 온화하다. 크림반도 흑해 연안의 아름다운 휴양지. 8월의 뜨거운 햇살 속에서 도시는 아늑해진다. 흑해의 색깔은 이름과 다르다. 검지 않고 진한 푸른빛 바다다. 얄타의 속내는 자극적이다. 그 역사의 색깔은 어두운 회색이다. 얄타회담은 음모와 위선의 냄새를 담고 있다. 한민족 분단의 씨앗도 뿌렸다. 얄타체제는 냉전의 상징이다. 베를린 장벽의 붕괴, 옛 소련의 몰락과 함께 해체됐다. 하지만 그 잔재는 한반도에 질기게 남아 있다. 얄타는 인구 8만5000명의 작은 항구. 얄타의 크림반도는 파란의 땅이다. 옛 소련 시절 그곳은 모스크바 크렘린 권력자들의 휴양지였다. 1991년 공산주의 종주국 소련이 붕괴됐다. 그곳은 우크라이나 크림자치공화국 소속으로 바뀌었다(※크림반도는 2014년 3월부터 다시 러시아 땅이다. 하지만 유엔은 러시아의 강제 병합을 국제법 위반이라며 인정하지 않고 있다).

리바디아 궁전. 러시아 마지막 황제 니콜라이 2세가 1911년 건립했다. 얄타회담 장소로 쓰였다.

"스탈린은 소련 외교의 금자탑을 쌓았다"

제2차 세계대전 마지막 해인 1945년 2월. 그곳에 연합국의 최고지도자 세 명이 모였다. 프랭클린 D. 루스벨트(미국 대통령), 이오시프 스탈린(소련 최고인민위원장·대원수), 윈스턴 처칠(영국 총리), 빅3다. 나는 크림반도의 심페로폴 공항에 내려 얄타로 들어갔다. 공항에서 남쪽으로 2시간 자동차 거리다. 회담 장소는 그대로였다. 리바디아 궁전(Livadia Palace)이다. 1911년 9월 제정 러시아의 마지막 황제 니콜라이 2세가 지었다. 네오 르네상스식 흰색 2층(탑은 3층). 황실의 여름 별장이었다. 지금은 박물관이다. 그때 로마노프 왕조는 황혼기였다. 건물의 위용과 화려함은 잔존해 있다. 100년 된 흰색 건물은 푸른 바다와 어울리면서 한 폭의 풍경화로 바뀐다. 궁전 입구에서 관람객을 맞는 것은 옛 소련 군복 차림의 마네킹이다. 궁전 내부 화이트 홀은 본회담장 으로 쓰였다. 크기는 218㎡(66평). 당시 처럼 꾸며놓았다. 원탁 테이블 위에는 세 나라 국기가 꽂혀 있다. 빅3 명패가 있다. 루스벨트(당시 63세)·스탈린(66세)· 처칠 (71세)-. 그들의 치열한 권력 의지,

노회한 대중 동원, 원숙한 비전 설파는 경지에 이르렀다. 개인적 삶도 곡 절과 파란을 겪었다. 그런 3인이 모였다. 테이블을 둘러싼 의자는 18개. 에드워드 스테티니어스(미국 국무장관)·뱌체슬라프 몰로토프(소련 외교인민 위원)·로버트 이든(영국 외상)을 비롯해 외교 참모·군 장성들이 빅3 옆에 촘촘히 앉았다. 그 모습이 사진으로 액자 속에 있다. 그 장면은 긴박한 파 노라마를 펼친다.

그들은 전후 세계의 새 판을 짰다. 패전을 앞둔 독일·일본의 공백을 어 떤 형태로, 어떤 나라가 메울 것인가-. 목표는 평화의 세계 질서 구축이 었다. 하지만 영향력과 실리 확보를 놓고 충돌했다. 흥정과 의심, 회유와 압박, 설득과 배신이 테이블 위에서 교차했다. 그때 히틀러의 독일은 몰 락하고 있었다. 동부전선의 소련군은 파죽지세였다. 베를린 공격을 서둘 렀다. 반면에 서부전선의 미·영군은 벨기에 전선에서 주춤했다.

첫 회담은 2월 4일 시작했다. 8일간 협상 게임이다. 회담 시작은 보통 오후 4시에. 스탈린은 밤에 일하는 스타일이다. 셋째 날부터 핵심 의제인 폴란드와 유엔 투표권 문제를 놓고 격론을 벌였다. 처칠은 스탈린의 동 유럽 지배 의도를 경계했다. 루스벨트는 스탈린과의 협조에 치중했다. 그 는 정직한 중재자로 처신했다. 하지만 폴란드에 친소(親蘇) 루블린 동맹 을 중심으로 신정권을 세우기로 했다. 그곳 안내책자에 이런 부분이 있 다. "크림 회담(알타회담) 결과는 공정(fair)했다."- 그 표현은 반감을 일게

한다. 그곳에서 우크라이나 수도 키예프에 있는 소련사 담당 고교 교사를 만났다. 그에게 물었다. "루스벨트의 선의와 양보가 지나쳤다. 폴란드는 얄타의 희생양 아닌가." 그는 이렇게 설명한다.

"2차대전 연합국의 공적 순위를 따지면 1등이 소련이다. 소련군 전사자 수는 760만 명. 미군 전사자의 26배, 영국 전사자의 19배다. 서부전선은 동부전선(독·소전)에 비해 전투 규모와 잔혹함이 덜했다. 그 비극의 덩치와 승리의 크기에 맞게 대가와 전리품이 분배되었다." 그는 "그 무렵 소련군은 동유럽을 평정하고 베를린에 가장 가까이 갔다. 스탈린이 협상의 유리한 고지를 차지했다. 동유럽은 소련의 영향력에 들어갔다. 역사는 현장의 실질적 힘으로 작동한다. 루스벨트는 타협했다. 양보했다기보다 최선의 현실적 선택을 한 것이다"고 말했다.

2월 8일 저녁 만찬이 있었다. '차르(황제)의 와인'이라는 얄타의 마산드라 포도주가 나왔다. 우호적 분위기였다. 루스벨트는 "우리가 모인 목적은 세계 모든 사람의 안전과 행복의 실현을 제공하려는 것"이라고 강조했다. 다음 날 세 거두는 궁전의 안쪽 정원으로 나왔다. 카펫 위 의자에 앉아 기념사진을 찍었다. 그 사진은 현대사의 가장 강렬한 장면으로 남아 있다. 사진 속 스탈린은 득의의 미소를 슬며시 드러낸다. 루스벨트는 초췌한 모습이다. 여독이 풀리지 않았다. 그는 워싱턴에서 네 번째 대통령 취임식을 끝낸 뒤 얄타로 향했다. 군함(순양함 퀸시)과 수송기를 번갈아 탔다. 그는 고혈압·심장 확대증을 앓고 있었다. 장기여행은 건강을 악화시켰다. 스탈린은 그런 루스벨트를 위해 궁전 안에 침실·집무실을 마련해 주었다. 스탈린은 자신과 처칠의 숙소를 근처 다른 곳에 잡았다. 그 집무실 전면의 사진이 나의 시선을 묶어둔다. 루스벨트와 스탈린의 모습이다. 두 정상이 앉았던 소파·책상이 사진 속 형태대로 놓여 있다. 그 장면대로 두 정상은 별도 회담을 열었다. 처칠을 빼고 두 번 만났다. 일본 문제를 놓고 두 사람은 머리를 맞댔다. 밀실 흥정에 들어갔다. 그때 태평양전쟁의 일본군은 절망적인 옥쇄(玉碎) 돌격을 계속했다. 미군은 이기면서도 희생이 많았다. 미군은 일본군의 집요한 항전 의지를 부담스러워했다. 일본 본토 상륙 때 100만 명의 사상자를 낼 것으로 추정했다. 루스벨트는 스탈린에게 대일전 참전을 요청했다. 루스벨트는 조기 종전의 목표에 매달렸다.

루스벨트의 쇠약함과 스탈린의 교활함이 교차

두 개의 다른 사진이 나를 상념에 빠지게 한다. 스탈린과 몰로토프가 찍힌 사진. 음모와 흉계의 대가들이다. 다른 사진은 피곤한 루스벨트와 매너 좋은 얼굴의 스테티니어스. 루스벨트는 최고의 정치 프로였다. 뉴딜로 대공황을 극복했다. 하지만 그때는 권력 의지가 허약해져 있었다. 특유의 낙천적 미소는 줄었다. 대조적인 표정이다. 두 사진은 심리전 게임에서 미국이 밀렸을 것이라는 인상을 준다. 스탈린은 군복(대원수)을 입었다. 처칠도 군복 차림이었다. 루스벨트는 신사복이었다. 하지만 건강 악화는 문민 우위의 이미지를 과시하지 못했다.

스탈린은 과거사 복수의 야심을 갖고 있었다. 러시아와 일본 사이의 포츠머스회담(1905년 9월 미국 뉴햄프셔) 때 잃은 권리를 회복하려 했다. 그는 40년 전 러일전쟁 패배의 수모를 잊지 않았다. 그는 루스벨트의 강박감을 최대한 활용했다. 오판과 실수를 유도했다. 스탈린은 루스벨트의 요청을 넌지시 받아들였다. 독일 항복 2~3개월 후 만주에서 참전할 것을 약속했다. 그리고 결정적인 대가를 밀약으로 챙겼다. 그것은 "일본의 배신적(treacherous) 공격으로 침해된 러시아의 옛 권리는 회복돼야 한다"고 돼 있다. 그 자리에서 한반도 얘기가 나왔다. 신탁통치(trusteeship) 문제가 빅3 회담에서 본격 언급된다. 루스벨트는 피식민지 국가의 자활 능력을 의심했다. 루스벨트는 5년 이상의 한반도 신탁기간을 거론했다. 그는 한국의 왕조사 저력과 국민적 역량을 몰랐다. 스탈린은 이 문제에 관심을 숨겼다. 2월 10일 공식 테이블에서 소련의 대일전 참전 문제는 통과됐다. 처칠은 수용했다. 전쟁으로 쇠약해진 영국의 발언권은 약했다. 하지만 신탁통치 문제만은 강경했다. 그 대상에서 영국 식민지를 빼라고 요구했다. 그는 격앙된 목소리로 반발했다. 그에 따라 신탁통치는 독일·일본의 식민지(한반도)만 적용하는 것으로 조정된다.

그 후 스탈린은 밀약대로 참전한다. 일본의 항복 선언 불과 엿새 전인 8월 9일이다. 6일 히로시마에 원자폭탄이 투하된 직후다. 소련은 동북아에서도 승전국 지위를 획득한다. 스탈린은 사할린 남부를 되찾고 쿠릴 열도를 차지했다. 만주에서 우월한 지위를 확보했다. 스탈린의 성취는 소련 외교의 금자탑으로 평가되었다. 소련군은 38도선 개성까지 진출했다. 한국은 전범국 독일처럼 분단된다. 두 사람이 앉았던 소파 앞에서 나는 착잡해졌다. 루스벨트의 오판과 강박감이 없었다면 한반도의 역사는 달라졌을 것 아닌가. 그는 스탈린의 야심과 의도 파악에 미숙했다. 남북한 분단은 막을 수 있지 않았을까. 하지만 역사의 가정은 무의미하다. 2월 11일 낮 12시15분 빅3가 모였다. 회담 중 식당으로 사용한 영국식 당구장에서다. 세 사람은 조약에 서명했다. 다음 날 동시에 발표했다. 대일 참전 의정서는 비밀에 부쳤다. 소련과 일본이 중립조약을 맺고 있었기 때문이다. 스탈린은 조약에서 멀어져갔다. 폴란드는 친공 정권으로 굳어졌다. 루스벨트는 "스탈린의 태도 변화가 불안하다"고 말했다. 하지만 그는 조약의 협조정신을 믿으려 했다. 그의 건강이 급격히 악화된다. 4월 12일 숨졌다. 얄타회담 두 달 후다.

두 사람이 깔본 한국은 산업화 · 민주화 성취

역사는 역전과 반전(反轉)의 드라마다. 얄타회담에서 그런 드라마의 주인공은 스탈린이었다. 그러나 새로운 극적 반전은 리바디아 궁전에 있었다. 궁전 2층은 니콜라이 2세의 박물관이다. 그가 쓰던 가구·그림·사진들이 전시돼 있다. 흰색 피아노는 아나스타샤 공주의 비운의 삶을 간직한 듯하다. 레닌의 볼셰비키 혁명으로 황제 가족은 1918년 처형당했다. 소련 붕괴 뒤 2000년 그들은 러시아정교회의 성인(聖人)으로 추대되었다. 궁전 뒤에 작은 교회가 있다. 이런 글귀가 적혀 있다. "무릎을 꿇고 머리를 숙여라. 황제(차르)는 러시아의 성인이었다." 그 글귀는 잔인한 숙청과 통제의 공산주의 역사를 무너뜨린다. 반전은 미국에서도 있었다. 2005년 종전 60년 행사 때 당시 조지 W. 부시 미국 대통령의 연설에서다. 부시는 "얄타는 수백만 명의 유럽인을 스탈린 공산당 지배하에 희생시킨 독·소 불가침 조약의 불의(不義·unjust)한 전통을 답습했다. 강대국 간 협상에 약소국의 자유가 소모품으로 희생됐다"고 말했다. 루스벨트의 역사적 자존심은 상처를 입었다.

회담 6일째 날 궁전 안쪽 정원에서 찍은 빅3의 역사적 기념사진이다. 오른쪽부터 스탈린 · 루스벨트 · 처칠.

진정한 반전의 주인공은 한국과 한국인이다. 65년 전 빅3가 형편없이 무시하던 후진국 한국. 하지만 전후 110여 개 신생국 중 산업화와 민주화를 성취한 유일한 나라는 한국이다. 흑해 연안에도 삼성·LG·기아자동차의 광고판이 걸려 있다. 한반도는 요동친다. 그것은 지정학적 숙명이다. 얄타의 주술은 남아 있다. G2 시대다. 퇴장한 러시아의 공백을 중국이 차지했다. 얄타의 밀약은 미·중 사이에서 재현될 수 있다. 부국강병만이 한반도 장래의 모호함을 퇴출시킨다. 비전과 용기의 리더십, 깨어 있는 국민만이 그 불확실성을 제거한다.

— 얄타(우크라이나), 중앙일보 2010년 8월 13일

참고문헌

1장 | 언어로 세상을 평정하다

20세기 후반 냉전의 습격을 알린 고발장

- 『Churchill: The Power of Words』, Winston Churchill, Martin Gilbert, Da Capo Press, 2013.
- 『Man of the Century: Winston Churchill and His Legend Since 1945』, John Ramsden, Columbia University Press, 2003.
- 『Modern Times : The World from the Twenties to the Nineties』, Paul Johnson, Weidenfeld & Nicolson, 1991.
- 『Our Supreme Task: How Winston Churchill's Iron Curtain Speech Defined the Cold War Alliance』, Philip White, PublicAffairs, 2012.
- 『Winston Churchill: Resolution, Defiance, Magnanimity, Good Will』, R. Crosby Kemper II, University of Missouri, 1995.
- 『윈스턴 처칠의 뜨거운 승리』, 폴 존슨, 원은주 옮김, 주영사, 2010.
- 『처어칠 회고록』, 윈스턴 처칠, 정명진 옮김, 한림출판사, 1978.

프랑스는 핵무장을 단행할 용기와 집념을 가져야 한다

- 『Charles de Gaulle à Colombey: Catalogue du Mémorial Charles de Gaulle』, Frédérique Dufour, Nouveau Monde, 2008.
- 『The Politics of Grandeur: Ideological Aspects of de Gaulle's Foreign Policy』, Philip G. Cerny, Cambridge University Press, 2008.
- 『드골 평전: 드골, 그의 삶과 신화』, 필리프 리트, 윤미연 옮김, 바움, 2003.
- 『드골, 희망의 기억』, 샤를 드골, 심상필 옮김, 은행나무, 2013.

'정의로운 평화'로 미국을 재통일했다

- 『Lincoln at Gettysburg: The Words That Remade America』, Garry Wills, Simon & Schuster, 1992.
- 『Team of Rivals: The Political Genius of Abraham Lincoln』, Doris Kearns Goodwin, Simon & Schuster, 2005.
- 『데일 카네기의 링컨 이야기』, 데일 카네기, 베스트트랜스 옮김, 더클래식, 2011.
- 『링컨』, 데이비드 허버트 도널드, 남신우 옮김, 살림, 2003.

- 『살아 숨 쉬는 미국역사』, 박보균, 랜덤하우스중앙, 2005.

작은 불씨가 들판을 태우다

- 『21세기 중국 정치』, 서진영, 폴리테이아, 2011.
- 『毛澤東影響中國的88個關鍵詞』, 胡松濤, 中國靑年出版社, 2016.
- 『모택동 사상』, 김상협, 지문각, 1964.
- 『모택동 자전』, 에드가 스노우, 신복룡 역주, 평민사, 2006.
- 『모택동비록 상, 하』, 산케이 신문 특별 취재반, 임홍빈 옮김, 문학사상사, 2001.
- 『중국인 이야기 4』, 김명호, 한길사, 2015.

2장 | 리더십은 역사의 결정적 장면을 생산한다

권력과 인간 본성의 불편한 진실, 집필 500년의『군주론』을 추적하다

- 『Guide to Palazzo Vecchio』, Chiara Lachi, Cristina Bucci, Scala, 2007.
- 『Machiavelli in Love: The Modern Politics of Love and Fear』, Haig Patapan, Lexington Books, 2006.
- 『Machiavelli's Liberal Republican Legacy』, Paul Anthony Rahe, Cambridge University Press, 2006.
- 『Machiavelli: Philosopher of Power』, Ross King, Harper Collins Publishers, 2007.
- 『Niccolo's Smile: A Biography of Machiavelli』, Maurizio Viroli, Princeton University, 1998.
- 『군주론』, 니콜로 마키아벨리, 신복룡 옮김, 을유문화사, 2007.
- 『나의 친구 마키아벨리』, 시오노 나나미, 오정환 옮김, 한길사, 2002.
- 『마키아벨리』, 김상근, 21세기북스, 2013.
- 『지배와 비지배: 마키아벨리의 '군주' 읽기』, 곽준혁, 민음사, 2013.

레닌의 혁명열차, 1917년 망명지에서 귀환하다

- 『Lenin on the Train』, Catherine Merridale, Penguin, 2016.

- 『Lenin, A Biography』, Robert Service, Pan Publishing, 2002.
- 『To the Finland Station: A Study in the Acting and Writing of History』, Edmund Wilson, Farrar, Straus and Giroux, 2012.
- 『러시아 혁명사』, 김학준, 문학과지성사, 1999.

섬뜩한 독재의 유혹, '젊은 스탈린'의 고향을 찾아서

- 『June 1941: Hitler and Stalin』, John Lukacs, Yale University Press, 2006.
- 『Stalin: A Biography』, Robert Service, Belknap Press, 2006.
- 『World War Ⅱ, the Definitive Visual History』, Richard Holmes, DK Publishing, 2010.
- 『Young Stalin』, Simon Sebag Montefiore, Weidenfeld & Nicolson, 2007.
- 『나의 아버지 스탈린』, 스베틀라나, 민병산 옮김, 일신서적, 1993.

로마 영광의 신화 끌어낸 무솔리니의 대중 장악 기술

- 『Mussolini, Profiles in Power』, Martin Clark, Pearson, 2005.
- 『My Rise And Fall』, Benito Mussolini, Richard Lamb, Da Capo Press, 1998.
- 『建築家ムッソリーニ: 独裁者が夢見たファシズムの都市』, パオロ・ニコロ__ゾ, 桑木野幸司 옮김, 白水社, 2010.
- 『무솔리니 나의 자서전: 독재는 어떻게 태어나는가』, 베니토 무솔리니, 김진언 옮김, 현인, 2015.
- 『안또니오 그람쉬』, 쥬세뻬 피오리, 김종법 옮김, 이매진, 2004.

히틀러의 역사 보복, 영악한 프랑코 히틀러를 농락하다

- 『Franco and Hitler』, Stanley G. Payne, Yale University Press, 2009.
- 『나의 투쟁』, 아돌프 히틀러, 황성모 옮김, 동서문화사, 2014.

흐루쇼프의 스탈린 공포 폭로, 소련 역사의 가장 장엄한 순간

- 『Khrushchev: The Man and His Era』, William Taubman, W. W. Norton & Company, 2003.
- 『Moscow 1956: The Silenced Spring』, Kathleen E. Smith, Harvard

University Press, 2017.
- 『The Many Lives of Khrushchev's Thaw: Experience and Memory in Moscow's Arbat』, Stephen V. Bittner, Cornell University, 2008.
- 『개인숭배와 그 결과들에 대하여』, 니키타 흐루시초프, 박상철 옮김, 책세상, 2006.
- 『모사드: 이스라엘 비밀정보기관의 위대한 작전들』, 미카엘 바르조하르, 니심 마샬, 채은진 옮김, 말글빛냄, 2013.
- 『선택: 미하일 고르비초프 최후의 자서전』, 미하일 고르비초프, 이기동 옮김, 프리뷰, 2013.
- 『흐루시초프 회고록』, 니키타 흐루시초프, 정홍진 옮김, 한림출판사, 1975.

요시다 쇼인의 그림자, 아베 역사 도발에 어른거린다

- 『吉田松陰 魂をゆさぶる言葉』, 関 厚夫, PHP研究所, 2008.
- 『吉田松陰と松下村塾の志士100話』, 山村竜也, PHP研究所, 2014.
- 『吉田松陰の予言: なぜ 山口県ばかりから総理大臣が生まれるのか?』, 浜崎 惟, 星雲社, 2007.
- 『吉田松陰の士規七則』, 広瀬豊, 国書刊行会, 2013.
- 『月刊高杉晋作 総集編―明治維新を加速させた男』, ザメディアジョン, 2009.
- 『維新回天高杉晋作』, 村上元三, 学陽書房, 2008.
- 『高杉晋作: その魅力と生き方』, 古川 薫, 新人物往来社, 2010.
- 『상투를 자른 사무라이』, 이광훈, 따뜻한손, 2011.
- 『야스쿠니에 묻는다』, 이석태 외, 동북아역사재단 편, 동북아역사재단, 2014.

3장 | 지도력의 경연 무대… 전쟁과 평화

헤밍웨이 『무기여 잘 있거라』 줄리안 알프스 전선의 비극

- 『Caporetto and Isonzo Campaign: The Italian Front 1915-1918』, Željko Cimprić, John MacDonald, ReadHowYouWant.com, Limited, 2011.
- 『Ernest Hemingway's A Farewell to Arms』, Harold Bloom, Chelsea House Publishers, 2009.
- 『Isonzo: The Forgotten Sacrifice of the Great War』, John R. Schindler,

Praeger Publisher, 2001.
- 『헤밍웨이, 언어의 사냥꾼』, 제롬 카린, 김양미 옮김, 시공사, 2000.

스페인 내전의 무대, 20세기 이념과 문화의 경연장

- 『All Art Is Propaganda: Critical Essays』, George Orwell, Houghton Mifflin Harcourt, 2008.
- 『For Whom the Bell Tolls』, Ernest Hemingway, Simon & Schuster, 2002.
- 『Homage to Catalonia』, George Orwell, Penguin Books, 1988.
- 『The Spanish Civil War』, Antony Beevor, Orbis Publishing, 1982.
- 『게르니카, 피카소의 전쟁』, 러셀 마틴, 이종인 옮김, 무우수, 2004.
- 『나는 왜 쓰는가』, 조지 오웰, 이한중 옮김, 한겨레출판, 2010.
- 『지식인의 두 얼굴』, 폴 존슨, 윤철희 옮김, 을유문화사, 2005.
- 『피카소』, 마리로르 베르나다크 외, 최경란 옮김, 시공디스커버리, 2009.

무라카미 하루키가 추적한 '노몬한 전투'의 충격적 진실

- 『Nomonhan, 1939: The Red Army's Victory That Shaped World War II』, Stuart D. Goldman, US Naval Institute Press, 2013.
- 『Nomonhan: Japan Against Russia, 1939』, Alvin D. Coox, Stanford University Press, 1988.
- 『ねじまき鳥クロニクル』, 村上春樹, 新潮文庫, 2009.
- 『ノモンハン事件 日本陸軍「失敗の連鎖」の研究』, 三野正洋, 大山正, ワック, 2001.
- 『邊境·近境』, 村上春樹, 新潮文庫, 2015.
- 『일본 제국은 왜 실패하였는가?』, 노나카 이쿠지로 외, 박철현 옮김, 주영사, 2009.

프랑스 마지노선, 알자스로렌 사수의 비장함

- 『History of the Maginot Line』, Marc Halter, Moselle River, 2011.
- 『The Maginot Line 1928~1945』, William Allcorn, Osprey Publishing, 2003.
- 『나는 탁상 위의 전략은 믿지 않는다』, 크리스터 요르젠센, 오태경 옮김, 플래닛미디어, 2007.

- 『이상한 패배』, 마르크 블로크, 김용자 옮김, 까치, 2002.
- 『프랑스 1940』, 알란 셰퍼드, 김홍래 옮김, 플래닛미디어, 2006.

최악의 스탈린그라드 전투, 20세기 최악의 지도자들 격돌

- 『Stalingrad: How the Red Army Triumphed』, Michael K. Jones, Pen and Sword Military, 2010.
- 『Stalingrad』, Antony Beevor, Viking Press, 1998.
- 『World War Ⅰ: the Definitive Visual History』, R.G Grant, DK Publishing, 2014.
- 『1차 세계대전사』, 존 키건, 조행복 옮김, 청어람미디어, 2009.
- 『문화와 사회로 발칸유럽 들여다보기』, 김철민, 한국외국어대학교출판부, 2016.
- 『발칸의 음모』, 신두병, 용오름, 2013.
- 『전략의 본질』, 노나카 이쿠지로 외, 임해성 옮김, 비즈니스맵, 2006.
- 『피의 기록, 스탈린그라드 전투』, 안토니 비버, 조윤정 옮김, 다른 세상, 2012.

디엔비엔푸 승리 방정식, 예측 파괴의 기습

- 『A War of Logistics』, Charles R. Shrader, University Press of Kentucky, 2015.
- 『The Last Valley: Dien Bien Phu and the French Defeat in Vietnam』, Martin Windrow, Cassell, 2011.
- 『3不 전략』, 이병주, 가디언, 2010.
- 『베트남 견문록』, 임홍재, 김영사, 2010.
- 『아주 특별한 베트남 이야기』, 권쾌현, 연합뉴스, 2010.
- 『호치민』, 다니엘 에므리, 성기완 옮김, 시공디스커버리, 2000.

사다트의 욤키푸르 기습, 전쟁 결심해야 평화 얻는다

- 『Anwar Sadat and Menachem Begin: Negotiating Peace in the Middle East』, Heather Lehr Wagner, Chelsea House, 2007.
- 『Anwar Sadat: Visionary Who Dared』, Joseph Finklestone, Frank Cass 2003.

- 『Remarks by the Honorable Henry Kissinger』, Anwar Sadat Chair for Peace and Development, University of Maryland, 2000.
  → https://sadat.umd.edu/events/remarks-honorable-henry-kissinger
- 『팔레스타인 그 역사와 현재』, 다테야마 료지, 유공조 옮김, 가람기획, 2002.

적대에서 화해로 프랑스·독일 관계의 대전환

- 『Hitler in Paris: How a Photograph Shocked a World at War』, Don Nardo, CompassPointBooks, 2014
- 『La Vérité sur l'Armistice』, Général Henri Mordacq, Frédérique Patat, 2014.
- 『The Linchpin: French-German Relations, 1950~1990』, Julius Weis Friend, The Center for Strategic & International Studies, 1991.
- 『The Rise and Fall of the Third Reich』, William L. Shirer, Rosetta Books 2011.
- 『독일 프랑스 공동 역사교과서』, 페터 가이스, 김승렬 외 옮김, 휴머니스트, 2008.

4장 | 망국과 부활의 외교 현장

잃어버린 역사의 귀환, 대한제국 워싱턴 공사관

- 『개화기 한미 교섭관계사』, 김원모, 단국대출판부, 2003.
- 『고종시대의 재조명』, 이태진, 태학사, 2000.
- 『근대 한미 관계사』, 이민식, 백산자료원, 2001.
- 『퍼시벌 로우웰』, 조경철, 대광문화사, 2004.

카이로회담의 신화와 진실, '한국 독립 조항' 누가 넣었나

- 『The Cairo Conference of 1943』, Ronald Ian Heiferman, McFarland & Company, 2011.
- 『The Partition of Korea after World War Ⅱ』, Jongsoo Lee, Palgrave Macmillan, 2007.
- 『장개석 회고록』, 장개석, 윤영춘 옮김, 한림출판사, 1971.

- 『카이로 선언』, 정일화, 선한약속, 2010.
- 『한국국제관계사 연구 1, 2』, 구대열, 역사비평사, 1995.

공산주의 협상술 테헤란회담, 냉전의 상징 얄타회담

- 『Franklin Delano Roosevelt』, Alan Allport, Chelsea House, 2009.
- 『Guide to the Crimean Conference in Livadia Palace』, Crimean, 2010.
- 『Stalin's Wars: From World War to Cold War, 1939-1953』, Geoffrey Roberts, Yale University Press, 2006.
- 『Tehran Conference』, Jesse Russell, Ronald Cohn, Book on Demand, 2012.
- 『The Hopkins Touch: Harry Hopkins and the Forging of the Alliance to Defeat Hitler』, David L. Roll, Oxford University Press, 2013.
- 『The Presidency of Franklin Delano Roosevelt』, George McJimsey, University Press of Kansas, 2000.
- 『Yalta: The Price of Peace』, S. M. Plokhy, Viking, 2011.
- 『이승만과 그의 시대』, 이주영, 기파랑, 2011.
- 『한국분단사 연구』, 신복룡, 한울아카데미, 2011.

결정적 순간들

초판 1쇄 2019년 12월 21일
3쇄 2020년 3월 8일

지은이 | 박보균
발행인 | 이상언
제작총괄 | 이정아
편집장 | 조한별

교정교열 | 한규희
디자인 | 김윤남

발행처 | 중앙일보플러스(주)
주소 | (04517) 서울시 중구 통일로 86 4층
등록 | 2008년 1월 25일 제2014-000178호
판매 | 1588-0950
제작 | (02) 6416-3950
홈페이지 | jbooks.joins.com
네이버 포스트 | post.naver.com/joongangbooks

ⓒ 박보균, 2019

ISBN 978-89-278-1081-0 03900

중앙북스는 중앙일보플러스(주)의 단행본 출판 브랜드입니다.